股权质押制度研究

基于效率与金融安全之平衡的视角

张寻远◎著

图书在版编目（CIP）数据

股权质押制度研究：基于效率与金融安全之平衡的视角 / 张寻远著. —北京：知识产权出版社，2019.7

ISBN 978-7-5130-6353-1

Ⅰ.①股… Ⅱ.①张… Ⅲ.①股权管理—公司法—法律制度—研究—中国 Ⅳ.①D922.291.914

中国版本图书馆CIP数据核字（2019）第132173号

内容提要

股权质押逐渐成为我国主流的融资渠道，其优势在于以不稀释公司控制权为前提，而将其账面的静态股权激活为动态的财务资源。但如果遭遇股价下跌，质押股份就会面临平仓压力，继而公司内部会因之动荡剧烈。所以，股权质押制度从产生之日起，就面临道德、市场和法律三重风险。而该制度之所以得以运行和发展，是因为其初衷和目的有着保护债权安全的天然属性。那么，被确定为国家二级学科的金融安全与传统上的金融根本价值理念之一的效率之间，是否会顾此失彼呢？本书论证了对二者的平衡是当下之所需，除制度构建过程中的客户、证券公司、市场整体三个层面的关注，优化和完善股权质押制度的具体规则，建立层次丰富、分工合理的监管之外，应从法律上规定平仓的条件、顺序、范围。

责任编辑：韩　冰	责任校对：潘凤越
封面设计：邵建文　马倬麟	责任印制：孙婷婷

股权质押制度研究
基于效率与金融安全之平衡的视角

张寻远　著

出版发行：知识产权出版社有限责任公司	网　　址：http://www.ipph.cn
社　　址：北京市海淀区气象路50号院	邮　　编：100081
责编电话：010-82000860转8126	责编邮箱：hanbing@cnipr.com
发行电话：010-82000860转8101/8102	发行传真：010-82000893/82005070/82000270
印　　刷：北京虎彩文化传播有限公司	经　　销：各大网上书店、新华书店及相关专业书店
开　　本：787mm×1092mm　1/16	印　　张：12.5
版　　次：2019年7月第1版	印　　次：2019年7月第1次印刷
字　　数：205千字	定　　价：69.00元
ISBN 978-7-5130-6353-1	

出版权专有　侵权必究

如有印装质量问题，本社负责调换。

前　言

　　企业是国民经济的支柱、民族发展的生力军、国家进步的不竭动力，更是一个国家综合国力的重要支撑。在我国，企业融资难是一个常说常新的问题，此难题的有效化解具有战略意义，从小处说可以稳定就业与鼓励创业，从大处说，更关乎经济与社会发展全局。而股权质押作为一种灵活的融资方式，能提高融资效率、降低融资成本以缓解企业的资金困难与融资压力。因此，股权质押作为解决金融领域支持企业的一种融资模式，在构建我国多层资本市场过程中对于促进企业壮大，扮演着不可或缺的角色。

　　但同时，在资本效率与金融安全理念的平衡下，股权质押的融资模式虽然提高了融资效率，却也同样带来了金融安全之视域里的风险问题，或者反之，有时让企业家感觉到二者不可兼得。特别是在我国现行法律与政策的范围与框架下，股权质押存在股权质押合同与股权质权生效规则的错位、目标公司对质权人协助义务法律规定的缺乏、出质人变现请求权规定、质权保全制度缺失等层出不穷的问题，这些都在实践中形成一定程度的阻碍，导致股权质押出现非良性发展的情形，有时甚至会让企业面临易主的风险，从而加重了投资者对股权质押融资模式的担忧。

　　本研究以金融安全与效率平衡作为主线。首先，对股权质押模式法律关系的主体、客体和内容进行基础性研究，全面厘清其法律构造，并通过对比相关融资方式的异同，定位股权质押在我国多层次资本市场中的位置。其次，分析在现行法律框架下，股权质押存在股权质押合同与股权质权生效规则的错位、目标公司对质权人协助义务法律规定的缺乏、出质人变现请求权规定、质权保全制度缺失等问题，指出当前股权质押融资在一些关键环节的法律机制设计仍不健全，缺乏完善的具体规则和监管制度。最后，在制度构建过程中，主张在客户、证券公司、市场整体三个层面坚持金融安全与效率之间妥当平衡，着力优化和完善股权质押制度的具体规则，构建层次丰富、分工合理的股权质押监管组织体系，并应从法律上规定平仓的条件、顺序、范围等要素。

同时，我们知道，一国经济的发展，从某种角度看，就是一部经济法律制度的发展历史，以担保制度为例，可以说，其最大贡献是有效地推动了国民经济的资源配置，这在一定程度上助推了我国的经济繁荣。当然，作为担保制度的创新——股权质押在成为当下我国经济生活的新亮点的同时，也伴随着与生俱来的风险，甚至威胁着整个行业的安全。所以，如何在保证股权质押制度有效发挥作用的同时，降低这种风险，保障交易安全，在效率和安全之间寻求适当的均衡点，就成为当前担保制度研究的重要问题。

为了能够有效破解这些难题，在进行细致的理论研究及实践考察的基础上，通过对股权质押的本质、制度初衷、渊源等的探究，特别是结合我国金融制度的运行实情，参考我国当下的法律政策背景，从适用《中华人民共和国担保法》《中华人民共和国公司法》《中华人民共和国物权法》（以下分别简称为《担保法》《公司法》《物权法》）的视角，对我国的股权质押进行综合性的判断与描述，为的是使股权质押在我国的运作更加安全与高效，也为了更加有效地弥合该制度与司法实务之间的缝隙。并且，希望在审判实践中，找到股权、质权等相关立法之间可能衔接的技术与理论，以更好地发挥股权质押的担保效力。

多数企业从成立之初就有做大做强的雄心，那么，在发展之路上，融资恐怕是企业遭遇到的第一难题，特别对中小企业而言，其抗风险的能力弱，实体资产的数量少，那么，融资更会成为困扰其发展的瓶颈。不过，2013年，国务院办公厅发布《关于金融支持小微企业发展的实施意见》，在这个法律性文件里，首次规定了中小企业可以通过股权质押的手段进行融资。这为我国广大中小企业的进一步发展提供了一种思路，正是这一思路，突破了传统的担保方式，使得企业静止的股权得以恢复生机。

本书拟对股权质押制度进行概括性的描述，并尝试着借鉴域外的经验对我国股权质押制度进行完善，特别是从安全与效率的视角来重新审视我国的股权质押制度，找出该制度运行之中的问题并予以解决。本书重点着笔于以下六个部分：

第一部分（第1、2章）是对股权质押制度的基础性理论进行描述、说明和解读，这一部分包括制度缘由、理论的发展过程等，进而结合我国实际情况说明股权质押在我国的需求情形、发展困境及原因。说明了我国现阶段公司急需利用股权质押进行融资但是很难为出借方接受的现实困境。

第二部分（第3章）关注的是西方的理论、立法及实践，以及我国股权质押制度的立法现状及司法实践现状。

第三部分（第4章）是对我国股权质押制度运行实践的描述。本部分借助相关数据，就我国股权质押制度的开展状况、设立与登记、规模与结构、股权实现等内容进行客观记录，目的在于提示我国当下股权质押制度实施的内部机理及外部环境。

第四部分（第5章）将中小企业与股权质押的结合作为一个独立部分进行分析，并谈到了新三板市场的建立与股权质押的相互功用。

第五部分（第6章）讨论的是如何完善我国的股权质押制度。首先，在完善之前，先行指出该制度存在的问题以及造成这些问题的历史的、立法的及政策方面的原因。实际上，正是由于我国法律的规定过于原则性、可操作性不强，使质权人的诸多权利在实践中不易得到保障，股权质权实现机制不完善等。这些都压缩了我国股权质押制度进一步发展的空间，束缚了其担保功能的有效发挥。笔者就如何完善股权质押登记制度，如何完善质权保全权的配套机制，如何强化物上代位权制度及确立质权人收取的孳息范围等问题做出回答。

第六部分（第7章）回应本研究主题的关键词：效率与安全，对二者平等地对待与关注是本主题的核心，需要的是创新与防范并举、监管的专门性与统一性并重、加紧股权质押法律制度的立法等。概言之，从效率与安全的视角进行股权质押制度的建设，是一个综合性的工程，既需要立法、政策、规则的软性指导，也需要制度、机制的刚性管理。

目　录

第1章　绪　论 ………………………………………………………… 1
1.1　研究背景 …………………………………………………… 1
1.1.1　股权质押制度的制度缘由 ………………………… 3
1.1.2　股权质押的立法冲突 ……………………………… 4
1.1.3　股权质押的实践困境 ……………………………… 11
1.1.4　效率与安全之间的均衡 …………………………… 15
1.2　研究意义 …………………………………………………… 17
1.3　研究现状与本研究的创新点 ……………………………… 19
1.3.1　国外相关文献 ……………………………………… 19
1.3.2　国内相关文献 ……………………………………… 20
1.3.3　对国内外文献的评析和本研究的创新点 ………… 24
1.4　研究方法与技术路线 ……………………………………… 26
1.4.1　研究方法 …………………………………………… 27
1.4.2　技术线路 …………………………………………… 28
1.4.3　研究中存在的问题及研究趋势 …………………… 28

第2章　股权质押基础理论 …………………………………………… 31
2.1　股权、质押及股权质押 …………………………………… 32
2.1.1　股权概说 …………………………………………… 32
2.1.2　质押的历史考察 …………………………………… 36
2.1.3　"股权质押"概念的界定 ………………………… 38
2.1.4　股权质押实务中的考量因素 ……………………… 43
2.1.5　质押后对股票价格的影响 ………………………… 45
2.1.6　我国关于股权质押的法律规范 …………………… 46
2.1.7　相关概念的使用及辩明 …………………………… 48
2.2　股权质押分类 ……………………………………………… 51
2.2.1　股份有限公司的股权质押 ………………………… 51
2.2.2　有限责任公司的股权质押 ………………………… 53

2.2.3　中小企业股权质押 …………………………………… 55
2.2.4　其他分类 ……………………………………………… 56
2.3　股权质押制度的优势及缺陷 ………………………………… 59
2.4　股权质押的功能 ……………………………………………… 61
2.5　股权质押与相关融资模式的比较 …………………………… 62
2.5.1　股权质押与股权融资的差别 …………………………… 62
2.5.2　股权质押与融资融券的比较 …………………………… 63
2.5.3　股权融资与债券融资的比较 …………………………… 64
2.6　股权质押的效力 ……………………………………………… 66
2.6.1　股权质押对质权人的效力 ……………………………… 67
2.6.2　股权质权对质物的效力 ………………………………… 68
2.6.3　股权质押对所担保债权范围的效力 …………………… 69
2.6.4　股权质权对出质人的效力 ……………………………… 70
2.7　股权质押的法律问题 ………………………………………… 71
2.7.1　我国股权质押的立法缺陷 ……………………………… 72
2.7.2　不转移质物占有而设定质权所引发的法律问题 ……… 72
2.7.3　股权质押的法律风险 …………………………………… 73
2.8　股权质押中的其他风险 ……………………………………… 77
2.8.1　股权价值的稳定性 ……………………………………… 77
2.8.2　股权价值难以确定 ……………………………………… 78
2.8.3　与股权质押相关的道德问题 …………………………… 78
2.8.4　企业的经营与治理 ……………………………………… 79
2.8.5　非上市公司中的处置股权 ……………………………… 79
2.8.6　法律法规不健全 ………………………………………… 79
2.9　股权质押的实现 ……………………………………………… 81
2.9.1　股权质权的实现条件 …………………………………… 81
2.9.2　股权质权的实现方式 …………………………………… 83

第3章　域外权利质押制度概括及股权质押法律关系 …………… 86
3.1　英美法系国家权利质押理论 ………………………………… 86
3.2　大陆法系国家权利质押理论 ………………………………… 90
3.3　股权质押法律关系的主体 …………………………………… 93
3.3.1　股权质押的主体是否是公司 …………………………… 94

3.3.2 质权人与债权人相分离 …………………………………… 95
　3.4 股权质押法律关系的客体 …………………………………………… 95
      3.4.1 客体的范围 ………………………………………………… 98
      3.4.2 股权质押客体的构成——两种观点 ……………………… 99
　3.5 股权质押法律关系的内容 …………………………………………… 100

第4章 股权质押制度在我国的实践及运行 …………………………… 103
　4.1 股权质押的开展状况 ………………………………………………… 103
      4.1.1 股权质押的数量 …………………………………………… 103
      4.1.2 股权质押的规模和结构 …………………………………… 105
　4.2 股权质押的法律规则 ………………………………………………… 106
　4.3 股权质押的设立 ……………………………………………………… 107
　4.4 股权质押的登记机关 ………………………………………………… 108
　4.5 股权质权的实现 ……………………………………………………… 112
      4.5.1 股权质权实现的条件 ……………………………………… 113
      4.5.2 质权实现的方式 …………………………………………… 114

第5章 我国中小企业股权质押 …………………………………………… 115
　5.1 效率与安全视角下的中小企业股权融资 …………………………… 116
　5.2 中小企业股权质押的优势及缺陷 …………………………………… 118
      5.2.1 中小企业利用股权质押进行融资存在的制度优势 ……… 119
      5.2.2 中小企业利用股权质押进行融资存在的制度缺陷 ……… 119
      5.2.3 中小企业利用股权质押进行融资的必要性 ……………… 120
　5.3 中小企业股权质押实践中存在的问题 ……………………………… 121
      5.3.1 债权人的风险防护 ………………………………………… 122
      5.3.2 出质人的权利保护 ………………………………………… 124
　5.4 中小企业股权质押的途径 …………………………………………… 125
      5.4.1 金融机构渠道 ……………………………………………… 126
      5.4.2 信托渠道 …………………………………………………… 126
      5.4.3 投资公司渠道 ……………………………………………… 126
      5.4.4 反担保 ……………………………………………………… 127
      5.4.5 公司之间的互为担保 ……………………………………… 127
      5.4.6 券商 ………………………………………………………… 127

5.5 新三板条件下的中小企业股权质押 ·················· 128
5.5.1 新三板的概念及发展概述 ····················· 128
5.5.2 新三板分层制的要求及标准 ··················· 130
5.5.3 新三板的市场功能定位 ······················ 131
5.5.4 新三板分层机制的作用及意义 ················· 133
5.5.5 关于发展新三板市场股权质押的建议 ············· 135
5.6 完善中小企业股权质押制度的建议 ·················· 145
5.6.1 信用担保 ······························· 145
5.6.2 创业板市场 ····························· 146
5.6.3 多样化的直接融资 ························· 149
5.6.4 信用评价机构及评价指标 ···················· 152
5.6.5 融资服务的中介机构 ······················· 153
5.6.6 融资和管理方面的培训 ······················ 155

第6章 我国股权质押制度存在的问题与重构 ················ 156
6.1 我国股权质押制度存在的问题 ····················· 156
6.1.1 质押股权登记的问题 ······················· 156
6.1.2 股权质押的限制性规定的问题 ·················· 157
6.1.3 公示的问题 ····························· 160
6.1.4 风险防范机制的问题 ······················· 161
6.1.5 质押后可能出现的实务问题 ··················· 162
6.2 股权质押制度完善的前提条件 ····················· 165
6.2.1 完善相关配套制度、多方协调、秉公办事 ··········· 165
6.2.2 股权价值认定的评估工作 ···················· 166
6.3 完善股权质押制度 ····························· 168
6.3.1 如何完善股权质押的登记制度 ·················· 168
6.3.2 如何完善股权质押的限制转让 ·················· 169
6.3.3 如何完善股权质押的公示模式 ·················· 173
6.3.4 如何完善风险防范机制 ······················ 175
6.3.5 其他应予完善之处 ························· 177

第7章 效率与安全视角下的我国股权质押制度 ·············· 180
参考文献 ··· 186

第1章 绪 论

1.1 研究背景

股权质押，是一种融资方式，是公司股东用自己所持有的公司股权作为借贷的担保，当债务期限届满之时，出现不能履行的情形，债权人有权就该质押的股权优先受偿。显然，股权质押是伴随着现代公司及金融制度的进一步发展而产生的一种有别于传统担保的崭新形式。此种担保方式的本质是股权持有人在继续占有股权的前提下，对该股权的交换价值的进一步挖掘和变相利用。该制度问世以来，不但使公司的社会财富再次转化为货币进入流通领域成为可能，更为重要的是，其为社会再生产提供了新的资金支撑，在资本市场、货币市场以及物资市场等多元市场之间起到重要的桥梁作用。该制度以股权价值的易变性和人身性等为筹码，此相对于普通的动产质押和其他的常态权利质押，更具风险。为了促进该制度的发展，我国于 2000 年 2 月颁布《证券公司股票质押贷款管理办法》[1]，这个法律性文件对股权质押制度做了较为详细的描述，但其调整的仅是证券公司，对其他形式的股权质押不具有法律上的规范性，这在规范主体方面，范围显然过窄。该法律性文件于 2004 年进行了修订，修订之目的是拓宽证券公司融资渠道，支撑资本市场有序发展，规范股票质押贷款操作，确保质押法律关系中各方主体的利益，化解市场风险，助力我国金融业的有序发展。重修之后的《证券公司股票质押贷款管理办法》没有改变原来的章节结构，共 8 章 44 条，于 2004 年 11 月 2 日颁发并实施。其对贷款人、借款人，贷款的期限、利率、质押率，贷款程序，贷款风险控制，质物的保管和处分以及处罚办法等进行了更为详尽的规定。在修订后的文件中，股

---

[1] 该文件由中国人民银行、中国证券监督管理委员会制定，于 2000 年 2 月 2 日颁发，2004 年由中国人民银行、中国银行业监督管理委员会、中国证券监督管理委员会修订，于 2004 年 11 月 2 日颁发。

权质押相关概念的定义更为精准，如该办法所称股票质押贷款，是指证券公司用自营股、基金券和可转换债券作为质押的标的，从银行等金融机构进行贷款；所谓的质物，指的是在证券交易所上市流通的、证券公司自营的普通股，即A股、基金券及可转换债券；所谓借款人，指的是依据法律规定成立并经证监会给予批准可经营证券自营业务的证券公司；所谓贷款人，指的是经银监会给予批准有权经营股权质押业务的商业银行。

随着近年来几次世界经济危机对我国的影响逐渐加剧，同时，伴随着改革开放的进一步扩大，社会融资的需求必然加强，这直接导致金融业的飞速发展，也必然带动银行系统的新融资产品的开发和推广。在这一发展趋势之下，为解决广大市场主体——企业由于各种原因导致的发展资金不足的情形，其实，早在许多年前，全国各地就陆续出台多部以规范股权质押业务为目的的法律法规。如《物权法》于2007年出台，其中，第223条成为助力融资贷款业务发展的有效依据[①]，成为对《担保法》第34条的空前和有效补充[②]，其中，前者第7款这样表述：法律、行政法规规定可以出质的其他财产权利；后者第6款这样规定：依法可以抵押的其他财产。二者对比可以发现，前者"未禁"，后者"依法"，体现为由"封闭性立法"向"开放性立法"的转变，这会使得《物权法》对于抵押范畴的界定延伸及"法律、行政法规未予明令禁止抵押的其他财产"，《物权法》中允许抵押的范畴更大，这不仅体现了立法技术，更体现出了立法智慧。

可以说，这是我国金融经济生活中的新生事物，因为，在此之前，所谓的质押，仅限于以实物形式存在的所有权和用益物权外的财产权。权利属无形财产，法律明确规定权利可以质押，有助于促进债权实现，从而能促进资金融通，繁荣金融经济。特别是现代金融资本市场中无形财产日渐丰富的现实状况，以及数量众多的各种票据、提单、运单的生成，使权利

---

① 《物权法》第223条：债务人或者第三人有权处分的下列权利可以出质：（一）汇票、支票、本票；（二）债券、存款单；（三）仓单、提单；（四）可以转让的基金份额、股权；（五）可以转让的注册商标专用权、专利权、著作权等知识产权中的财产权；（六）应收账款；（七）法律、行政法规规定可以出质的其他财产权利。

② 《担保法》第34条：下列财产可以抵押：（一）抵押人所有的房屋和其他地上定着物；（二）抵押人所有的机器、交通运输工具和其他财产；（三）抵押人依法有权处分的国有的土地使用权、房屋和其他地上定着物；（四）抵押人依法有权处分的国有的机器、交通运输工具和其他财产；（五）抵押人依法承包并经发包方同意抵押的荒山、荒沟、荒丘、荒滩等荒地的土地使用权；（六）依法可以抵押的其他财产。

质押一跃成为企业融资的新渠道，在实践中也确实放大了企业融资的可能性。国家工商总局抓住市场先机，以《担保法》《物权法》等法律为依据，理性地制定出有关股权出质的法律文件，这就是2008年出台的《工商行政管理机关股权出质登记办法》，此文件中做出了股权出质须登记的规定。由此，股权质押的出现使得企业能够设定担保的品类增加了，这无形中增加和强化了企业的贷款能力，为企业的发展注入新的动力，也在客观上降低了企业融资准入的标准。

但是，随着实践的扩大，我们可以发现，虽然我国物权法和担保法解释对股权质押都已有所规定，但这些规定都过于原则，不够细致，可操作性不强。

1.1.1 股权质押制度的制度缘由

担保的基本目的是保障债权的实现，维护交易安全，并在一定程度上促进社会经济的发展。在担保制度的历史上，有形财产一直是主要的担保手段，但是，随着社会经济的发展，无形的财产，如权利性质的财产在人们的生活中所占的比重逐渐增加，于是，以权利财产为标的而设定的担保也变得较为常态化。股权质押，是将"死的"股权盘活，紧跟着股权而问世，因其具有更为强大的融资功能，而成为权利质押领域的重要形式，更因为其具有流动性强、变现快等优势，所以，它的出现，无疑开启了担保制度的又一扇大门，并为现代担保制度注入了新的活力，在世界范围内逐渐受到重视。股权质押在本质上体现了物权法上以"利用"为中心的价值取向，这在一定程度上与现代经济社会的资金融合、资本流动、流通市场等现代化经济性特征相契合。

然而，与股权质押的高歌猛进不相协调的是，我国股权质押的立法不能与时代同步，法律规定体现概括性与非具体化，难以与实践接轨，行政部门的指导、监督等职能并不明确，这在很大程度上压缩了股权质押制度在我国的发展空间。我们在看到股权质押作为金融融资工具的优越性的同时，也应明白其潜含着不小的风险，对于债权人而言尤甚。以何种合法合理的方式规避过程中的风险，也一直是摆在学界和实务界面前的课题。作为理论，应当就实践中遇到的问题，运用所需的学术成果及理论，对股权质押制度中出现的相关难点及重点进行探索。

1.1.2 股权质押的立法冲突

我国《担保法》及相关法律中关于股权质押的有关规范不够具体，如非上市公司的股权质押业务有很大概率已经"记载于股东名册"而没有在"工商行政管理部门办理出质登记"，亦有可能的情形是，已在工商部门办理了出质登记而没有在股东名册中做相关记录。如果是第一种情形，从法律要件的角度来说，是质权无由设立，从而使质权人不能够以优先受偿权为据来对抗第三人；如果是第二种情形，则是质押合同存在效力瑕疵的情形，致使质权设立失去基础。对此，我国立法需进一步完善之。

1.1.2.1 上市公司股权质押与股份公司股份转让

上市公司股权质押，是指该上市公司的股东以其持有的股权为客体而设定质押的一种质押制度。出质之后，该质押的实质是质权人因此而取得的支配该受质押的股权的交换价值，当然，与传统担保原理一样的是，质权人的债权能够凭此优先受偿。还有，相对于非上市公司，上市公司的股权流通性、变现性更为显著，所以，多数债权人都倾向于接受此种质押。

对于这种质押，1995年10月开始实施的《担保法》第75条做出如下规定："依法可以转让的股份、股票"能够设定质押，该法第78条做了进一步规定："以依法可以转让的股票出质的，出质人与质权人应当订立书面合同，并向证券登记机构办理出质登记。"该书面合同自登记之日起产生效力。股权出质后，不得转让，但经当事人协商一致同意的除外。

当股权被质押之后期限届满之前，如果出质人出让该出质股权并因此得到相应价金，该价金应当向质权人提前清偿或者向双方认可的第三方提存。以有限责任公司的股份出质的，适用《公司法》中有关股份转让的有关规定，即《公司法》第71至75条。以有限责任公司的股份出质的，质押合同自股份出质记录于股东名册之日起发生效力。

最高人民法院《关于适用〈中华人民共和国担保法〉若干问题的解释》（以下简称《担保法解释》）于2000年9月通过并于2000年12月开始实施，其中第103条规定：以股份有限公司的股份出质的，适用《公司法》有关股份转让的法律规定。而根据《公司法》的规定，公司股票分为记名股票和无记名股票，这两种股票的转让方式是存在区别的，我国《担保法》对此没有做出分别的规范，不知这种忽略是有意还是无意，但是，由此引发了我们的质疑：这两种股票的出质方式是否相同，还是本身就应当存在差别？

笔者以为，根据《公司法》的法理精神及法律规范，所称的记名股票是指股票上记载着股东姓名或者名称的股票。对于此种股票的转让，应以背书、签订书面转让文件等方式进行，这是《公司法》第139条第1款规定的内容：记名股票，由股东用背书方式或者法律、行政法规规定的其他方法进行转让；转让后由公司将受让人的姓名或者名称及住所记载于股东名册。该条第2款规定：在召开股东大会之前20日内或者公司决定分配股利的基准日前5日内，不得进行前款规定的股东名册的变更登记。但是，法律对上市公司股东名册变更登记另有规定的，从其规定。

背书是法律规定的方式之一，在实践中，以背书方式转让股票，是唯一的法定形式，不过还要求有附带方式，那就是股票，从法律上对"物"的理解，股票亦是一种实物券式的股票。只是随着电子化的发展，在实际的交易中，大多数公司的股票多以无纸化的形式出现，不过，这只是一种处理方式，与有形的纸质化处理别无二样，对此，还是应以《公司法》的规定为据，按既定的法律要求的方式进行转让操作。如我国目前进行上市交易的股份公司的股票，采用的是簿记券式，即不印制实物形式的股票。此类股票的交易转让，交易者须在证券公司开户、委托证券公司进行买卖、达成交易合意并签订交易合同、办理交割、完成证券的登记过户手续等，按既定的法定程式进行。笔者以为这种交易方式就属于《公司法》所要求的"法律、行政法规规定的其他方式"。

与其他实物的权利转移一样，无记名股票的转让自交付时产生相应效力，因此，记名与无记名股票的出质方式是不一样的：无记名股票，双方须订立质押合同或背书记载质押字样，完成交付就可以了。未经背书质押的无记名股票在效力上不能对抗第三人，所以，笔者以为，这是一种非彻底的效力。记名股票，以登记为标志产生权利，即订立质押合同或背书记载质押字样，在证券登记机构办理出质登记，并自登记之日起产生效力。

1.1.2.2 上市公司的股权质押登记

在《担保法》和《担保法解释》中，关于以公司股权出质的规定，对于上市公司和非上市公司是不一样的。前者，质押合同自股份出质向证券登记机构办理出质登记之日起产生效力；后者，质押合同自股份出质记载于股东名册之日起产生效力。不过，笔者以为，我国之所以对不同种类的合同效力发生的时间有所区别，其意义在于当事人可以对法律后果有所预期。

上市公司的股权质押经向证券登记机构进行出质登记后，该股权质押合同才产生效力，而且根据我国《担保法》《公司法》《中华人民共和国证券法》（以下简称《证券法》）及其他有关法律规定，股权质押在法律上是一种事实行为。那么，对此事实的进一步要求是须由出质人在公告中予以披露，为的是可以让社会公众通过在证券登记机构查询的方式获得该股权质押的情况，从而赋予该股权质押这个事实一定程度的法律公示力和公信力。此举的意义在于对于该股权的重复质押起到防火墙作用，如此，可以为下一步的质权实现提供切实的保障。但以登记作为质押合同的生效条件仍存在以下难以自圆其说的问题。

首先，此项规定可以陷债权人于不利地位——如果质押合同因为没有满足法律条件而无效或失效，那么，债权人只能提出要求出质人承担缔约过失责任来维护其合法权益。众所周知，缔约过失责任证明的标准高，并且常态化的无损失即无责任会把债权人的权利化为乌有，所以，其债权最终还是等同于没有保障，如果稍做修改就大不一样。例如可以做这样的变动：登记是质权产生效力的要件，而非股权质押协议产生效力的要件，如此，就会使得债权人变不利为有利。这是因为一旦是出质人的原因而没有办理质押登记或者其拒绝办理登记的手续，那么，发生质权实现不能时，债权人就可以选择出质人为被告向法院提起违约之诉。甚至在起诉之前，可以向法院提出一种非诉的要求，即要求法院发出强制令，要求出质人办理质押登记手续。此举与物权变动的基本原则是相契合的，即原因与结果相分离，此处的原因是指成立的合同，而结果指的是真正的物权变动，即法律要求的登记以登记为准，动产或有价证券等则以交付为准。其实，法律之所以做出如此规定，只是为了更有力地保护债权人的债权实现，能够更好地起到定纷止争的效果。

其次，股权质押登记的法律规定并不完善，由此导致某些当事人认为登记可有可无。其实，登记与否能决定权利的得失，所以，无论是国家还是当事人都应该严肃对待。在当下，根据中国证券监督管理委员会制定的规则，并不是所有的上市公司流通股票都可以办理质押登记。如《证券公司股票质押贷款管理办法》就明确规定，综合性证券公司可以以其自营的人民币普通股票，即 A 股以及证券投资基金券办理质押登记，而涉及自然人的及综合类证券公司以外的其他公司的流通的人民币普通股票就不能自由办理质押登记。但是质押合同在双方当事人意思达成一致之后才能够签订，如果自然人的及综合类证券公司以外的其他公司的上市流通的人民币普通股票出质，在债权人同意的前提下，合同应当成立且生效，因为只要不违背法律的强制性规定，法律应当尊重当事人的意思，只要此意思为真诚，这就是民法上意思自治原则的体现。但是上市公司的股权质押应当经过证券登记机构登记之后，质权始生效。当下，只有中国证券登记结算有限责任公司才有权办理上市证券登记业务，如果该公司拒绝办理登记业务，不就等于堵塞了股权质押登记的通道了吗？在现实中确实也已经造成了这种矛盾的局面。这既违背了同股同权的法律原则，也阻碍了社会主义市场经济的发展与市场的稳定。因此，无论是什么种类的股票，不管股票持有人的身份地位如何，也不管登记的目的是担保银行的债权还是其他债权，股权质押登记业务都应当依法全方位展开。

1.1.2.3　上市公司股权质押的担保期限问题

《担保法解释》第 12 条第 1 款规定了这样的内容，在要求当事人必须遵守的担保期间，对担保物权的存续不具有法律束缚力。可以说，此内容是对于担保期间可以消灭担保物权的否定和排斥，虽然此举的目的是绕不开和缘于物权的法定原则，但在实践中也能起到节约担保成本的效果，也有利于债权人利益的保障。[①] 不过，此内容也并非完美无缺。即便以物权法定这一原则为依据，即物权的种类和内容由法律规定，当事人不能在法律之外另行创设物权，但是在理论上，物权种类存在意定物权与法定物权两种，担保物权是当然的意定物权，是根据当事人的意思自治而设立的。这两种物权的一个典型差别是，除了法律有强制性规定之外，当事人可以对物权的有关内容做出约定。我国《担保法》没有对担保期限做出规定，由此，担保期限也允许依照当事人意思而自由设定。上述理论联系到质押合同，担保期限属于《担保法》第 65 条第 6 款所称的"当事人认为需要约定的其他事项"中的内容。当事人对担保期限的约定只有违反法律的有关规定时，才会当然地无效。笔者以为，《担保法解释》在这个问题上是有

---

① 李国光：《关于适用〈中华人民共和国担保法若干问题的解释〉理解与适用》，吉林人民出版社 2000 年版，第 88 页。

疏漏的，等于走向了绝对化。此内容也增加了实践中的操作麻烦，大大削弱了可操作性。当事人约定了担保期间，继而证券登记结算机构在当事人约定的担保期间届满后就会解除登记，这时候，即使按照《担保法解释》的规定，这个约定的担保期间对质权的存续不具有法律约束力，质权仍旧没有消灭，那么，当事人就该质权的进一步处理则会处于纠结境地。一是，基于股票的流通性，在出质人已经卖出出质的股票的情形下，质权是存在于出质股票的代位物——出质人出卖股票所得的价金之上呢，还是由质权人直接向受让者追及质权呢？无论何种情况，质权人都将处于两难境地。二是，可以进一步设想，如果这个质权是存在于出质股票的代位物——出质人出卖股票所得的价金之上，那么，对这个价金，法律却没有制定出妥当的保全措施，这种情形下，如果有质权存在的话，该质权在性质上等同于债权，在诉讼法上，只是体现一种请求权而已，而这又怎么能够完整实现对债权的担保呢？因此，笔者认为，《担保法解释》第12条以及与之相关的《担保法》第65条的规范在法理上说不过去，在实践中也增加了操作的难度，可以说，这方面的规定应当尽快加以修正。那么，可以尝试做出如下修改：容许双方当事人自由约定质押的期限，在证券登记机构的数据系统里记载这个期限，到期后自动解除质权。

1.1.2.4 孳息的范围

《担保法》第68条规定，权利人有收取质物所生的孳息的权利，上海证券交易所《股票质押登记实施细则》第19条、《中国证券登记结算有限责任公司深圳分公司证券公司股票质押登记业务运作指引》第14条的规定，对证券的质押也是及于产生的孳息的。此种权利无论是在法理上，还是在民事习惯中都是说得过去的，那么，收取的孳息在充抵收取孳息的费用之后，余下的可以充抵债务。《担保法解释》第104条也规定了出质股票的延及效力，即及于从其产生的孳息。不过，笔者发现这两条规定存在不协调的一面。因为，以《担保法》第68条为据，质押合同对孳息所属的规定由当事人自由约定；但在《担保法解释》中却强制性地排除了当事人意思自治的可能性。据笔者了解，全国范围内的各级法院在司法中却都是以司法解释为准进行断案的，完全违背了上位法与下位法的效力规则。对此，《物权法》第213条的规定是，除非在质押合同中双方一致同意对其排除，否则质权人有权收取质押股权产生的孳息，而出质人不得拒绝质权人的请求。这个条款的规定与《担保法》第68条的意思接近，肯定了当事人的意思自治原则。

笔者以为，上述三个条文是关于孳息范畴的认定问题，对此，相关法律文件都没有十分清楚的表述。《证券公司股票质押贷款管理办法》第35条第1款的内容与之相关："质押物在质押期间所产生的孳息（包括送股、分红、派息等）随质押物一起质押。"该条第2款："质押物在质押期间发生配股时，出质人应当购买并随质押物一起质押。出质人不购买而出现价值缺口时，出质人应当及时补足。"对于该款规定，笔者的理解是，此为质权效力中的与质权相关的保全权。所以，股权的孳息包括股息、红利、送红股及因公积金转增股本而发的股票等，而应把配股排除在外。不过，在企业的经济生活中，多数人会把送红股、配股与公积金转增股本相提并论。送红股与转增股本的本质区别在于，红股来自于股份公司每个税收年度之后的税后利润，只有在公司有盈余的前提之下，才可以分派红股给股东，这是公司在决议增资扩股将盈利转化为股本的情形下才能够做的事情。此后，与公司相关的资本结构与比例还是与此前一样，只是总股本扩张了不少。而转增过来的股本是源于资本的公共积累，此种积累是逃逸出年度可分配利润的多少及时间的约束的，如果公司资本中的资本公积少一些，将减少的公积同额度地加到注册资本金就可以了。只是从确切的角度上讲，转增股本只代表着总资本的扩大，这会提升公司在同行业领域的形象与地位，不会给股东增加新的负担，因此，对此可以理解为股权的孳息。配股是公司按一定比例向现有股东发行新股，属于再筹资的手段，股东要按配股价格和配股数量缴纳股款，完全不同于公司对股东的分红，它在赋予股东一定的优先购买权之外，还施加给股东一定的负担，因此，对于配股我们不能想当然地认定为是股权的孳息。

在学界，有学者主张，"质权以有价证券为标的物者，其附属于该证券之利息证券、定期金证券或分配利益证券，以已交付质权人为限，其质权之效力，及于此等附属之证券"。[①]

1.1.2.5　上市公司中的国有股质押时对国有资产的保护

股份公司中上市公司的大股东，多数把其所持有的股权视为一种可利

---

① 郑玉波：《民法物权》，三民书局1999年版，第330页。

用的极具价值的资源，尤其是当资本缺乏时，上市公司股权可以作为首选的借款抵押质押对象，既可解决资金的燃眉之急，同时也不会影响其继续行使股东的各种权利，如代表权、知情权与管理权等。当然，质押的任意性可能让风险增加。统计数据显示，到2016年下半年为止，深圳、上海两地1200多家股份公司中，已有100多家的大股东所持股权部分甚至全部被冻结，约占上市公司总数的1/10。

大量高比例股权被大股东质押出去的背后，有相当可能性存在着这些股权被冻结、被拍卖，进而导致上市公司控股权转移——一旦上市公司大股东经常性地变换，必然引起上市公司主营业务、高管人员等的变动，从而会使得上市公司的资金不稳，甚至会导致大量国有资产流失。可以想象，许多被质押的股权是被银行或者其他金融机构持有，此类股东是被迫而成为股东的，这不属它们的日常业务，所以，一抓住机会，此类股东会再次进行股权转让，这最终会导致上市公司大股东再次变更，如此，这些上市公司所面临的风险就可以想象到了。这样的例子很多，其中，四砂股份十分典型，1998年，四砂股份4000万国有股权转让给艾史迪集团，使其成为控股股东，艾史迪转产柠檬酸产品，企业很快由盈利变为亏损。一年之后，艾史迪又将其所持有的四砂股份全部转让给宁馨儿经贸公司，该公司成为第一大股东。2001年7月，宁馨儿将其所持有的四砂股份全部转让给山东高新投和鲁信置业……该公司在不到两年的时间里，股权多次质押，大股东几次易主，最终致使公司的生产经营全部陷入困境。

在我国现有的上市公司中，国有股占的比例是很大的。根据《公司法》的相关法律规范，此种股权的转让必须经国有资产管理部门的严格审核与批准，所以，同理，此类股权的出质也相应地经由审核与批准。但是，虽然是国有股，在运行中却属于直接的权利主体，即属于企业法人财产，企业当然地拥有对其管理、因之抵押、用其投资、出质等予以支配的权利，这是企业的自主行为，任何部门不得进行不合宜的干预。那么，如何保护上市公司的国有资产就成了股权出质时必须考虑的重要细节问题。

为了强化以国有股质押业务的经管与监督，并在此过程中对相关股东的行为进行有效的约束与规范，财政部、证监会、银监会等部门早就联合下发了通知，要求国有股质押业务办理时，所有相关主体，应当遵守《公司法》《担保法》及其他关于国有股权管理等法律法规的规定，并责令上市公司必须制定详细的公司内部财务管理制度、股权转让出质规则,并必须建立相应的责任追究制度。

根据财政部《关于上市公司国有股质押有关问题的通知》,国有股的质押对象只能是本单位及其全资或控股子公司提供,国有股东授权代表单位用于质押的国有股数量不得超过其所持该上市公司国有股数额的一半。国有股东授权代表单位以国有股进行质押,必须在进行之前进行科学的可操作性论证,特别是将资金的用途给予详细说明,并必须制订合理的还款计划等,总而言之,一切与之相关的事情必须经董事会开会研究审议并表决决定。

对国有股操作质押业务,在签订股权质押合同后,还必须报省及以上主管财政的国家机关备案,即报省财政厅或国务院财政部备案,并根据该机关下发的备案表,进行登记手续的办理。在此过程中,国有股份公司应当提交如下文件:国有股东授权代表单位持有上市公司国有股证明文件;质押的可操作性报告及公司董事会决议;质押合同副本;资金使用及还款计划;质押法律意见书。

1.1.3 股权质押的实践困境

应该承认,股权价值的最大特性是易变性,这也是股权质押风险性的重要原因之一,这种风险性有时会在不经意间激发出另外的风险:股票价值的波动性所产生的风险、道德风险和其他市场中潜在的风险。[1] 理论及实践中的诸多问题也因此而产生,对这些问题的解决,是理论界首先要做的事情。

股权质押是一种担保,由此产生的法律关系看似简单,但是,因为股权本身所具有的特性而变得较一般常态化的担保就复杂得多。我国《担保法》对其的首次认可也是慎之又慎,在立法上则表现为亦步亦趋,如与之相关的法律规范过于原则性、简单化,可操作性不强。这种立法局面直接导致以下几种实际操作上的困境。

第一是作为该制度的重点内容之一的股权质押的设立。可是出乎我们的意料,此点在我国的《担保法》中并无专门规定,这就让我们有种"无

---

[1] 林建伟:《股权质押制度的反思与重构——以制度价值为中心的考察》,《现代法学》2005年第9期,第112页。

有开始，何谈过程及结束"的感觉。不过，在实践中人们只好借鉴《公司法》《证券法》以及其他法律中相近的规定为依据来处理遇到的问题，当遇到诉讼时，法庭也只能勉强为之。

第二是关于股权质押的限制问题。股票的本质是一种财产权利，此权利具有流动性特质，换一种说法，就是可以移交他人占有而不影响公司的真正运营，这种特质让股票能够成为一种可以设质的权利。但是，我国法律规定中，并非所有股票都能够凭持有者的意志任意自由转让，我国《公司法》对某些种类股票的转让做了如下限制：①发起人持有的本公司的股票，自公司成立之日起3年内不得转让；②公司董事、监事、经理所持有的股票，在其任职期间内不得转让；③向外商转让上市公司国有股和法人股，涉及产业政策和企业改组的，由国家经贸委负责审核；涉及国有股权管理的，由财政部负责审核；重大事项报国务院批准。向外商转让国有股和法人股必须符合中国证监会关于上市公司收购、信息披露等规定[①]。

不过我们要明白，出质并不必然导致转让，但是却极有可能造成最终的转让事实。如果质权人的债权得不到受偿，股票必然面临转变主人的事实的发生，那么，我国法律中却存在着出质与转让两种事实相冲突的法律规范。限制转让的股票在非法律容许的转让期间，应该说，作为质押的标的是不适合的。但是，对于这种转让时受到限制的股票质押，法律也没有明确地做出禁止性规定，那么，根据法无禁止即合法的原则，我们可以理解成即使是限制转让的股票依然可以用于质押。这可能也是因为股票的最大特征之一是具有流通性，如发起人股自股份有限公司成立3年后就可以进行转让等，所以限制转让股票应该可以用于质押。为此，有权的法律或工商部门应当尽早制定相应的规则来规范此种股票的质押。

第三是股权价值的认定问题。在我国，由于缺乏针对企业的有效监管的法律规则这一原因，使得一些企业，如中小企业的注册资本的虚假注资及抽逃资金等违规操作的事情时有发生，这就造成了资产评估价值过高现象的产生。同时，针对非上市公司股权的特有风险就过度集中在股权价值评估上，因为只要不上市，该股权就不会有所谓的市值，因此，要确定其价值，只能依赖于专业的计算和评估，如果申请评估者存在恶意，溢价评

---

① 此见于1995年9月国务院办公厅转发国务院证券委员会《关于暂停将上市公司国家股和法人股转让给外商请示的通知》第4条。

估的概率是非常大的,再加上政府意愿的助力,如一心想着出政绩而想方设法为中小企业办理融资等,很容易导致风险的扩大。

第四是质押股权处置的风险问题。如果企业不能偿还贷款,银行随即会对质押的标的进行处理,质押的股权必然依法被处置。当下为了应对此种处置业务,全国各地已经成立产权交易中心,不过由于经验的缺少和法律规范的不足,对于股权的交易活动目前还停滞在试验阶段,许多操作存在着极大的不确定性。不过,我们应当承认,产权市场的活跃程度是股权质押贷款大规模发展的一个先决性条件和醒目标志。

第五是股权价值的稳定性问题。对于金融单位来说,股权质押的操作近于股权转让,金融单位作为质权人只要接受了股权质押,那么就等于接过了股权的市场风险。一旦遭遇到股票市场的萎靡,被质押的股权极有可能下跌到不足以清偿贷款的状态。不过,令金融单位稍加宽心的是,法律规定当质物变价后的价款不足以抵偿债权的,余额部分仍由当事人用其他方式清偿。但是,此举增加了质权人的追讨成本,有时难免要发动诉讼才能如愿,有时即使追讨了,最终也有可能没有全部获得清偿。

第六是不同类型的股权质押的法律手续的差别问题。当事人签订股权质押合同只是表示着合同的成立,在我国,合同的成立与生效有时并不一致。质押合同就是在当事人签章后,办理相应的手续才能生效。

以有限责任公司的股份出质的,首先不得与《公司法》中股份转让的条款相矛盾,即应以《公司法》第72条第1款为准:有限责任公司的股东之间可以互相转让其全部或者部分股权的规定,同一有限责任公司的股东之间就股权出质的,只要两个股东协商一致即可,无须经过其他股东同意。《担保法》第78条第3款规定,质押合同自股份出质记载于股东名册之日起产生效力。这说明,对于有限公司的股权质押并不属于公司登记的事项范围,也不属于备案的事项范围,因此,并不需要办理备案登记。不过,向本公司股东以外的人设立股票质押,必须经全体股东的过半数同意,所谓过半数,是不包括半数这个数值的,这是常识;有限责任公司的股东以其股份出质的,应向质权人交付股东出资证明书,此交付代表着权利的暂时转移,也意味着,原来的股东对于已经质押的股权,在行使权利时开始受到无形的约束,特别是其中的财产权。

不过,有人对此规定持不同意见,原因是股权质押只是一种担保手段，在质押期间，出质股东的任何权利不受影响，也不影响其他股东的任何权利。即使是由于债务人到期没有履行债务，股东承担了担保责任，股权转让也只是股权实现的其中一种方式而已，并且股权转让时也不影响其他股东对此股权的优先认购权的行使。因此股东将股权质押，不需要其他股东同意。所以，笔者以为，从简化程序手续、提高融资效率的角度来看，这种观点存在合理性；不过从保证质权人利益、融资安全与稳定的角度来看，既然法律规定股权质押适用股权转让的规定，对股权质押没有例外的特别说明，还是严格按照法律的规定进行实务操作，才能更加安全稳妥，这也有利于防止纠纷的出现。

以股份有限公司股份予以质押的，也要适用公司法有关股份转让的法律规范，公司法中有关不得转让股份的规定也同样适用于股权的质押。《担保法解释》第103条针对质押合同的效力产生时间，对于上市公司和非上市公司做了有差别的规定：以上市公司的股份出质的，质押合同自股份出质向证券登记机构办理出质登记之日起产生效力；以非上市股份有限公司的股份出质的，质押合同自股份出质记于股东名册之日起产生效力。

以无记名股票出质的，出质股票应以背书的方式记载有"质押"二字，如果不经背书，不得对抗第三人。

国家股、国有法人股转让必须经国有资产管理部门的审核与批准，谈到质押也是模拟转让，必须经由国有资产管理部门审核批复。审批是第一步，与其他种类的股票一样，登记标志着效力的生成。以外商投资企业投资者的股权出质的，质押合同经原审批机关批准，也必须在企业登记机关备案。

上述中，有限责任公司的所有股东都必须进行工商登记，从另一角度来讲，此要求反而便利了有限责任公司的股权质押，因为这只需要双方当事人的意思一致即可办理出质。在程序上，即便想出质的股东手中没有出资证明书，根据工商总局的相关规定，该股东仅凭股东名册甚至是名册复印件就能进行登记；在程序上，股东名册复印件的获取也是极为容易的，只要有出质股东的授权，通过工商登记查询档案就能获得。不过，就股份公司而言，有时基于股份有限公司的公众化公司属性，工商行政管理机关难以对全部股东依法予以登记。所以，查询的方式有时也不得如愿。就上市公司而言，股东状况随时处于变动之中，进行股权登记，实在是没有必要。

从解释论的视角分析，我国《物权法》对于股权质押制度进行了完善和发展[1]，《物权法》明确规定股权质押自登记时成立且生效，但对于不能办理股权登记托管的股份公司的一般股东来说，利用股权质押进行融资借贷在法律上存在着障碍。

那么，通过读析我国的法律可以得出这样的结论：不同性质的股份或股票所进行的质押需要的手续是有差异的，或者是由此产生的质押合同的成立及生效条件的差异，带来的是法律监管的难题，如果有案件发生，也会相应引发司法判定的难题。

例如，中国法院网公布了一起股权质押案例，其案情就是如此。

甲在某日向乙借款 5 万元，两人约定的还款日为一年之后的同一天，以甲所持有的 A 有限责任公司 40% 的股权作为质押，只是质押没有进行登记，并约定如不能按约定还款，则自愿将该股权转让给乙。一年之后，约定的还款日到来，甲不能按约定期限还款，又自愿签订了一份委托书，承诺将其所持有的甲公司股权转让给乙，并全权委托乙自己代办手续。当乙要求甲一同去办理手续时，甲却以种种借口拖延不办，乙就以甲的行为提起诉讼。

该案应当从哪个角度着手操作？至少应当解决两个问题，即质押的效力与股权转让。此案可引申出工商管理实务中的监管问题，尤其是对于未办理股权登记托管的股份公司的监控与管理。

以上六个基本问题解决的主线是，何种情形下，立法的完善可以让股权质押法律关系的当事人的风险降到最低？在质押关系中，不同的当事人面临的风险也是有区别的，如质权人随时会遭遇到股权价值下跌的风险；出质人要时刻面临不能偿付贷款而变成债务人，而同时又面临失去股东资格的问题……那么，立法应解决如何给予完善，提高公司治理水平以实现质押法律关系的当事人的利益最大化等问题。

1.1.4 效率与安全之间的均衡

股权质押，从出现的那一天起，关于这个制度的效率与安全的关系一

---

[1] 吴春岐：《从解释论的视角论我国股权质押制度的新发展》，《山东师范大学学报（人文社会科学版）》2009 年第 2 期。

直就如同"跷跷板",要想实现担保制度的创新与发展,就需要把握好两者的均衡。因为,当下金融业发展的一个大的背景是,与日益增长的经济金融创新和发展需求相比,我国的金融基础设施有效供给仍然需要进一步加强。在此背景之下,我国股权质押市场发展呈现以下几个特点:一是需求规模不断扩张,特别是中小企业,在向银行贷款大多会遇到政策阻力的前提之下,寻求民间资本的支持是唯一途径。二是股权质押市场的规模仍呈现快速增长,2015年场内、场外股权质押共计6978笔,市值约3.35万亿元,若按市场平均4折的打折率,2015年金额约为1.3万亿元,截至2017年5月24日,A股质押股权市值规模为3.97万亿元,占A股总市值的7.2%[1]。三是在交易规模结构细分中,新三板股权质押异军突起,Choice数据显示,2014—2016年,借助新三板平台,参与股权质押的公司占挂牌公司总数比例分别为7%、9%、13%。其中,2016年全年1300多家挂牌公司进行了3200笔股权质押,质押市值约1300亿元;2015年,460多家挂牌公司共进行1000多笔股权质押,涉及股权市值约427亿元;而2014年仅有110多家公司发生了230多笔股权质押,质押市值只有26亿多元。只用三年时间,新三板的股权质押规模扩容50倍。进入2017年,新三板市场日均成交额仅为9.37亿元。同时,挂牌企业数量和融资需求急速扩大,而定增融资遇冷。资金紧张的大股东们转而寻求以股权质押方式进行融资。到2017年9月,新三板共发生3200笔股权质押,创下历史新高峰[2]。

与此同时,我们发现,现阶段股权质押制度仍面临诸多问题与挑战,包括个股的股价下跌问题、质押股份多面临平仓风险问题、企业股权质押之后却不予以披露问题、定增融资遇冷问题等,甚至还存在个别的"套现跑路"问题。可以想象,在未来发展趋势上,技术因素、政策与法律及行业规则、行业的生态因素将持续影响市场发展,而增长、转型、并购、大宗交易、创新、规范则成为关键词。

总的来说,担保制度的创新有助于促进企业的发展,重构担保领域的交易过程并整合这种服务功能是经济领域的理论研究以及实践亟须完成的

---

[1] 柳鸣蝉:《股权质押必须了解的三大点》,http://www.sohu.com/a/143631535_481560,访问时间:2017年10月23日。

[2] 王蕊:《新三板股权质押规模创新高 监管效果显现》,《中国证券报》2017年9月27日。

任务，股权质押是金融市场服务体系的基本功能之一，并且从2011年开始，出现了通过大宗交易平台交易直接将股权过户给信托公司的股权质押新模式，此种新模式具有融资快、手续便利的优势。当然，通过大宗交易平台交易，大宗交易价格的选择会对二级市场造成重大的影响，由此可能会引发股价的波动，但是，对大量资金的需求也是部分企业发展的瓶颈。对此，鼓励创新和防范风险可以做到并行不悖，但必须了解"跷跷板"的平衡点在哪里，理性认识风险、确定真实风险状况，从而真正提高对股权质押的重视，进行有效防范和化解。

1.2 研究意义

股权质押是在公司和公司制度成为一个国家经济生活的重要组成部分时，随着市场及全球化的持续发展，迎合国家经济生活与国民消费生活的需要而产生的，[①] 该制度具有促进交易、减少交易成本、降低交易风险的功能。这个制度也因其体现了《物权法》的以物的利用为中心的功能性与功利性取向，逐渐成为担保法中特别受人欢迎的担保种类。

随着市场经济不断深入发展，企业要继续发展需要大量资金，股权质押作为重要的融资手段，正受到越来越多的关注。对比经济发达的国家，我国股权质押制度起步较晚，法律法规对债权人风险防范、出质人的权利保护的规定还有很多需要完善之处。这些情况不仅不利于规范我国的金融市场，也不利于各级法院在实务中的裁判和执行，无法保护当事人的合法权益。所以，整理股权质押制度中存在的诸多问题，并提出科学的化解之道，使股权质押法律制度日益趋向规范化、法律化，对于我国金融市场的稳定和公司的长远发展具有重要意义。2008年第三季度，国家工商总局出台《工商行政管理机关股权出质登记办法》，之后股权质押融资在我国迅速发展。截至2015年9月30日，共计1483家上市公司参与股票质押业务，占全部上市公司的53.3%。2015年新三板上半年总质押295423万股，远超2014年和2013年的总数。2016年4月14日，中国人民银行的领导在华盛顿出席经合组织《关于中小企业和企业家融资状况的报告——OECD打分板》新闻发布会上明确表示，中国仍是发展中国家，国民财富

---

① 林建伟：《股权质押制度研究》，法律出版社2005年版，第1页。

尚未充分积累，缺乏足够的有效抵押品，应鼓励新的企业通过股权方式进行融资。可见，股权质押融资在我国企业融资方面起着越来越重要的作用。

但同时，股权质押虽然已成为我国证券市场的实践方式，但我国关于股权质押的监管制度在一定程度上存在疏漏，目前仍没有出台股权质押融资管理办法，导致企业可能因盲目扩张而造成风险敞口过高，面临提前赎回、司法冻结和强制平仓的风险，挤压着企业通过股权质押进行融资的发展。在法学理论方面，股权质押存在质押合同与股权质权生效规则的错位、目标公司对质权人协助义务法律规定的缺乏、出质人变现请求权规定、质权保全制度缺失等问题。尤其是来自于全球经济大势的影响，使得我国的社会主义市场经济、金融银行业、工商业的有序发展等都面临极大的考验，当然这也为我国金融体制方面的制度改革完善带来了更多更好的机遇。在更高的要求面前，笔者以为，股权质押作为融资的新手段，还有很大的发展潜力，但前提是将目前已经出现的棘手问题顺利解决，既有利于保障股权质押的顺利进行，又能促进市场的安全与稳定。反之，则会因小失大，拖垮一个地方的商业，阻碍市场的发展。此外，除债权人的权利应当得到法律的保护之外，出质人的权利保护，也应给予平等的对待，一定要把质权人与出质人的利益放到同一个高度上加以平等保护，这是市场交易公正公平的最底线要求。所以，应在法律制度建设方面完善法律法规，在实务操作中做到无缝监管，以促进股权质押制度不断前进。

在立法层面，《物权法》中关于股权质押的规定太过粗糙，仅是一些原则性和抽象性的概括性描述，《公司法》和其他相关法律中关于股权质押的股权转让规则则语焉不详或不足，股权质押制度在司法实务中存在不少法律适用的冲突与困惑。因此，正确解决法律适用冲突，明确该制度的立法目的、确立实践中的操作原则及详细方法成为司法实务迫切需要解决的问题。

在法律应用层面，国家的一切经济活动必须有完善的法律信用制度来保证其正常有序的运作及发展。近几年来，我国沪深两地股市总值基本保持在数万亿元人民币的量级，在此基础上的股权质押市场有难以估量的潜力，探讨股权质押理论及实践的多层面问题具有非常大的实践意义。用效率与安全的视角来对股权质权制度进行研究，在遵循公平、诚实信用原则的基础上平衡出质人、质权人、公司等多元化主体的利益，实现股权质押的稳定、有序，既能体现效率又能实现公平的担保功能。

所以，在法学理论方面仍有必要进行深入的系统研究。

1.3 研究现状与本研究的创新点

鉴于股权质押制度在我国适用已久，早在20世纪90年代初期，我国学者就开始从金融学、管理学和法学等方面对股权质押制度进行研究，但直到《物权法》颁布后，围绕股权质押制度的研究及发表的论文才开始增多。但至今以"企业股权质押制度"，特别是"中小企业股权质押制度"为主题进行研究的著作几近空白，仅能在担保法著作"股权质押"和"权利质权"章节中和物权法著作中找到有关该主题的片段化、零散化的论述。

我国最早关于股权质押制度的著作有胡开忠的《权利质权制度研究》（2003）和林建伟的《股权质押制度研究》（2005），均完成于《物权法》颁布之前，著作中涉及的一些问题已被《物权法》吸纳成为现行法律。

综上，通过查阅有关股权质押的文献，现存的研究主要存在以下问题：一是限于股权质押法律关系的某一方面进行分析，如单纯对股权质押效力、股权质押客体的分析，没有对股权质押进行全面性研究，通过法律关系对股权质押进行研究的学者较少；二是多从银行业的视角进行研究，鉴于银行机构长期以来作为股权质押的质权人，其他金融机构参与度较低，所以学者多从以银行机构作为质权人的角度出发进行研究；三是多集中在风险防控方面进行研究，少有结合效率与金融安全平衡进行研究的。本课题主要从股权质押制度基础性研究出发，集中研究股权质押的法律问题，从而思考如何构建在客户、证券公司、市场整体三个层面之间金融安全与效率妥当平衡的股权质押制度。

1.3.1 国外相关文献

就笔者掌握的材料来看，域外研究股权质押主要从两个角度进行，第一是基于股权质押所带来的代理问题，此方面的理论多从代理学说的角度给予解读，其观点是股东的股权质押行为使得大股东与中小股东的代理之间的非和谐因素增加，有可能导致大股东更加积极于对公司掏空的行为。这方面的代表性文献是 Yeh 等人的论文（2003），作者提出这样的观点，即一个公司大量的股权质押行为会加剧控制权与现金流权的分流，股权质押所占的比例越高，代理问题就越严重。第二是股权质押可能对公司的成败与否产生决定性的影响。这方面的研究权威是 Chen & Hu (2001)，他们的观点是，股权质押一定会增加公司的种种风险。这些风险可能从内部、外部两个方面对公司形成一些不利因素，在市场经济景气的情况下，股权质押有时会与公司绩效显著正相关；在市场经济不景气的情况下，股权质押与公司绩效显著负相关，并且这种负相关在一段时间内是常态化的。Claessens 等人（2002）发现因股权质押导致的控制权与现金流权分离程度与公司绩效显著负相关，并且家族控制的严重性和法律保护水平的低效性会加剧这种负相关的程度。Yeh 等人（2003）也进一步证实了股权质押与公司绩效呈负相关。

1.3.2 国内相关文献

在国内，股权质押的研究方兴未艾，稍作回顾，笔者发现，在研究的主干内容上，以往的大多数研究均以法学视角展开，却极少融入经济学等相关的内容，如阎天怀的《论股权质权》（1999），这篇文章从其内容上来看，是通过参考国外法律规定，对股权质押标的物、股权质押的担保功能等问题进行分析和论述，不过该文更大的意义在于开启了广大学者对股权质押的关注；再如，林建伟的《股权质押制度的反思与重构——以制度价值为中心的考察》（2005），该文主要从法律制度及股权质押的制度价值的视角，对股权质押制度进行反思和重构，并提出应健全股权质押的风险防范机制，确保交易的安全，扩大适格股权的范围，完善相关配套措施，提高股权质押制度的效率等完善建议。不过，从近期能够查阅到的数量不多的文献可以看出，学者们已经将视野扩大到经济学、金融市场学甚至是经济伦理的视角并基于委托-代理理论对股东的股权质押，结合我国实际情况进行更为认真的具有中国特色的分析。这些论文有徐海燕的《有限责任公司股权质押效力规则的反思与重构》（2011），该文的影响在于其针对有限责任公司股权质押效力的规制进行反思，提出了较为深刻的观点，如股权质押合同的生效和股权质权的设定均无须遵守《公司法》中股东向公司外第三人转让股权的程序性规定，主张现行部门规制对外资公司股权质押行为采取审批生效主义的保守态度应予废除等，可以说，徐老师的这篇文章对国内关于股权质押制度研究起着启发性作用。

而研究主题仅是围绕着大股东股权质押所引发的基础性的代理问题，如是否会侵占中小股东利益进而对公司价值产生并能够产生什么样的影响？大股东股权质押可能带来什么样的掏空公司的行为？如果真的发生掏空事实，其他股东的权益如何保障等问题。对这些问题，并没有系统化的研究，因而也就没有形成一个系统的整体研究框架，缺乏基本的理论分析，同时没有全面研究大股东股权质押的动因和经济后果，仅仅是简单地探讨了股权质押对公司价值的影响，没有细致地刻画出作用机理。在研究方法上，大多采用基于学科的比较性研究、学科规范化研究，而建立在精细调研基础上的实证研究极为罕见。我国区域经济、金融发展不平衡，外部治理环境差异巨大，而面对这些差异，如果不把诸如外部治理环境等宏观变量的因素纳入研究中来，是不能得出真正可靠的结果的。就本主题的基础性而言，我国上市公司股东股权质押行为普遍存在，研究大股东的股权质押行为具有非常普遍的意义，除此之外，近几年新三板市场的发展极为迅速，与之相关的股权质押业务也骤增，需要有理论跟进，以给予科学的指导。

1.3.2.1　学术期刊文献

通过在"主题"和"篇名"两栏中分别输入"企业股权质押制度研究"一语，在中国期刊网进行检索，得到的搜索结果是75和34篇文献，即共109篇文献，具体如下："主题"栏＋文献＝75篇（"主题"栏＋期刊＝28篇，"主题"栏＋硕博士论文＝33篇，"主题"栏＋其他＝14篇）。

以"主题"为检索因子，按发表年份统计如下：

2017（4）、2016（14）、2015（7）、2014（4）、2013（3）、2012（5）、2011（12）、2010（7）、2009（14）、2008（3）、2007（1）、2006（1）、2005（2）……

不过，令人遗憾的是，通过"关键词＋文献"进行搜索，得到的结果是0篇。

通过在"主题"和"关键词"两栏中分别输入"股权质押"词汇，在中国知网期刊库进行检索，分别检索到4481篇与2728篇，以"主题"为准，文献按照时间的分布情况如下：

2017（161）、2016（281）、2015（300）、2014（178）、2013（299）、2012（224）、2011（213）、2010（213）、2009（283）、2008（158）、2007

(60)、2006（83）、2005（74）、2004（65）、2003（58）、2002（33）、2001（27）、2000（12）、1999（4）、1998（1）、1997（1）……

通过对以上几种数据进行分析，我们得出如下初步结论：第一，从数量上看，说明以"企业"作为视角的这个命题尚未引起广泛的关注，特别是"中小企业"；第二，这些文献中，对股权质押的研究多是基于对实践操作中遇到的问题的分析，如质押的经验数据、崩盘风险、公司治理等；第三，基于现实的需要，企业以此作为融资的主要方式早就已经出现，对此引发的探讨早已开始，且方兴未艾；第四，企业股权质押研究缺乏理论创新，由此，实践中出现了问题必然缺少理论指导。数据显示，对该命题的研究以2016年、2015年、2014年、2013年这四年的发表量占多，而2013年恰是中央发布《关于金融支持小微企业发展的实施意见》年份，这说明企业以股权质押方式进行融资的规模化操作刺激了与之相应的理论的发展，但并没有因此而达到笔者所预期的高峰，所以，笔者以为，理论态势与现实需求并没有相对应，这主要因为大多数研究成果的水平并不高，没有进行深层的思考，更多的是浅尝辄止，特别是无重量级的学者着墨于该主题，而最终使得该主题在理论研究方面陷入相当程度的尴尬境地。

对这些数据进行分析，可以发现相关论文的研究趋势呈现出"双峰"形，不过由于某种滞后性，相关高峰期也体现在2012年和2011年。

1.3.2.2 学位论文相关文献

在"题名"栏中输入"股权质押"对中国期刊网"博硕士论文"库进行检索，共检索到69篇文献，其中博士论文2篇，年代分布如下：

2017（3）、2016（12）、2015（12）、2014（2）、2013（4）、2012（2）、2011（7）、2010（2）、2009（4）、2008（6）、2007（5）、2006（3）、2005（1）、2004（1）、2003（1）、2002（2）、2001（2）。

在"关键词"栏中输入"股权质押"对中国期刊网"博硕士论文"库进行检索，共检索到92篇文献，其中，博士论文1篇，年代分布如下：

2017（4）、2016（17）、2015（13）、2014（3）、2013（7）、2012（3）、2011（8）、2010（4）、2009（4）、2008（7）、2007（7）、2006（4）、2005（5）、2004（1）、2003（2）、2002（2）、2001（1）。

如果在"股权质押"前增加"中小企业"，那么仅有10篇。

对上述学位论文的分布情况进行分析可以得出以下初步结论：对"股

权质押"的研究非常稀少，并且一个很值得注意的现象是没有重量级的学者参与其中，更没有重量级的著述给予最起码的方向性的引领，这说明该领域不仅没有成为当下民商法领域的"显学"，反而成了一项"冷门"。

可是，这与金融实践极为不对称，在《上市公司大股东股权质押的文献综述》中，作者在对相关数据进行整合后发现："在我国的股权结构下，公司治理的核心问题已由过去的股东—管理层的代理冲突转化为大股东与中小股东之间的代理冲突。近年来，股权质押作为一种新兴的融资方式受到企业界和金融界的青睐。"[①]

近几年在公司法领域产生了诸如此类的问题，如股权质押与公司绩效的关系是什么、股权质押对公司价值的影响有多大、股权质押对公司盈余管理的指导意义为何、股权质押在项目融资中适用问题、企业股权质押融资的平台问题、企业股权质押风险及政策问题等基础性命题。

在《从国内中小企业视角谈股权质押融资》一文中，作者门宇仅简单概括了中小企业的股权质押融资的现状和优缺点，并分析其风险性。[②] 在《股权质押融资，企业如何获得？——对话上海农商银行科技型中小企业融资中心总经理朱心坤》一文中，俞崇武和黄晓蕾两位金融界人士提出虽然国家政策倡导股权质押，但现实中针对某些类型的企业，如科技型企业仍然存在融资难的事实，这是因为目前银行没有找到有效控制风险的最佳方法。[③] 在《"新三板"企业股权质押的定价和应用》一文中，吴军和魏果望两位作者提出了针对"新三板"的股权质押定价模型，这篇文章不仅描述了基于七个变量的定价模型，而且进行了实际应用，全国首例"新三板"股权质押——"新眼光"应用该文的定价方法在2014年年初获得了浦东发展银行的商业贷款，此为"新三板"股权质押的推广提供了有益借鉴。[④] 在《股权质押贷款授信的理论与实践》一文中，田天和车富龙两位作者诠释了股权质押的内涵及法规基础，明确了股权质押融资的基本要求与质押登记路径，并论证了股权质押担保授信的业务程序以及股权质押融

[①] 张婉君，罗威：《上市公司大股东股权质押的文献综述》，《现代营销》2015年10期。
[②] 门宇：《从国内中小企业视角谈股权质押融资》，《商场现代化》2016年第9期。
[③] 俞崇武，黄晓蕾：《股权质押融资，企业如何获得？——对话上海农商银行科技型中小企业融资中心总经理朱心坤》，2009年第12期。
[④] 吴军，魏果望：《"新三板"企业股权质押的定价和应用》，《价格理论与实践》2014年第2期。

资的社会实践问题。①

从以上几个代表性论文的主题与内容来看，没有脱逸出该命题的概念、分类、立法规范分析等视角，没有为之彻底地解答与寻求"股权质押"的制度缘由、与现实需要的联系等根本性问题，更没有触摸到该制度的本质，对于外国的研究也集体性失语并缺乏系统性回应的能力。

也就是说，第一，我国学术界对该主题研究中的一些基础性概念至今没有统一；第二，多数理论学者都是基于一个或几个角度进行研究，这样出产的理论成果缺乏一定的系统性，互相之间缺少批评与商榷；第三，从总体上来说，笔者以为，我国学术界对这个主题的研究并不能与国外的研究形成对接。

1.3.3 对国内外文献的评析和本研究的创新点

本课题以效率与金融安全之平衡为主线之一，对股权质押相关法律问题进行全方位的论述，对构建和完善我国股权质押法律制度有所裨益。国内学术界对于"股权质押"的研究在2014年、2015年达到一个小的高潮之后，似乎有告一段落的意思，可是对于股权质押的制度来源、制度性质、运行规则以及运行模式等问题远未解决，尚存在可观的研究空间。另外，通过阅读相关文献可知，我国学术界对于股权质押主体、客体、内容、法律特征、价值及功能、评估模式等基础性概念并没有给予充分的论证。我国学者艾大力从理论角度进行分析后认为，股权质押融资后有时会产生控制权让位风险与杠杆化风险，而这两类风险可能造成负面的影响，进而导致公司价值受损，这种警示性研究并不合于当下的主流观点，学术界给予的关注并不够，这是"股权质押"中非常有意义的子命题；以我国学者常健为代表的一些学者甚至认为，对于金融安全与稳定的定义或具体的识别方法，至今没有达成一致的意见，如果分析各类金融安全与稳定的法律概念，可以发现金融安全与稳定只是一种目标，具有宏观性、动态性，金融安全与稳定的维护分为日常维护和危机救助两个层面。② 学者林建伟提出，安全与稳定是股权质押制度的基本价值取向，该制度的目的在于保障债权的实现，维护交易的安全。为了规制股权质押的道德风险、市场风险和法律风险，现行法构建了基本的风险防范机制，但还不完善，仍

---

① 田天，车富龙：《股权质押贷款授信的理论与实践》，《财会月刊》2012年第11期。
② 常健：《论金融稳定的含义、法律特征与法律限度》，《安徽大学学报（哲学社会科学版）》2011年第5期。

存在风险分配不合理、风险防范机制缺乏周延性等弊端,亟待改进。林老师主张按照安全优先,兼顾效率和公平的要求,完善我国股权质押的风险防范机制。①这说明,从研究之初,众多学者在对立法与制度完善给予建言献策之余,还就风险防控予以特别关注。在近几年,似乎对本课题的研究与现实相联系得更加紧密,也从融资单位分门别类的视角进行差别研究,如上市公司、非上市公司、中小企业、有限责任公司、新三板等,针对它们各自的企业特点、融资的实践等结合国家金融政策而给予针对性更强的分析与指导。当然,这些论证是建立在股权质押的立法缺陷、法律问题、风险控制、安全视角、合同效力、制度的反思与重构等基础之上的。应当承认,我国对于本课题的研究正在尝试进入一个小高潮,可是遗憾的是,少有重量级的学者参与其中,法律与金融相结合不足;从研究轨迹来看,多数学者在理论上多是"浅尝辄止"、附"外国理论"之庸;而在实践上,多驻足于经济与金融的表象而没有深入地调研,更加注重的是分析国家经济金融现行政策对该制度的影响而于股权质押制度的整体架构方面缺少宏观性的论述;但在实务中,明星电力、亚星化学、顾地科技等诸多案例表明,股权质押会带来不良经济后果,造成对中小股东利益的严重侵害。②

从国际上看,在实践领域,美国学者早在多年前就提出股权价值的计算问题;③日本学者就股权设质时的登记问题给出原则性指导;④德国学者就股权出质的公司角色问题给予充分论述⑤,在德国,民事行为采取分离原则,即分为处分与负担行为,这就导致了德国与我国在股权质押合同的定性上有所区别,我国主流观点认为其是要式合同,而德国学者多主张质押合同为不要式合同。不同的原则及态度,决定了两个国家在质权设立上的根本分歧。⑥甚至,与股权质押制度相关的一些基本概念在世界各国和各地区也有不同的认识,如股权性质为社员权学说是德国、日本和我国台湾地区的通说,我国亦有很多学者也支持此学说,并以此为依据否认股权可以继承,可是股权社员权说难以解释股东按出资比例享有权利承担义务

---

① 林津伟:《安全视角下的股权质押问题研究》,《福建公安高等专科学校学报》2007年第4期。
② 张婉君,罗威:《上市公司大股东股权质押的文献述》,《现代营销》2015年第10期。
③ [美]罗伯特·克拉克:《公司法则》,工商出版社1999年版,第638页。
④ 《日本商法典》:王书江,殷建平译,中国法制出版社2000年版,第43页。根据日本有斐阁平成十二年《六法全书》译出。
⑤ [德]托马斯·莱塞尔,吕迪格·法伊尔:《德国资合公司法》法律出版社2005年版,第496页。
⑥ 李芬:《中德股权质押制度比较研究》,《中德法学论坛》2015年第11期。

的规则,也不能够解释一人公司的现象。

笔者以为,针对该主题在研究上还处于一种涣散或者"小打小闹"的状态,没有从一个宏大的视角来做总结。与之前的研究著述不同,笔者的研究立足于现代型市场金融的服务性这一宏观视角,在时代变迁的大背景下去探讨股权质押制度的意义。基于此,本研究的拟创新点在于:

第一,先行探讨和厘定股权及股权质押二者的性质及其在经济领域的地位及功能,从属性上来说,前者是从法律的角度生成,而股权质押是从回应金融需要或者说是从实践需要的角度生成。第二,为适用一国经济市场发展的要求,在现有公司法与特权法律体系内,为拓宽股权质押制度的应用空间寻求法理依据。第三,重新探求股权质押制度类型化及相关质押主体的法律地位,充分描述各主体的法律地位。第四,透过现代市场经济制度去考察股权质押,立足金融融资这一实践去反思股权质押。两者相互影响,彼此深化,实现宏观和微观的统一、理论和制度的结合。第五,在梳理英美法系和大陆法系相关理论与实践的基础上,寻找股权质押制度中各主体的法律地位的通行规则,进而为我国提供可行的立法与司法建议。

所以,本研究体现了研究视角的创新。本课题选择企业股权质押制度为研究对象,以求解决客户、证券公司、市场整体三个层面之间效率与金融安全平衡的问题,这属于研究企业融资的一个新视角。本研究也体现了研究内容的创新。通过与债权融资、定向增发等企业的融资方式的异同,针对股权质押的功能,界定股权质押在我国资本市场的定位,进而提出在客户、证券公司、市场整体三个层面坚持金融安全与效率之间妥当平衡,着力优化和完善股权质押制度的具体规则,构建层次丰富、分工合理的股权质押监管组织体系,并提出应从法律法规层面规定平仓的条件、顺序、范围等要素的完善建议。

1.4 研究方法与技术路线

笛卡尔在《方法论》中所言:"最有价值的学问是专业方法的学问。"也就是说,我们的任何理论研究都必须建立在实实在在的方法论基础之上,无此,一篇博士后的研究论文是达不到完美的境界的。在股权质押理论中,质押的理论与实践制度本身是一个常说常新的命题,对于这样一个与一国的政治环境、经济政策等结合度很高的话题,如果仅以法律的方法对其进行研究,必然不能得出一个令人满意的结论。所以,本课题在研究的过程中,系统性地采取了学科规范、实证研究、文献查阅、法理分析、历史研究、对比分析以及案例分析等多个方法。具体地说，本研究主要采用了跨专业多学科的一种综合性研究方法，因为股权制度本身是基于商事法律具体的法律规范，对于实证分析的方法，美国霍姆斯大法官曾言及"法律的生命在于经验"。另外，采用此方法是因为股权质押是经济金融领域的一个客观事实，而实证分析对于研究客观事实来说是一个极有效的研究方法，只有通过大量的验证与对比才能在类似的经济政策及金融现象中了解并理解它们彼此之间的联系，进而归纳出其中运行的规律。

1.4.1 研究方法

具体而言，本课题的研究方法如下：①规范分析方法。从现有法律规范着手，分析股权质押制度的背景、概念、规制、体系、实践效果等内容，并强化以实证方法来阐释和甄别理论。②案例方法。结合实际案例，运用多学科的理论进行总体上的理论探索。③比较方法。鉴于世界上资本市场发达的国家和地区也建立了各自的股权质押制度，并有着悠久的历史，对于我国新兴的证券市场，充分比较借鉴其他国家和地区的良好经验，有利于我国建立适合目前现实的股权质押制度。本课题分析我国多个国有企业的融资现状及股权质押制度，在此基础上与域外国家在其制度背景和实际效果方面进行比较，并提出我国应该构建一个什么样的制度。④文献调研法。⑤统计分析研究方法。以收集到的与股权质押的历史渊源、制度功能等相关的有效数据为根据，用统计方法进行描摹，在进行充分论证的基础上，为股权质押制度在我国公司业务及金融实践中的应用设计出更具实践价值的路径。⑥跨专业研究法。⑦论辩与逻辑方法。对本研究所针对的股权、股份、股票等基础概念进行法学规范性与逻辑性的比对，为它们在当下的经济领域的定位找到基准。⑧历史研究方法。股权质押制度并非一个独立制度，而是对担保这一传统制度在现代化金融制度中具体而微的折射。因此，本研究拟从股权质押的制度缘由及历史演进出发，在股权质押的发展趋势中，在经济制度史及金融观念史的背景下进行研究。法院在处理涉及股权质押的新型案件中，对新型法律纠纷的产生原因、表现形式、损害结果以及解决渠道等情况有所掌握，而这些信息对于进一步的理论研究具有重要的参考价值。⑨实证分析方法。建立一个学科，离不开实证的方法，一个课题的建构更是需要这种方法。再者，法律的任务之一是揭示法的实际功用。进行股权质押的研究，名义上是理论研究，实际上则是为实践服务的，是理论指导实践的第一步。另外，股权质押制度的实操性比公司其他业务更强，那么，实证分析是本研究必不可少的方法。本研究对股权质押的法律性质、质押关系中各主体的权利、责任义务及其他法律制度的联系与区别,以及股权质押制度的法律规则和机制的研究,都建立在众多市场实践、对公司股权业务的观察和对我国法律规范的分析的基础上。

1.4.2 技术线路

逻辑思路与技术路线：以域外关于股权质押的经验及我国国情为基础,以国内外有关研究成果为参考,构建效率与金融安全平衡的股权质押制度,以期能够为相关理论做出贡献,为决策部门提供参考。根据研究思路和前述论证,本课题的技术路线设计如图1-1所示。

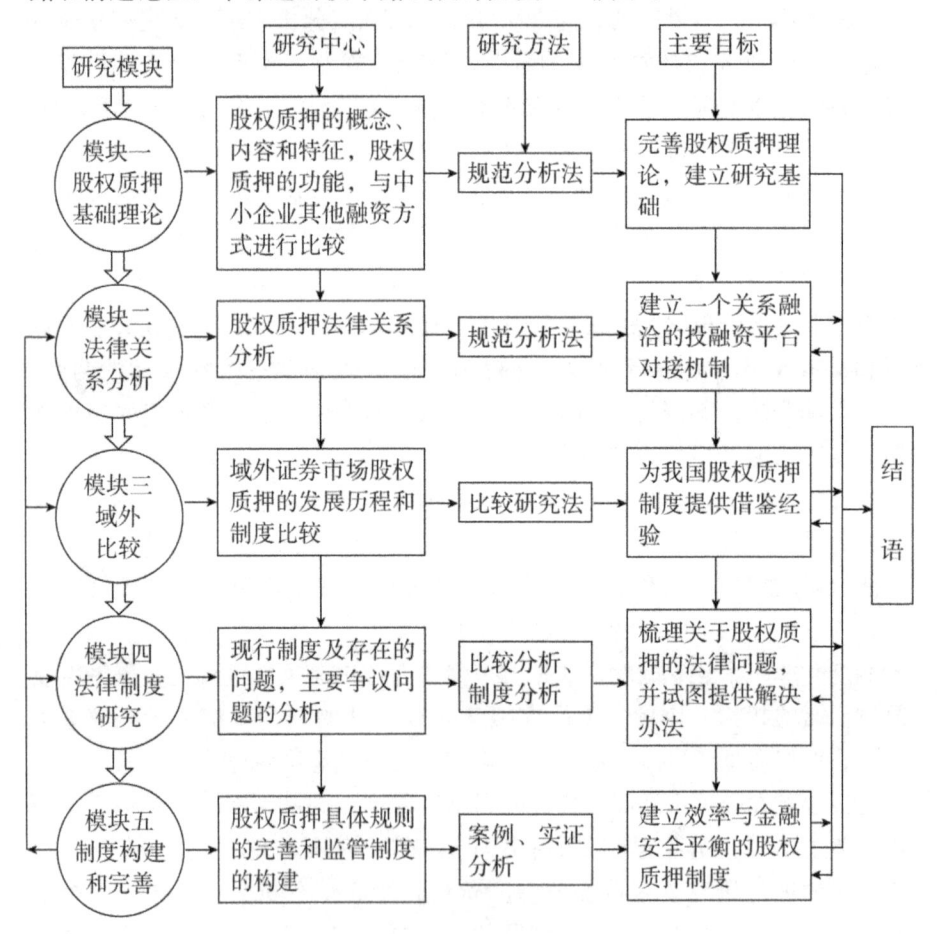

研究模块	研究中心	研究方法	主要目标	
模块一 股权质押基础理论	股权质押的概念、内容和特征,股权质押的功能,与中小企业其他融资方式进行比较	规范分析法	完善股权质押理论,建立研究基础	
模块二 法律关系分析	股权质押法律关系分析	规范分析法	建立一个关系融洽的投融资平台对接机制	结语
模块三 域外比较	域外证券市场股权质押的发展历程和制度比较	比较研究法	为我国股权质押制度提供借鉴经验	
模块四 法律制度研究	现行制度及存在的问题,主要争议问题的分析	比较分析、制度分析	梳理关于股权质押的法律问题,并试图提供解决办法	
模块五 制度构建和完善	股权质押具体规则的完善和监管制度的构建	案例、实证分析	建立效率与金融安全平衡的股权质押制度	

图1-1 本课题技术路线图

1.4.3 研究中存在的问题及研究趋势

股权质押是商品经济和公司制度发展到一定程度的产物,其实质在于

"通过鼓励商业银行的短期信用扩张,促进货币市场和资本市场的进一步发展"。① 在本研究中,遇到以下三个障碍性问题:①课题中的实证部分可能会因为企业资料收集的问题而比较弱;②因本课题的内容庞大及涉及多个学科交叉,课题具体研究内容的设计可能会达不到一定的深度;③受制于语言障碍,关于域外股权质押制度一手资料的收集可能会存在欠缺,仅能借助二手资料进行研究。

笔者以为,本课题在未来会保持如下的研究态势。

要研究股权质押制度,就必须参透《公司法》《证券法》《担保法》多个部门法的相关规定及潜含于每个部门法的关于该制度的内在意思,并且要进行对比与联结,此种综合性较强的研究正是该课题的研究态势。不过据笔者看来,目前立法上,各个部门法相关规定之间存在多处矛盾,不具有一定的系统性。而我国鲜有学者能够潜下心来从《公司法》《担保法》《物权法》等多个部门法的视角对股权质押制度进行深入的综合性研究。

基于这种现状,本研究拟以质押股权的性质为基线,结合质押的基本理论,对股权质押制度进行系统讨论,在协调各个部门法的基础上,力图建构一个体系化的股权质押制度。在此基础上,笔者努力从效率与安全的视角注重股权质押当事人之间的利益衡量,实现该制度的应有价值,努力建构一个公正合理、为我国金融市场提供无穷助力的股权质押制度。在论述过程中,本研究运用了规范化、逻辑化,从政治、法律、经济等多方面进行解读的方法,结合我国的立法、实践、理论等现状,在严格遵循基本的学术推理的基础上,注重该制度多方价值衡量的运用,保证了本研究的论述既具形式理性,又体现了实质公正。

例如,股权质押制度于近几年研究的关注点之一是中小企业,众多中小企业极有可能利用股权质押盘活生产经营并有望进一步开拓市场,2009年《国务院关于进一步促进中小企业发展的若干意见》提出要进一步拓宽企业融资渠道,鼓励有关部门和地方政府设立创业投资引导基金,引导社会资金设立的主要努力方向是支持中小企业的创业投资,积极发展股权投资基金。2017年《国务院办公厅关于金融支持小微企业发展的实施意见》又一次提出进一步做好小微企业金融服务工作,全力支持小微企业良性发展,积极开展股权质押等抵质押贷款业务,为小微企业发展提供资金支持。这些政策说明了我国早已开始重视中小微企业的发展,并加大了为企

---

① 武剑:《股票质押融资的经济效应与风险》,《中国证券报》1999年12月23日。

业提供资金支持的力度，利用股权质押解决中小企业融资难问题将是未来发展的一个趋势和重要的渠道之一。

具体来说，本研究拟围绕以下内容进行：第一部分要先行厘定质押股权的属性，此离不开对股权定义的读析；进而对股权质押的标的进行探讨。第二部分会从技术上探讨公司股权质押的设立，对我国学术界存在的误解进行澄清，并论述我国现行法上公司股权质押的设立要件。所谓的设立要件，是结合股权质押属性、比较其他国家立法，对我国的立法进行反思而提出的。第三部分谈的是国外的与该主题相关的重点理论以及该法律关系中所涉及的相关要素，因为这两个主题是常态性的话题，所以放在一章中进行论述，也易被读者所认可。第四部分是该制度在我国的实践及运行情形，此部分应成为重中之重，若无此部分的详细描述，则不能揭示出我国法律法规、政策甚至金融银行业等对待该制度的态度。通过该部分的论述也能揭示出我国金融银行业的相关发展变迁规律以及存在的制度瑕疵，并就该制度将来进一步的发展给予一定程度的预见。第五部分是有针对性地就中小企业的股权质押制度做专门探讨。并对中小企业利用股权质押发展事业的优势、缺陷、途径以及与此相关的方兴未艾的新三板市场等做细致分析，为了表达清楚，本部分结合相关案例进行说明。第六部分是从宏观与微观的双重角度提出股权质押制度在理论及实践中存在的重大问题，因为篇幅所限，不能做全面论证，仅就重大问题予以概括与提示。第七部分是笔者以科学客观的眼界与态度，就该制度在我国的进展、愿景与远景提出自己的意见、设想与建议。

第2章 股权质押基础理论

在2007年我国《物权法》颁布之前，我国法律仅许可企业进行以"物"为担保方式的抵押登记服务，也就是说，从银行贷款时，企业基本只有以不动产这种唯一的标的作为抵押这一种途径，没有房产的企业，想从银行得到贷款几乎是不可能的。银行此慎重之举也是国家政令使然，是不得已而为之。彼时，欠企业的货款、股权等动产，虽然能以货币为衡量，却无法变成能活用的"钱"。所以国家出台新规定把企业"静态的股"变成了"动态的钱"，工商部门成为该行为及过程的证明人、监督者以及此种市场的准入放行者。

股权质押贷款是指按《担保法》规定的质押方式以借款人或第三人持有的股权作为质物标的发放的贷款，借款人或第三人为出质人。

在我国当下，大多数的企业，特别是中小企业并无更多的经营之外的实物资产进行抵押融资贷款，所以法律配合各地政府，及时创新市场化工具，提出了可以利用企业股权进行融资，这样，股权质押的方式进行融资，简单说，就是配合一板和二板市场建立三板市场[①]，进而建立一个多元化的资本融通市场。一般情况下，股权质押贷款是以在企业注册所在地的产权交易所进行股权托管登记为前提。股权登记托管的优势在于既规范了企业的资本运营，同时又防止了国有资产的流失；对企业的好处是可以帮助企业提高公信力，进而方便企业的投资与融资，为企业的上市和发行股票奠定基础；对股东而言，可以防止进行黑幕交易，维护股东的利益。

举例说明，沈阳联合产权交易所于2009年成立，其业务之 是托管，其集团章程规定，办理股权托管需要以下资料：公司营业执照副本、公司章程、法人的授权书、公司的基本概况、股东会决议及股东名册、出资证

---

① 中国的资本市场呈倒金字塔结构，分为四个层次："一板"是上交所、深交所的主板市场；"二板"是中小板和创业板；"三板"是股份代转让系统；此外，还有"四板"市场，是指一些区域性柜台市场，是地方政府批准设立的地方区域性交易场所。

明书、身份证复印件、申请承诺书等。托管费用为公司总股本的千分之二，股权质押费用为质押股本价值的千分之二左右。

2.1 股权、质押及股权质押

在金融经济的发展史上，有形财产只能说是传统的来源，如动产质押、不动产抵押等，一直是主要的担保财源。而随着社会经济、科技经济与知识经济的发展，权利性财产的无形性已经出现，且在我们的生活中占有越来起高的比例，与之相对应，以权利财产为标的设立的担保也日趋常态化。股权质押，是在股权的基础上而得以开发的，此种质押丰富了权利质押的内容，随着它的广泛利用，人们逐渐认识到了它流动性强、变现快的特点，也感受到了它卓越的担保、融资及效益功能。可以说，股权质押的出现，确实给现代担保制度注入了新的活力，在我国该制度也日益受到人们的青睐。

2.1.1 股权概说

我国的《公司法》并没有对股权进行科学的概念描述，在理论上，就股权本质而言，先后有"所有权说""债权说""社员权说""独立权说"等几种。[①] 广义的股权，宽泛地说，指的是股东得以向公司主张的综合性权利；狭义的股权，则只是指股东可以从公司获取的经济利益，或者是管理公司至少向公司管理层提出管理意见和建议的权利。作为股权质押标的股权，一般指的是狭义的股权。从这层意义上讲，股权完整的概念可以这样定义：股东因出资而获得的依《公司法》或其他法律以及公司制订章程中所规定的程序参与公司诸种事务并在公司中享受财产利益的具有可转让性的权利，所以，股权最为根本的属性是可转让性。另外，围绕着股权所产生的所有权是从投资者的法律意义上来说的，并因此而产生的投资者对企业具有的多种权利的综合体。大体可以分为自益权和共益权两种。从经济学的视角看，股权属产权的一种，不包含在法人财产权里。从金融学的视角看，两者的属性相同，都体现财产的所有权；但从量的角度来看，可能存在区别，产权指所有者的权益，股权则指资本金或者说是实收资本。

一般，投资者可以根据股份公司组织形式，认缴股票的种类、数额和

---

① 李芬：《中德股权质押制度研究》，《中德法学论坛》2015年第11期。

对公司所负的有限或无限的责任而享有的一定的股权,诸如经营管理权、监督权、表决权、红利分配权等诸多公司管理所涉及的所有决策权,这是通过购买股票和资本的"参与",掌握股份公司一定数额的股份,以控制操纵其经营业务的决策权利。有的金融垄断资本家用一定的资本收买和持有一个主要股份公司的股票,以它作为"母公司",然后以"母公司"为轴心,再以一定的控制额去收买并掌握其他股份公司的股票,使之成为"子公司",继之,再由"子公司"通过持有其他公司一定控制额的股票,使其成为"孙子公司",从而形成金字塔式的控制体系,通过控制股份来扩大其在公司的影响力。按照企业股权持有者对企业的影响力的大小,一般可以将企业的股东分为以下三种,即控制性股东、重大影响性股东和非重大影响性股东。第一种将有权决定一个企业的重大运营决策,包括投资方向、财务管事、高管的人事任免等经营政策;第二种股东只能对重大事项有参与决策的能力,即可以提出意见和建议,但并不决定这些政策;第三种股东的权利微小到几乎对企业的一切事项无决定权亦无参与权。

所以,作为一种较为特殊的权利,就股权本身的本质属性而言,在理论界一直有诸多不同的观点;就其名称而言,有"社员权说""股权所有权说""股权债权说""股东身份地位说"以及"股权独立民事权利说"等。

"社员权说"由外国人发明,是德国学者瑞那德于1875年提出的。这种观点认为股权在本质上是一种类似家庭成员的成员权。该学说认为,股权因股东出资而组建的社团法人,公司成为社团法人,股东因而成为该法人的成员,通过制定内部规则又从法人内部得到权利并履行义务,股东享有社员权是作为产权交换的代价。[①] 社员权说一直是大陆法系的通说,笔者以为,该学说具有合理之处,源于公司是社团法人的一种,股东是它的成员或社员,股权就是股东基于社员资格而享有的权利,包括若干种财产性质的分配权和共同管理公司的若干种权利。我国也有不少学者认同该学说。

不过,这个学说因为股东权的财产权性质而难以自圆其说,股东出资不同,所享有的公司资本份额就不同,因而其地位必然不同。社员权体现的则是一种人身性权利,社员权不能进入资本市场进行流通,这与企业或

---

① 储育民:《论股权的性质及对我国企业产权理论的影响》,载《经济法制》1990年第2期。

公司的"募集资金、分担风险"的企业性质不可同日而语。

"股权所有权说"主张股权属所有权之一种，因为公司的法人所有权与股东所有权之间为了共同的利益并不相互排斥，也不与"一物一权"原则相矛盾。[①] 还有学者支持此学说是因为此学说能够避免将公司和股东分成两个独立的民事主体，也能够有效地保护股东的财产权利。[②] 不过，笔者以为，这种学说的缺陷是股东享有公司财产所有权而公司法人享有经营权的制度理论会破坏公司法人的人格独立性。公司法人因无公司财产的所有权，就不能承担经营风险导致的财产性责任，公司法人的权力过小也是开展经济活动的一种障碍，此与当下的市场经济快捷简便的交易理念是相排斥的。并且，公司人格的存在使股东不得直接支配公司财产，而只能按照法定程序，通过行使股权，以参与公司重大事务，并且在公司中享有收益权，股东的收益来自公司，股权的具体权能与所有权大相径庭，所以，股权并非是所有权。

"股权债权说"认为股权属债权之一种，公司法人享有公司财产的所有权，而股权则成为一种收益上的分配权，包括分配股息、红利和盈余的权利。债权说的最大特色是主张股东因此不够享有公司财产的处分权，股票只是一种债权凭证。笔者以为，此观点在逻辑上存在矛盾，因为债权会因债务的履行而消灭，而股权不会，股权只有在公司出现破产、解散、注销等法定事由的情况下才能彻底消失，却不是随着公司支付相应的红利后而归于消灭。债权和股权的权利基础也完全不同，债权是基于债务关系，而股权在来源上是基于出资而形成的一种股东资格。

"股东身份地位说"并不承认股权是一种具体性的权利，而是股东权利基础的法律地位，该学说甚至于并不提倡股权的财产属性，但是，无论是股权成立之初，还是最后的结果，不都是围绕着"资本、货币"而进行运作的吗？

"股权独立民事权利说"的说理非常简单，主张股权是自成一体的独立权利种类，其本质是一种超然的民事权利，该权利是因为股东的出资而得到的对价，作为独立民事权利的股权，具有目的权利和手段权利密切结合、团体权利和个体权利有机统一的特征，兼有请求权和支配权的属性，

[①] 王利明：《论股份制企业所有权的二重结构》，载《中国法学》1989年第1期。
[②] 梁玮：《论股权性质》，《新乡学院学报》2016年第3期。

具有资本性和流转性,此观点在当下成为学术界通说,笔者也支持这种观点。

上述各种学说均从不同的角度阐述了股权的性质,但殊途同归,无论何种观点,都脱离不了股权的以下几种特性。

(1) 财产性。股权是财产权利之一种,如果不是此种性质,投资人也不会进行投资,不论投资者基于何种动机而投资,他的最终目的无非是存有获得经济利益最大值之预期,股东利益的最大化实现才是股权的最为核心的东西,因此,笔者以为,财产性质是股权的第一特性。所以,股权中之自益权是目的,是股东经济利益的本质所在,股权中之共益权是手段,是为了保障股东获取经济利益而行使的权利,自益权和共益权的结合之目标一致决定了两者必然能够有机融合成一种内在统一权利——股权。

(2) 资本性。公司最大的特点之一是它可以积聚大量资金,从而可以突破资本原始积累的瓶颈,这种特性被称为"公司的资本性"。股权是通过出资所形成的权利,而资本是公司得以成立存续的基石,因此资本性是股权必不可少的性质之一。

(3) 可转让性。股权的权利是独立的,由此可以相信,转让股权并不能对公司资产产生影响,股权的流转反而有利于公司自身的资本稳定,股权的可转让性是股权的资本性所决定的。并且,我国《公司法》中对股权转让做出确认,《公司法》第35条:股东之间可以相互转让其全部出资或者部分出资。股东向股东以外的人转让其出资时,必须经全体股东过半数同意;不同意转让的股东应当购买该转让的出资,如果不购买该转让的出资,视为同意转让。经股东同意转让的出资,在同等条件下,其他股东对该出资有优先购买权。

(4) 股权价值的不确定性。股权的价值与公司的经营状况紧密相连,最可能受到市场变化的刺激与影响。当公司经营状况向好时,股权价值基本是高的,那么,股东的投资目的就会达到;当公司经营状况趋向不理想时,股权的价值则相应趋于低潮。由此亦可说明,股权具有风险性。

(5) 股权内容的请求性与支配性。股权的请求性体现在股东财产性权利中的分红权,剩余财产分配权等属于财产性的请求权能,公司事务参与权中的临时股东会召集请求权属于非财产性的请求权。股权的支配性,如通过行使表决权支配公司的重大决定。所以,股权并非是单一的债权或者物权，而是一种兼有财产性质和人身性质，且价值不断变动的多种权利的集合体。

2.1.2 质押的历史考察

质押就其制度生成而言，其发端于古罗马法的信托让与（fiducia）。信托让与为"当事人"一方用市民法转让的方式（要式买卖或拟诉弃权），转让其物的所有权于另一方当事人，他方则凭信用在约定的情形之下，仍把原物归还原主，① 这种以物的所有权转让方式让与债权人，达到债权担保之目的，在理论上又称为所有质。② 此方式旨在担保债权的实现，但是该制度要求标的物之所有权亦一并转移于债权人，债权人就有了处置标的物的可能，所以，该制度对债务人特别不利，与罗马简单商品经济的发展不相匹配。于是，随着日耳曼法的发展就演变为占有质，占有质类似于现在的质押制度，即不动产之所有权和处分权保留在所有人手中，而将其标的物的占有移转于债权人，债权人可以利用对物的占有进行收益，所以，其也被称为收益质。不过，收益质要求的是债权人可以收取占有物的收益，以充抵所供出款项的利息，而不能用于偿还债权的原本，此种占有过于精细化，随着商品经济的发展，也为经济生活所舍弃。而更为便利的是，当事人之间约定债务清偿期限，届期不为清偿时，标的物即归属于债权人。这种处理之下，若是标的物的价值超过债务，于债务人相当不利，因此，形成了变卖质。即当债务人不为清偿时，法院允许债权人出卖标的物，以所得价金充抵债权清偿，只是，一旦出卖的价金不足抵偿债务额时，债权人亦无请求债务人再为给付之权利，此情形又对债权人不公平。再经过多年的演化和流变，就形成了仅以移转标的物的占有以担保债务履行的质押（pignus）制度。③ 质押制度的原理是质权人只能留置质物以保证债务人履行债务，体现了强制的间接性，因为该留置并不发生移转物权或移转占有的效力，即并不会发生所有权的变化，且于债权人失去质物的占有并无司法救济之程序性权利，所以，此种又置债权人于不利局面。那么，两全其美的办法之一是，古罗马的裁判官法认可了质物的变价权，质押制度才走向完善。简言之，质押始于罗马法，但质押标的为动产。"质

---

① 周枏：《罗马法原论（上）》，上海商务印书馆1994年版，第391页。
② 官本仁：《股权质押立法缺陷及其完善》，《引进与咨询》2003年第10期。
③ 孙鹏，肖国厚：《担保法律制度研究》，法律出版社1998年版，第206页。

押"（pignus）一词的语源来自于古罗马时代甚至之前的罗马语"拳头"（pugnus），因为用于质押之物要被亲手交付。有人认为质权本身只能设定于动产之上，因权利作为无形物不能直接交付，并未纳入质押标的。若干年之后，拿破仑民法典最早将公司股份纳入动产范畴，瑞士民法典也有"可让与的债权及其他权利可出质"的规定。

自此，财产不再拘泥于有体物后，股权开始成为质押标的。股权内容的财产性特征加上股权的可让与性，使有限责任公司股权符合质权之标的。

2.1.2.1 质押的概念

质押（pledge）是债务人或第三人将其动产移交债权人占有，将该动产作为债权的担保，当债务人不履行债务时，债权人有权依法就该动产卖得价金优先受偿。在质押法律关系中，享有质权的债权人称为质权人，提供担保财产的债务人或者第三人为出质人，转移占有的动产或者权利称为质物。质押一般可以分为动产质押和权利质押两种，前者是指可移动并因此不损害其效用的物的质押；后者是指以可转让的权利为标的物的质押，如具有可转让性的汇票、本票、支票、债券、存款单、仓单、提单、股份、股票、商标专用权、专利权，著作权中的财产权、债权，公路桥梁、公路隧道或者公路渡口等不动产收益。

2.1.2.2 质押的特点

质押是以移转质物为外观特点的，所以，其是以占有标的物为成立要件的一种担保物权，其特点如下。

第一，权利的从属性。质权为以担保债权为目的的权利，它与所担保的债权形成主从关系。被担保的主债权为主权利，担保主权利的质权为从权利。我国《担保法》第5条第1款规定：担保合同是主合同的从合同，主合同无效，担保合同无效。担保合同另有约定的，按照约定。这说明质权的从属性表现在几个方面：一是设立的从属性。二是存在上的从属性。质权以主债权的存在为其存在前提。在主债权无效或因其他原因而不存在时，质权也不能存在。三是转让上的从属性。主债权转让时，质权也随之移转。四是消灭上的从属性。主债权消灭，质权也当然随之消灭。这符合《担保法》第74条规定的内容：质权与其担保的债权同时存在，债权消灭的，质权也消灭。

第二，质押标的是动产和可转让的权利。不动产不能设定质权。质权因此分为动产质权和权利质权。金钱经特定化后也可以出质：债务人或者第三人将其金钱以特户、封金、保证金等形式特定化后，移交债权人占有作为债权的担保，债务人不履行债务时，债权人可以以该金钱优先受偿。

第三，质权的不可分性。质权设定后，债权人就质押财产之全部行使其权利，质押财产分割、部分让与，债权分割、部分让与或部分清偿，均不影响质权的存在。质权效力及于被担保债权的全部，及于标的全部，即质权人如债权原本或利息有一部分未受清偿，也有留置及拍卖标的全部的权利，这是质权的不可分性。

第四，保全性与物上代位性。质权是价值权。质权人有义务采取必要措施以保全质押财产的价值。当质押财产的价值非因质权人的过失而减少，足以危害质权人权利时，质权人有权就质押财产减少的价值要求质押人提供相应的担保，称为质权的保全性。当标的灭失毁损而受到赔偿金时（包括损害赔偿金与保险赔偿金），质权人有权就赔偿金优先受偿，称为质权的物上代位性。

2.1.3 "股权质押"概念的界定

股权质押，英文表述为 Pledge of Stock Rights，属于权利质押之一种，此概念与动产质押相对，因设立股权质押而使债权人取得对质押股权的担保物权。简言之，股权质押是民事主体为担保自己或他人的债务能够届时履行，与债权人约定以其享有合法处分权的股权凭证交付给债权人占有，债权人于债务履行期届满未能获得完整实现之时有权变卖质物以优先清偿的一种担保方式。在这个操作中，为担保债务履行而以股权设定出质的人为出质人，接受股权凭证的人为质权人，该担保物权被称为质权，而移转占有于质权人的股权凭证所代表的财产称之为股权质押标的、客体、对象。

2.1.3.1 股权质押的标的

对于股权质押的标的，学术界向来有以下三种观点：第一是质权的效力并不及于股权的全部权利，而只及于其中的财产权利，即质权人只享有股权中的资产受益权，对其中的参与决策、选择管理者等权利，质权人并不享有；第二是质权的效力作用于全部的权利，而不仅仅是财产性权利；第三是作为质权标的的股权，绝不可以用强权分割之或隔离之，这等于承

第2章　股权质押基础理论

认一部分是质权的标的，而不能无由剔除另一部分，否则，股权质押中的股权在股权实现时会遇到障碍。

笔者以为，判断股权质押的标的，主要是从事实上来形成判断。通俗地说，即股东可以将自己的股票在一定期限内出质给商业银行等金融机构或投资、证券、信托等企业，并得到融资贷款，以解决短期流动资金短缺所带来的企业发展问题，此属融资手段之一种。

笔者以为，股权的内容可以梳理为参与决策权、选择管理者权、资产受益权等，也可简单分为财产性权利和管理性权利；再者，股权质押的目的为担保某一债权，当该债权不能得到清偿时，质权人有权通过折价、拍卖等方式处理该质押股权，以期得以清偿。

也就是说，股权是一种集合权，包括管理权、监督权、表决权、红利分配权等，以上是否仅以财产权为基础出质，还是反过来？

所以，我们在此首先要探讨的是，当股权用以出质的时候，出质了什么样的权利？股权是聚合性的权利，有那么多种类，可用以出质的究竟是财产权利还是其他权利，抑或是全部权利？对此，笔者以为，权利是"无形"的，不能像实体物品那样可以交付占有，只能是通过转移凭证或者登记等"有形"做法来实现。因此究竟转移了什么？我们在设定质权之初无法予以辨明，但可以从质权的操作与执行来予以辩明。所以，当债务清偿期届满，设质人无力清偿债务时，就涉及质权操作和执行的问题。《担保法》对于权利质押的执行并没有做出相应规定，但允许参照与动产质押相关的法律规范来进行。对于动产质押的执行问题，《担保法》第71条规定，债务履行期届满质权人未受清偿的，可以与出质人协议以质物折价，也可以依照法律规定拍卖、变卖质物。所以，权利质押的质权人也可以与出质人通过协议达成一致来转让质押的权利。

无论协议转让质押的股权是拍卖，还是变卖质押的股权，都会发生相同的后果，即实现概括性的权利转移，否则受让人不可能成为公司的股东，只转让一部分权利是不可设想的。因此也就反证出一开始设质的就是全部的权利，而不光是财产权利，所以，在此情形中，股权是不容分割后进行质押的，再者分割的实际操作存在着现实的难度。

还有，当公司的股东会形成决议认可股份出质之时，实际上就已经允许到时有可能出现的股份转让的情形，这是出于对公司的人合性特点的考虑。对此，我国《担保法》做出如此规定：以有限责任公司的股份出质的，适用于《公司法》中规定的股份转让的有关法条。质押合同自股份出质记载于股东名册之日起产生效力。而《公司法》关于股份转让的规定则是：有限责任公司股东间可以相互转让其全部出资和部分出资；股东向股东以外的人转让其出资之时，需要全体股东过半数同意。

以《公司法》的规定为依据，股份设质可以分为两种情况：其一，出质给本公司的其他股东，此种出质不需要经过任何人同意。其二，当以公司股份向公司股东以外的人出质的，则应当需要全体股东过半数同意，也就是说，法律赋予了其他股东的优先购买权，这是考虑到公司的人合性问题。因此，当质权人需要实现质权时，应尊重优先购买权人的利益。因为，如果届期债务人无法清偿债务，质权人就可能行使质权，从而成为公司的股东。鉴于有限责任公司相当的人合性，需要经过全体股东过半数同意。而公司股东的过半数同意，就表示公司股份的出质是不与公司的人合性特点相矛盾的。因而，有学者担心，股权质押的效力如及于全部权利时，会影响到有限公司的人合性，其实不然，如上述分析，如果其他股东担心人合性受到冲击，大可行使优先权出资购买质押股权，否则，受让该股权的股东就有了进入公司的机会。

所以，从观念上来解读，传统的观念以为公司的股份设质仅仅包括财产性的权利，这必然造成将一部分股东的权利给予剔除，或者说是片面地进行分割或分离。所以，如果真是只能转让财产性的权利，那么这种设想必然会在质权的操作、执行和实现时产生诸多纠纷。所以有限责任公司股份质押的标的应该包括全部的股东权利。

从法律的角度，股权质押是民商主体为担保自己或他人债务的届期履行，与债权人约定以其享有合法处分权的股权凭证交付于债权人占有或者将质押的事实登记于相应的国家机关予以公示，债权人于债务履行期届满之时未能得以完整实现，其有权变卖质押的标的以优先清偿己方债权的担保方式。[①] 在金融及公司实务中，其一向被认为是最为重要和主要的权利质押。

不过，在出质之后，行使质权的条件未满足之前如何处理？笔者以

---

① 林建伟：《股权质押制度研究》，法律出版社2005年版，第25页。

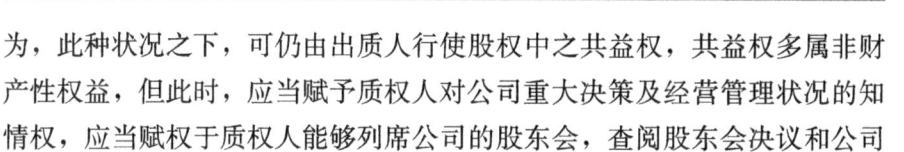

为，此种状况之下，可仍由出质人行使股权中之共益权，共益权多属非财产性权益，但此时，应当赋予质权人对公司重大决策及经营管理状况的知情权，应当赋权于质权人能够列席公司的股东会，查阅股东会决议和公司财务等涉及公司运营方向、投资等重大决策资料，以便由于公司经营管理的原因导致质押股权价值受到贬损时，质权人能够及时行使质权以保全自己的权利。

2.1.3.2 股权质押的法律属性

股权质押的属性与股权、质权密切相关，是二者的属性的交集。对于股权质押的法律属性，理论上主要存在三种不同的学说，即"权利让与说""准物权说""权利标的说"。笔者的观点是，股权虽然属于权利质权，但其与有价证券、知识产权、应收账款等权利相比，具有明显的特别之处，主要体现在以下三个方面。

第一，质权内容不容分割。股权的权利内容既包括参与目标公司管理与决策等人身权，也包括分配利润以及取得剩余财产等财产收益权；而其他权利质权则通常只包括财产权利，不包括人身权利。

第二，股权价值体现为人合性。股权与目标公司紧密相连，目标公司的管理和运营是由人组成的（包括股东、董事、监事、经理、职工等），是一种社员权利，因此，股权直接体现了人合性；而其他权利质权的载体是客观物或者凭证，不能明晰地体现人合性。

第三，股权的转让须经过权利人以外的其他股东同意。从法理上看，股权的转让应符合《公司法》以及公司内部章程的规定，其中主要包括经过其他股东过半数同意（如果公司章程另有更高的规定，则按公司章程的规定）；而其他权利质权的转让或交易完全由权利人处分，无须其他第三人同意。

2.1.3.3 股权质押的法律特征

在现代物权理念已经突破有形物的背景之下，权利证券化和市场信用高度发达已经为市场的实践所接受，股权质押已与动产质押一起，成为现代质押担保体系中的不可或缺的重要组成部分，特别地显示出其融资方面的巨大潜力。因为股票交易的无纸化，传统的记名股票已为股票电子账户、股东持股证所代替，股票质押不可能像传统质权设立那样以交付质押物为条件，因此，《担保法》以登记制度代替移转占有，这使股票质押反而与抵押的设立相似。①

出质人以自己拥有或有权处分的公司的股权或有限责任公司的股权作为质押，为某个经济行为做担保的行为，该出质行为及其后的质权实现过程在学理上与一般的权利质押存在的共同特点是：权利的从属性、标的物的转移占有、优先受偿三个方面。

不过，股权质押还有以下独有的特征。

第一是权利性。就股权本身而言，它首先体现为一种财产权，而这种财产权利和其他权利相比，更具有物质上的优势，那就是具有可转让性和象征性。前者是指在标的物进行转让的同时，其中的价值也随之转让，所以具有可转让性；后者是指作为股权质押标的价值体并没有转移占有，实际转移占有的仅仅是代表股东权益的股权凭证，如出资证信等。所以，股权是股东观念上的一种权利，很难被操作控制，因此可以任意自由处分。

第二是股权价值的预期性及不稳定性。当事人在设定股权质押之时，对股权的评估可能与实现质权时的价值存在一定距离。在实践中，常常发生当事人协商确立的预期值与实际情况背离较大的情形，质权人对于股权价值的实现只是一个预期，并没有十足的把握，所以要背负债权得不到充分担保的风险。前文提到，股权最大的属性是一种财产性权利，但它既非物权，也非债权，其价值受公司经营状况、市场变化以及整个国民经济运行情况的影响，所以，其担保功能较难把握。由此，对于质权人而言，其风险性不言而喻。而一般的权利质押，虽然设定质押时的标的物价值就一定是实现质押时的标的物价值，它也可能存在一个价格的变化，但是这种变化不如股权那么大，由此，质权人所面临的风险较小。

第三是公示方式的特殊性。股权质押是一种要式的法律行为，这是因为，股权质押是对股东权利的限制，往往涉及第三人的利益，所以法律对股权出质规定了特殊的公示方式，此种公示方式，对于防止出质人或其他第三人的不法侵害具有积极作用。《物权法》第 226 条规定：以基金份额、股权出质的，出质人与质权人应当订立书面合同。以基金份额、证券登记结算机构登记的股权出质的，质权自证券登记结算机构办理完出质登记手续时设立；以其他股权出质的，质权自工商行政管理部门办理出质登记时

---

① 侯茜：《股票质押贷款的若干法律问题》，《重庆大学学报（社会科学版）》2002 年第 2 期。

设立。可见,《物权法》不只明确要求股权质押合同的书面形式,还对股权质押做出了与不动产抵押和动产质押相同的规定——有权部门的登记,只有经过公示才能产生公信力和拘束力。

第四是操作上的便利性。由出质人保管质押物,股权质押仅需要交付股权凭证,因此,特别强调法定的公示作用,并且因股权本身价值的随之转移,在避免质权人遭受不法侵害方面具有积极作用。由于转移了对质物的占有,出质人也无法在债务清偿之前行使返还请求权,这种使用与处分上的不利,可以给债务人以较大的精神压力,在一定程度上更加确保还债人在有效的时间内清偿债务,从而早日收回股权凭证。因此它的担保功能有着抵押权难以逾越的优势。

第五是较强的风险性。因为受多种因素的影响,股权价值具有较大的波动性,由此直接导致其担保功能有着与生俱来的不稳定性。一旦遭遇其贬值,担保功能相应减弱,质权人就该股权所享受的担保利益便会受到影响。同时,出质人因丧失对设质股权凭证的占有,在股权贬值时也难以及时采取救济措施。因此,用股权作为标的出质对当事人双方均有一定程度的风险。

第六是实现方式的特殊性。普通权利质权的实现方式有折价、拍卖、变卖,除此之外,还可以享有代位权,也就是取代出质人的位置,向出质人的义务人直接行使权利。但是股权质权的实现方式,除了经公司在股东名册登记的以外,质权人不得要求公司向其履行义务,如支付股利等。

2.1.4 股权质押实务中的考量因素

通过股权质押并不能判断出利好或是利空,所以,一般来说,股权质押本身不是一件坏事,可能是公司现在需要资金,股东以股票质押的方式取得融资,如果经营利润丰厚,那就是利好。但是,这并不能决定短时间内股票的走势,也有很多人觉得公司要贷款可能是因为公司经营状况不佳,在短时间内股价可能下跌,那就会成为利空。所以判断此方面的情况,尚需参考很多方面,比如公司的经营状况等。

以股权质押的方式进行融资是将股票质押融资取得的资金用来弥补流动性不足,主要目的在于获取现金。无论股票是否处于限售期,均可作为质押标的。在实务操作中,出质人的股权质押融资额=质押股票市值×质押率,其中主板、中小板、创业板质押率分别为 50%～55%、40%～

45%、30%～35%，质押率随交易期限、是否为限售股等多个因素或情形的变化而有所差异。由于股票质押贷款是一种高风险金融业务，为控制股价波动带来的未能偿付风险，所以，质押方要设立警戒线和平仓线。警戒线（质押股票市值/质押融资额）一般为150%～170%，平仓线（质押股票市值/质押融资额）一般为130%～150%，部分较为激进的券商警戒线、平仓线甚至设置为140%、120%。当质押股票市值/质押融资额＜警戒线时，质押方将通知出质人追加担保品或补充保证金，但不做强制性要求。当质押股票市值/质押融资额＜平仓线时，质押方将要求出质人在隔日收盘前追加担保品或补充保证金，至履约保障水平恢复至警戒线水平，否则质押方将采取平仓措施。

在近几年，因为质押率较低，中小创股票很难跌破警戒线和平仓线。主板和中小创业绩差异驱动结构化行情只能延续。举例说明，自2017年4月上旬以来，主板、中小板、创业板跌幅分别达6.2%、10.9%、12.5%，投资者不禁担心中小创股权质押的平仓风险更大，但通过简单的模拟演算，发现事实并非如此。以来自主板、中小板、创业板的三家公司为例，假设质押股票股本为1万股，股价为100元，警戒线为160%，平仓线为140%，主板、中小板、创业板公司股票的质押率保守估计分别为50%、40%、30%。由此推算，从质押日起，主板、中小板、创业板股票需分别下跌20%、36%、52%才会达到警戒线，分别下跌30%、44%、58%才会跌破平仓线。由于质押率更低，中小创更难跌破平仓线，从而其潜在的平仓风险也将更小。

所以，在股权质押的操作过程中，以下两方面的内容应特别注意。

第一是质押率的问题。举例说明，将市值1000万元的股票质押给银行，从银行获得的贷款必然小于1000万元，也就是说融资期望值打折了。质押率会根据行业与企业的性质而变化，多数情况是30%～50%的折扣率。假设质押率为40%，1000万元市值的股票质押出去，获得的贷款只有400万元。

第二是预警线与平仓线的问题。金融机构为了防止股价下跌而对自己的利益造成损失，都会对质押个股的股价设置预警线与平仓线。目前市场上通用的标准有两个，分别是170%～150%和150%～130%。假设质押时，股票价格是10元，质押率为40%，预警线为150%，平仓线为

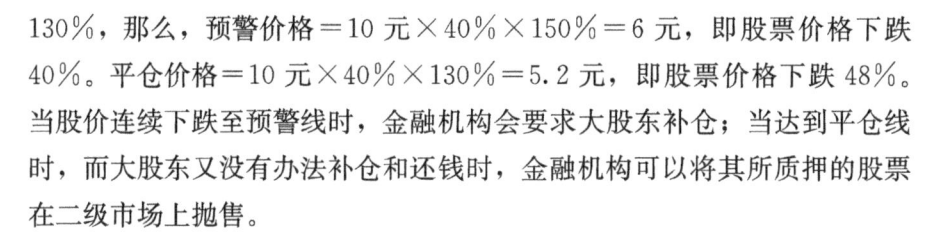

130%，那么，预警价格＝10元×40%×150%＝6元，即股票价格下跌40%。平仓价格＝10元×40%×130%＝5.2元，即股票价格下跌48%。当股价连续下跌至预警线时，金融机构会要求大股东补仓；当达到平仓线时，而大股东又没有办法补仓和还钱时，金融机构可以将其所质押的股票在二级市场上抛售。

2.1.5 质押后对股票价格的影响

股权质押之目的是通过该种方式获取资金流量或股票，以继续增仓或减仓；从大的方向来说，对未来股票价格有助涨助跌的作用。

举例说明，假设甲公司总股本为5亿股，李某是该公司的控股股东，持有其20%的股份，也就是1亿股。市场上质押率为40%，预警线160%，平仓线140%。某段时间，李某手头缺钱了，想要把自己的股份质押出2000万股换点现钱。可现在公司的股票价格只有8元，按照40%的质押率，只能换到2000万×8元×40%，结果是6400万元。如果股价是10元，就能换到8000万元，一下子多了1600万元。

于是，李某想了多种办法，把公司股价通过技术手段从8元优化"管理"到了10元，顺利完成了质押，换了8000万元的现金流。可惜，好景不长，甲公司股票价格开始连续暴跌，李某心里有点着急，默默算了笔账：预警价格是：10元×40%×160%，结果是6.4元；平仓价格是10元×40%×140%，结果是5.6元。

某一日，甲公司股价跌至7元，接近预警价格，金融机构通知李某补仓。他在万般无奈的情况下，按照质押市值不变的原则，不得不给了金融机构857万股的公司股票。

可是，市场仍然不见好转，甲公司股价仍在下跌，李某只能一次一次地补仓，很是被动。在万般无奈的情况下，李某决定采取一些积极措施，阻止股价下跌来保护自己的利益：第一是停牌，阻止股价下跌；第二是在停牌期间，多方筹措资金，复牌后，在二级市场回购股份，拉升股价。

最后，李某坚定的护盘决心给市场注入了信心，终于抑制了股价下跌，李某的利益也得到了有效保护。

总结一下，股权质押会对二级市场产生以下影响。

第一，股权质押前，大股东为了以相当的股份获得更多的贷款，可能会拉升股价，进行市值管理。

第二，股权质押后，面对股价下跌，大股东可以采取停牌来保护自己的利益，但停牌是把双刃剑，虽然短期可以抑制股价下跌，但也使公司股票失去了流动性，不能频繁使用。

第三，股权质押之后，面对股价下跌，大股东可以通过回购股份等市场管理手段来保护股价，股民们也可以根据这些信息来判断该股价的趋势。

第四，股权质押之后，如果股价跌至平仓线以下，大股东无法补仓，又无现金清偿贷款，出质的股票的所有权将发生变更，金融机构抛售时，会对二级市场造成一定的冲击。

那么，质押解除之后会对股价造成影响吗？笔者以为，大多数的公司在解押之后很快就再次质押了。于是，对于股民来说，一般要注意两种情形：一种是公司经营业绩大幅提升现金充足，可能以后就不用再次质押，这种情况是利好，会提升股价；另一种是如果经营不好，大股东需要套现以稳定公司经营或者是套现跑路，如此则会导致股价大幅下跌。

2.1.6 我国关于股权质押的法律规范

我国《公司法》中并无关于股权质押的法律条文，但《公司法》颁布之前施行的《股份有限公司规范意见》允许设立股份抵押，所以，确切地说，该制度开始于1995年10月1日实施的《担保法》，2007年10月1日开始实施的《物权法》再次明确股权可以用于质押。

《担保法》第75条第（2）项规定：依法可以转让的股份、股票可以质押；第78条规定：以依法可以转让的股票出质的，出质人与质权人应当订立书面合同，并向证券登记机构办理出质登记。质押合同自登记之日起生效。股票出质后，不得转让，但经出质人与质权人协商同意的可以转让。出质人转让股票所得的价款应当向质权人提前清偿所担保的债权或者向与质权人约定的第三人提存。以有限责任公司的股份出质的，适用公司法股份转让的有关规定。质押合同自股份出质记载于股东名册之日起产生效力。

《担保法解释》明确规定了出质的条件：以股份有限公司的股份出质的，适用《中华人民共和国公司法》有关股份转让的规定，即以上市公司的股份出质，质押合同自股份出质向证券登记机构办理完出质登记手续之日起生效；以有限责任公司及非上市股份有限公司的股份出质的，质押合同自记载于股东名册之日起产生效力。

在实践操作中，应了解拟出质的股权是否有下列情况。第一种情形：记名股票于股东大会召开前30日内或者公司决定分配红利的基准日前5日内，禁止进行股东名义的变更登记的；第二种情形：发起人持有的本公司的股份，自公司成立之日起3年内禁止转让的；第三种情形：公司董事、监事、经理所持有的本公司的股份，在其任职期间内不得转让的；第四种情形：股东的股份自公司开始清算之日起禁止转让的；第五种情形：公司员工持有的公司配售的股份，自持有该股份之日起1年内禁止转让的；第六种情形：国家拥有的股份的转让必须经国家有关部门批准的；第七种情形：法律、法规规定禁止转让的。

《物权法》第223条规定，可以转让的股权亦能够出质。《担保法解释》相关条款规定：以上市公司的股份出质的，质押合同自股份出质向证券登记机构办理完出质登记手续之日起产生效力；以有限责任公司及非上市股份有限公司的股份出质的，质押合同自股份出质记载于股东名册之日起生效。

另外，1997年5月28日国家对外贸易经济合作部、国家工商行政管理局联合发布了《外商投资企业股权变更的若干规定》，对外商投资企业投资者"经其他各方投资者同意将其股权质押给债权人"予以特别确认。

《担保法》规定，以依法可以转让的股票出质的，出质人与质权人应当订立书面合同，并向证券登记机构办理出质登记。质押合同自登记之日起生效。以有限责任公司的股份出质的，适用公司法股份转让的有关规定。质押合同自股份出质记载于股东名册之日起产生效力。

《物权法》规定，用股权出质的，双方应当订立书面合同。以证券登记结算机构登记的股权出质的，质权自证券登记结算机构办理完出质登记手续时设立；以其他股权出质的，质权自工商行政管理机关办理完出质登记手续时设立。《物权法》关于未上市的股份有限公司和有限责任公司的股权质押登记程序的规定与《担保法》不一致。因《物权法》颁布在后，目前股权质押的法律实践操作以《物权法》为准。

《外商投资企业股权变更的若干规定》规定，企业投资者股权变更应经审批机关批准和登记机关进行变更登记。未经审批机关批准的股权变更无效。未经登记机关登记的则可由工商行政管理机关按照《公司登记管理条例》予以处罚。

就程序而言，已上市的股份有限公司的股权质押应在证券登记机构办理质押登记，未上市的内资股份有限公司和有限责任公司的股权质押应在工商行政管理机关办理质押登记，外商投资企业的股权质押应向审批机关办理审批及向工商行政管理机关办理登记。

2008年10月，我国证监会颁发《上市公司股东发行可交换公司债券试行规定》。符合条件的上市公司股东即日起可以用无限售条件的股票申请发行可交换公司债券，以缓解"大小非"股东资金困境，减少其抛售股票的动力。

这个法律性文件明确发债主体限于上市公司股东，且应当是符合《公司法》《证券法》和《公司债券发行试点办法》的有限责任公司或者股份公司，公司最近一期末的净资产额不低于3亿元人民币。

此外，为保持用于交换的股票作为担保物的信用，该法律性文件还对用于交换的上市公司股票的资质提出了要求，并且明确了用于交换股票的安全保证措施，防范债券的违约风险。

这个法律性文件要求：公司债券交换为每股股份的价格应当不低于公告募集说明书日前20个交易日公司股票均价和前一个交易日的均价。在调整或修正交换价格时，如造成预备用于交换的股票数量少于未偿还可交换公司债券全部换股所需股票的，公司必须事先补充提供预备用于交换的股票，并就该等股票设定担保，办理相关登记手续。

2.1.7 相关概念的使用及辩明

2.1.7.1 股权融资与债权融资

按分类来说，企业的融资方式有两类，股权融资和债权融资。前者是指企业的股东愿意让出部分企业所有权，通过增加企业资本的手段引进新的股东的一种融资方式。股权融资所获得的资金，企业无须还本付息，但新股东将与老股东同样分享企业的盈利与增长。股权融资的特点决定了其用途的广泛性，既可以充实企业的营运资金，也可以用于企业的投资活动。

债权融资是指企业通过借钱的手段来融资，债权融资所获得的资金，企业首先要承担随之而来的利息，在借款到期后还要向债权人偿还该笔本金。债权融资的特点决定了其用途主要是解决企业发展过程中资本不足的问题，而不是用于资本项下的开支。可见，股权质押与股权融资存在以下区别：一是概念上的差异。股权质押实质上属信贷资产类产品之一，股权质押只是用这类产品进行融资的担保形式；而股权融资类产品是指将募集资金融资到股权或收益权当中的产品。二是风险方面的差异。股权质押的风险包括企业信用风险、因利率变化而导致的再融资风险和流动性风险等，一般来说，本金得到保障的可能性大于后者；而股权融资类产品的风险主要源于企业回购能力的高低。三是担保方式的差异。信贷类产品的担保方式除了股权质押外，还包括政府担保、企业担保、收益权质押等多种方式；而股权融资类产品的担保方式本身就包括了股权质押。

2.1.7.2 P2P 与 P2I 融资

P2P 金融在我国的发展已经具有了一定的规模，但苦于目前并无明确的立法予以指引，即便是传统的小额信贷也重点依赖"中国小额信贷联盟"来指导工作。该实践业务凭借的多是层出不穷的相关案例。随着网络的发展、社会的进步，此种金融服务的正规性、合法性会逐步加强，在有效的监管下发挥网络技术优势，实现普惠金融的理想。在 P2P 的基础上，近年又出现了所谓的专注于行业的 P2I 模式，此模式连接的是个人与企业的借贷，面向个人投资者提供安全、透明、便捷、高收益的投资理财项目，其是 P2P 网贷的升级和进化版，可以有效解决投资者信息不对称、投资风险高等问题，能够帮助中小企业快速融资。P2I 的英文是 Public to Industry chain，对应的中文是产业链金融，该模式是通过垫资方代理采购或代理销售的创新交易模式，将互联网金融与产业链深度融合的综合性服务，为该行业的上下游企业提供电子化、模式化的信息、交易、融资、结算、仓储、物流等综合服务，助力企业客户实现信息流、商流、资金流、物流的四流合一，从而加快货物和资金流转速度，提高交易效率，降低交易成本与风险。

2.1.7.3 证券融资

证券融资是市场经济融资方式的最为直接的一种形态，公众直接广泛参与，市场监督极为严格，具有广阔的发展前景。证券融资主要包括股票、债券、基金及金融衍生工具等，并以此为基础来发展资本市场。与信贷融资不同，证券融资是由数量很多的市场参与者进行决策，是投资者对投资者、公众对公众的相互对应的行为，直接受到公众及市场风险的限制，未来风险暴露具有直接性，风险由投资者直接承担。

以债券为例，其优缺点介于公司运作上市和从银行借款之间，但是，其也不失为一种特别常态化的实用型融资手段，在解决公司的资金短缺问题上，能够起到缓解燃眉之急的作用。在我国，债券有企业债券和公司债券以及可转换债券等分类。在这几种中，比较而言，企业债券的运作过程并不复杂，手续也简单；公司债券要求则相对严格，只有国有独资公司、上市公司、两个国有投资主体设立的有限责任公司才有发行的资质，并且对企业资产负债率以及资本金等都有严格限制。可转换债券则要求更高，只有重点国有企业和上市公司才能够发行。以发行债券的方式进行融资，其好处在于还款期限较长，附加限制少，资金成本也不太高，但手续复杂，对企业要求严格，而且我国债券市场相对清淡，交投不活跃，发行风险大，特别是长期债券，面临的利率风险较大，而又欠缺风险管理的金融工具。

2.1.7.4 租赁融资

2012年7月时任国务院总理温家宝召集国务院会议，要求各地区及有关部门采取有效措施，落实鼓励民间融投资相关政策，对企业反映的部分行业领域进入规则、标准和条件仍不够明确具体等问题，务必及早研究解决。有国务院政策做依据，租赁融资的资金筹集渠道得以拓宽，自那之后，中小企业融资重见新的曙光。

需要大量设备支撑的生产型企业多采取此种融资方式。该方式主要是企业将自己所需的设备、物资以及供货商，向承租方提出具体的要求，由承租方进行购买后提供给企业使用，而企业需要在规定期限内支付租金。这种方式比较注重企业项目的发展前景，只有让承租方看到未来的利润空间，才会促成租赁融资的实现。另外，企业的信用在其中也会发挥很大的作用。

2.1.7.5 典当融资

典当是以实物作为抵押，以实物所有权转移的形式取得临时性贷款的一种融资方式。典当融资与银行贷款相比，成本高、规模小，因为有了实物的介入，所以信用度的要求并不高，突出了灵活及便捷的特色。典当行注重的是典当物品的货真价实，动产与不动产均可作为质押。典当物品起点低，特别适合个人客户和中小企业的融资要求，在操作上手续简便，对融资的用途没有要求，资金使用率极高。

除以上几种方式外，还有抵押融资、股权转让融资、信用融资等方式。

2.2 股权质押分类

以标的的差异为依据，股权质押可以分为股份有限公司的股份质押和有限责任公司的股权质押。这是最重要的一种分类。

2.2.1 股份有限公司的股权质押

根据新法优先于旧法的适用原则，股份公司的股权质押应当优先适用《公司法》有关股份转让的规定，如"以依法可转让的股票出质的，当事人应当订立书面合同，并向证券登记机关办理出质登记。质押合同自出质登记之日起产生效力"。《担保法解释》中的相关条款规定：以股份公司的股份出质的，适用《公司法》有关股份转让的规定；而《公司法》中的相关条款规定：记名股票，由股东以背书方式或者法律、行政法规规定的其他方式进行转让；无记名股票的转让，由股东在依法设立的证券交易所将股票交付给受让人占有即发生转让的效力。依据以上法律规范，要使股票质押合同产生预期效力，必须符合两个要求：首先，当事人订立书面合同。其次，对记名股票出质，双方当事人应订立书面质押合同或背书记载质押字样，并向证券登记机关办理出质登记手续，合同自办理出质登记之日起始生效力；对无记名股票，当事人应订立书面质押合同或背书记载质押字样，合同自股票交付对方占有之日起始生效力，未经背书质押的无记名股票，不得用以对抗第三人。

可见，以股份有限公司的股权出质的，双方应当订立书面合同，然后向工商行政管理机关办理出质登记手续。质押合同自进行登记之日起始生效力。同时，有限责任公司的股权出质也应符合《公司法》中有关股份转让的规定，借款人必须提供其所持股份所属股份公司董事会同意股权质押贷款的决议、股东名册和股东大会授权书。

在具体的股权质押过程中，有不少非上市股份公司的股权托管在托管中心或者产权交易中心，对于这些股份公司，股权托管机构本身就是公司股份交易指定法定场所，而股份出质实际上也是一种交易行为，将来实现质权时，必然涉及股份或对外转让或股东内部的问题，因此，需由股权托管机构向工商登记部门提交出质股份的查询（核对）要求。《物权法》规定，非上市股份公司在工商行政管理部门办理出质登记并在合同约定的期限内将股权交由工商行政管理部门托管，即股份出质记载于保存在工商行政管理部门的公司股东名册后，股份质押合同始生效力。

《物权法》中关于上市公司的股权质押规定：以基金份额、证券登记结算机构登记的股权出质的，质权自证券登记结算机构办理出质登记时设立。还有，《证券法》规定：股份公司上市之前须将股东名册交到证券登记结算机构进行托管。这样上市交易和托管是具有联动性的，由深、沪两市的证券登记公司改组而来的中国证券登记结算有限责任公司对《公司法》规定的股东名册制度起到了完全的替换功能。由于上市公司的股权质押登记的操作性极强，其程序机制及程序要求严格，因此，因质押登记而引发的民事争议极少。

上市公司股票质押又可细分为两种具体的运作模式，即证券公司与个人的股票质押融资。

前者是用证券公司以其自营的股票、证券投资基金券和上市公司可转换债券做质押，从商业银行获得用以公司进行发展资本的一种贷款模式。

此种质押具有以下优势：第一，该种股权质押融资是除国债回购和同业拆借两大券商资金来源外的另一方式，此方式拓展了证券公司的融资渠道，连接了货币市场与资本市场，方便了资金的融通。第二，该种模式从控制银行风险的角度出发，规定质押率的上限、设定警戒线和平仓线、质押期内出质股票不得流动，以上诸多限制性措施在很大程度上降低了股东"变相套取现金"和"掏空公司"的风险，对于投资者而言，其风险可以得到最大程度的降低。

不过，此种质押也具有天然的劣势，体现在以下四个方面。

第一，《证券公司股票质押贷款管理办法》的制定与实施为股票质押贷款业务的开展提供了政策及规则依据，但这种质押贷款方法仅适用于企业、单位、机构的投资者，且被质押的股票的流动性先天不足；另外，在我国，政策要求的手续很复杂，这些都对满足市场中众多中小投资者的需要造成多重障碍。

第二，按我国的法律规定，银行或其他金融机构要开展此种质押业务，必须在证券交易所开设股票质押贷款业务的专门席位，并应有特别机构适时地进行动态监控管理，代为管理即将出质的股权，对建立健全科学有序的内控机制和拥有专门的金融及法律人才要求极高。

第三，虽然与其他类型的担保品类相较，上市公司流通的股票可能遭遇到的市场风险不大，但银行需为之付出极大的"维稳"成本进行风险监督及控制。

第四，证券公司出质的股票在质押期内并不能自由流动，否则就会违法或者与市场既定的规则相违背，这种与生俱来的限制虽然保护了投资者的利益，但忽视了券商希望质押股票能够自由流动的内在要求。

2.2.2 有限责任公司的股权质押

根据《物权法》的相关规定，用有限责任公司的股权出质的，双方当事人应当签订书面合同，并向工商行政管理机关办理出质登记手续，这就是所谓的登记生效主义。此有限责任公司的股份出质，应当适用《公司法》有关股权转让的规定。我国《担保法》亦规定，以有限责任公司的股份出质的，适用《公司法》中关于股份转让的相关规定，质押合同自股份记载于股东名册之日起始生效力。我国《公司法》有关于有限责任公司股份转让的规定：有限责任公司的股东之间可以相互转让其全部或部分出资；股东向股东以外的人转让其出资时，须经过半数股东的同意，不同意的股东应购买该转让的出资，如果不购买，则视为同意转让；经股东同意转让的出资，其他股东在同等条件下有优先购买权。股东依法转让其出资后，由公司将受让人的姓名或者名称、住所及受让人的出资额记载于股东名册中。

依据上述条款的规定，股东将所持有的股份向作为债权人的同一公司中的其他股东设质并不受特殊限制；股东向本公司股东以外的债权人出质的，则必须经过半数股东的同意，并应当由股东会形成决议，如果过半数的股东不同意出质，不同意出质的股东应当购买该股份，如果不同意购买该拟出质的股份，则视为同意出质，有限责任公司股份质押合同自股份出质记载于公司股东名册之日起始生效力。

比较股份责任公司与有限责任公司，后者的股份质押之所以较股份有限公司的股票质押更显得复杂，这是由有限责任公司是资合性与人合性的统一所导致的。如果股份出质，则实现质权时必然会导致股东更换，但是其他股东不一定信任新任股东，所以法律规定股东向公司以外的债权人出质时要征得其他股东的同意；但转让股份是股东的一项主要权利，禁止任意废除，法律为保障股东该权利的有效行使，不得不规定了如下股份质押的特别程序：不同意该股权质押的股东应购买该出质股份，既不同意购买出质股份，又不同意出质，以法律强制性规定视为全体股东过半数同意出质，以此来保障股东的这一权利。

不过，这存在一个非常明显的问题，即向公司以外的股东出质只是为债的担保而设，而不同意其出质股东可以购买其股份，此举会使其失去股东身份，该规定将股权质押在操作上等同于股权转让，于出质人极为不公平，也与股权质押来保债务的初衷不符；并且，对质权人而言，他也必须另行寻求其他人或其他方式的担保。

对此，笔者以为，"不同意出质者购买"在表现上是改担保性质为转让行为，其背后是让出质人失去股东资格。所以，笔者主张，在《公司法》中增加自由设质的法律规范，如此，"征得过半数股东同意"这一法定条件就会显得多余，不过，在质权实现时可适用现行《公司法》有关股份转让的规定，即当设质的股权被拍卖、变卖前，其他股东享有优先购买权。还有，为了平衡其他股东的利益，可以参照我国台湾地区的相关规定，即赋予其他股东享有"指定受让人"的权利，即其他股东在获得转让股权的通知后，无力行使优先购买权的，应该给予其一定的时间期限，在此期限内，可以指定受让人，只有逾期不指定的，质权人才可依照法律规定的程序，将股权转让于股东之外的其他人。[①]

还有一种限制是有限责任公司的股东不得以向本公司的出资为自己对本公司的债务提供质押。公司能否接受本公司的股东以其拥有的本公司的股权出质，对此，有些国家的法律规定在满足一定条件时是允许的，如日本《商法》第210条、德国《有责任公司法》第33条。我国法律禁止股东或投资者将其拥有的股权质押给本公司。如我国《公司法》规定公司不得接受本公司的股票作为抵押权的标的。《外商投资企业股权变更的若干规定》规定：投资者不得将其股权质押给本企业。

外商投资的企业包括中外合资企业、中外合作企业和外商独资企业，这些企业在中国设立，是中国法人，此类企业一般采取有限责任公司形式，也有数量不多的公司采取股份有限公司的形式，用此类公司的股权出

---

① 严晓慧：《股权质押的设立若干问题探讨》，《甘肃行政学院学报》2004年第9期。

质的，须经审批机关批准。如果中外合资、合作企业的中方投资者的股权变更而使企业变成外资企业，且该企业属于限制设立外资企业的行业，则该企业中方投资者的股权变更必须经政府有关部门批准。

国有独资公司是有限责任公司的一种特殊形式，我国《公司法》规定，国有独资公司的股份或资产转让，依照法律、行政法规的规定，由国家授权投资的机构或国家授权的部门办理审批和财产转移手续。根据《企业国有资产监督管理暂行条例》的相关规定，核定企业国有资本、监管国有资产的变动是各级国有资产管理部门的重要职责。因此，国有独资公司的股权在对股东以外的人出质时，须报经国有资产管理部门的审核与批准。

国有资产投资的中方投资者的股权质押，实现质权时必须经有关国有资产评估机构进行价值评估，并经国有资产管理部门确认，经确认的评估结果应作为该股权的定价依据。

2.2.3 中小企业股权质押

此种质押依托产权市场平台，借助融资平台方便快捷之优势，开展质押融资。产权交易平台作为适合中小企业发展的一级资本市场层次，有着明确股权、股权托管、定价、价格发现、信息披露、贷款中介的综合优势。

各地方政府为帮助中小企业快速发展，及时解决资金短缺的问题，陆续制定有关股权集中登记托管、利用股权质押进行融资的法规及优惠政策。例如，吉林省人民政府为鼓励中小企业技术创新加快发展，及时解决企业发展资金短缺的问题，发布了《关于规范开展企业股权集中登记托管工作的指导意见》《吉林省股权质押融资指导意见》等系列文件，为中小企业发展股权质押融资提供了方便条件。不过，中小企业资产规模小、盈利不稳定带来了股权价值波动性风险，中小企业的诚信问题也存在欺诈风险。除此之外，机制建设不足和产权交易市场滞后导致非上市公司股权转让难和股权变现难的风险。

例如，在新三板市场，2017年7月15日和7月19日，华盛控股和ST米米乐先后变更控股人，都是因为前控股人股权质押到期却无力偿还债务，导致质权人一怒之下将之告于法院。事实上，这两家挂牌企业存在诸多相似之处，如连续亏损和负债累累，所以，同样存在股东多次大规模地将自己的股权质押。

这说明，在新三板的新兴市场，政策、实践指导、监管等措施皆存在不完善之处，这使得企业有机可乘，如有的挂牌公司出现生产经营问题时隐藏真相，在暗地里玩"金蝉脱壳"。2016年12月，持有19.3%分公司股本的翌成创意的前董事长施某宣布辞职，而就在11天前，施某质押了手上持有的全部公司股份用于银行贷款。

再如，2016年上半年，ST哥伦布前董事长用快递的方式辞职后失联，并将持有的占公司总股本42.72%的股票尽数质押；2016年6月，东田药业三名股东将合计持有的公司全部股权质押三年，而短短24天后，公司即宣告摘牌。

约定的"融资周转"变为"套现跑路"。新三板智库联合创始人罗党论对中国证券报记者说，银行对于新三板股权质押的态度相当谨慎，"据我了解，银行通常只接受个别风险稳定、信用较好的挂牌公司进行股权质押，这样的公司可能不超过400家。"

但是，挂牌公司的融资需求并不会随着银行的谨慎态度而减少，相反，只要市场容许，越来越多的金融公司开始向小额贷款、担保、融资等质权人示好。有知情人士说，对比银行，小额贷款利率更高，所承担的风险更大。银行业解决不了的股权质押风险问题，小额贷款公司更难以解决。但在与基本面挂钩的情况下，很多挂牌企业虽然股权因此打了折扣，但是还有一定价值，这才是小额贷款公司参与股权质押业务的关键原因。[①]

2.2.4 其他分类

根据质押的表现形式不同，股权质押可分为股票质权和股份质权两种。前者是股份公司可转让的股票出质，前文提到过，此种质押建立在两个条件之上：一是订立书面质押合同；二是向证券登记机构办理质押登记手续。股票是有价证券的一种，又可分为记名和不记名股票两种，分别的质押条件前文已经谈过，此略。

用股份设定质权，以有限责任公司股东的股份为之。股份为股东的出资额，其设定应与股份转让规定相同，前述的条件可以概括为：①如果出

[①] 金易子：《新三板股权质押规模创新高》，载《凤凰网财经》，http://finance.ifeng.com/a/20171009/15713314_0.shtml，2017年9月10日访问。

质给本企业外的股东,须经全体股东过半数同意;②订立书面质押合同;③出质情况须记载于股东名册。以上三条并无转移交付股东出资证明书之要求,所以,笔者认为,此要求是股份质权成立之要件,这是因为,股东名册仅有记载股东股份状况的作用,而非权利凭证,股份出质并没有改变出质人股东的地位,因而股份不登记只应产生不得对抗公司的效力。股东向公司其他股东出质的,仅需订立书面质押合同,并将出质情况记载于股东名册即可,无须过半数的股东同意。

以质押主体为参照,可以分为个人股质押、大股东所持股质押。

个人股质押的优点体现在:第一,个人股票质押贷款业务在目前可以最大限度地满足市场中大量投资者的融资需要,它尽可能地把银行和券商的比较优势发挥到位。第二,在此种业务的处理过程中,银行不需要增加新的硬件设备即可满足技术上的需求,也不必去证券公司办理出质登记和注销手续、到证券交易所开设股票质押贷款业务特别席位,现有的设备、科技条件即可保证业务的需要。第三,在这种模式中证券公司与银行的关系属委托代理关系,可以将证券公司的优势充分显示出来。作为双方的中介人,证券公司储备有专业化的经营管理队伍,有齐的交易管控设备,比银行更能够对市场的走势进行敏锐的把握和对质押股票进行实时控管。第四,出质人用于质押的股票在平仓线上可自由流动,当股票价格涨到出质人不能承受的心理价位时,能果断适时卖出质押股票,这样,会最大限度地保证出质人的获利机会。

个人股质押的缺陷在于:该模式最大的风险,出质人质押的股票虽然可以流通,但是这是由证券公司代表银行监督股价波动,在此情形下,如果券商不认真履行三方协议,同出质人串通一气,极可能进行所谓的暗箱操作,损害贷款银行的利益,尤其当证券公司在对出质股票的资格审查和风险审查中没有责任心,不尽心履行职责时,在目前中国股市波动大、股票市值虚拟增长的现实境况下,银行信贷资金是没有任何保障的。

当大股东有融资需求时,将所持上市公司股权质押给出去,以此作为获取资金的一种方法,或者,大股东要为其他企业提供借款担保而将上市公司股权拿出去质押来作为担保。

大股东以其所持股权进行质押存在以下优点:对于大股东来说,其拥有的上市公司股权是可用来抵债或质押的优质资产。商业银行一般也希望接受透明度高、可兑现性强的上市公司股权为质押标的物。

大股东股权质押融资的缺点有以下几点。

第一，大股东在上市公司剥离上市时，极多的案例是大多数大股东已将优质资产都投入上市公司了，此时的盈利能力已经不强，资产负债率也不低。在这种情况下，再质押借款，必然导致负债率的进一步上升和财务状况的继续恶化，一旦借款运用不当将导致其失去偿债能力，这势必影响上市公司。

第二，如果是法人股的大股东，出现股权质押给市场的时候，那么，释放出的信号多数是大股东抑或上市公司的资金供给面临着不乐观的局面，这势必会挫伤投资者的积极性，所以，导致股价下挫的可能性是存在的。

第三，大股东的过度杠杆化可能引发市场对大股东不良财务行为的不断猜测，大股东凭借着控股地位而对上市公司进行利益操纵，这种操纵不会是过去那种赤裸裸式的"大股东占用上市公司资金"，而可能是通过关联交易、产品定价变动等手段，尤其是借战略调整之名而行经营控制之实，对上市公司进行利益输送。

第四，数量众多的高比例股权被大股东质押出去后，这些股权被冻结、拍卖的可能性是极大的，这会进一步导致上市公司的控股权转移的危险。控股权的转移会引起上市公司主营业务、管理团队，甚至是企业经营策略以及企业文化的变动，从而引发上市公司的动荡。

第五，大股东的股权质押行为会导致公司价值大大地降低。根据相关研究的结论显示，大股东的股权质押比例与公司的价值是相反的，比例越高，价值越低。这是股权质押经济后果性的信号之一。

第六，许多被质押的股权是被银行等金融机构所持有，我国金融业的分立体制不允许商业银行以向企业投资的方式实现质权，银行必须拍卖所取得的上市公司股权，这就会使相关上市公司的大股东再次变更，使原本基于对公司资信的了解和对公司前景的看好才向公司投资的中小投资者遭受损失。

第七，由于股权质押会增加大股东与其他股东质押的代理冲突，导致控制权和现金权变相分离，因此有着股权质押行为的大股东更容易发生对上市公司的资金侵占，这也是股权质押的经济后果性的表现。

2.3 股权质押制度的优势及缺陷

股权质权的目的是担保债权的实现,其担保功能之强弱直接关系到债权的安全,与质权人的经济利益相关。因而,对股权质权制度的优势及缺陷的分析,于质权人来说,显得最为重要。对于股东来说,作为其资金融通的一种重要手段,简单说,股权质押的优势表现在,其拥有的公司股权是可用来抵债或质押的优质资产。相对于其他抵押物而言,股权具有透明度高、可兑现性强的特点,因此质押方金融机构更愿意接受。该制度从整体上来说,其优势还表现在以下几点。

第一,标的证券受理更宽广。如沪深两地交易所上市交易的 A 股股票、债券、基金;限售股、个人解除限售流通股、国有股均可参与。并且,就客户而言,获得资金用途无明确限制,既可以继续进行证券投资,又可提取资金用于生产经营。

第二,企业贷款成本低、时间快。以武汉某公司为例,公司若使用抵押房地产的方法贷款 2500 万元,房地产评估费、权证费及保险费用保守估计要 30 万元以上,且需要 2~3 个月时间。而该公司此次股权质押贷款只花了几千元的评估费用,登记和审批完全免费。算上前后筹备也只花了 1 个月时间。

第三,银行风险降低。以前基本没有银行会接受股权质押贷款,因为风险太大。企业还可以在抵押期间将股权转让,银行如果找不到股东,将承受很大损失。而根据新的规定,企业股权在质押期间,该股权将被工商部门锁定,不能进行转让,风险因此降低了不少。

第四,参与低起点。这表现在开户不设限,单笔交易一万元起。并且无开户时间限制,无须立开新账户。

第五,交易不过户。参与质押回购业务,标的证券无须过户,直接在客户证券账户内进行质押登记,省去由于证券过户带来的交易限制及信息披露等一系列问题。

第六,期限较为灵活。交易期限一般不超过三年。客户可根据实际资金使用安排,随时选择提前购回或延期购回,无须交纳违约金,并且利率不变,按实际使用天数计算。若融出方为资产管理计划,则视《交易协议》约定情况而定,是否允许提前购回或延期购回。

第七，资金到账快。质押回购手续快捷，避免了公证（要求强制公证除外）、过户等程序，资金效率极高。T－1日开立质押回购权限，T日申请交易，T+1日资金可用可取。

股权质押制度具有以上优势的同时，其制度缺陷也在所难免。

第一，盈利能力较弱。这表现在，如果是资产负债率很高的股东进行股权质押，可能导致财务状况的继续恶化。许多公司的股东在公司剥离上市时，已将优良资产全部注入公司了，其盈利能力已经较弱，资产负债率也很高。在这种情况下，再质押借款，必然导致负债率的进一步上升和财务状况的继续恶化，一旦借款运用不当将导致其丧失偿债能力，最终有可能牵连上市公司。

第二，可能影响投资者预期。股东法人股权质押给市场的信号往往是股东或者公司的资金链出了问题，会影响投资者预期，导致股价下跌。

第三，股东的过度杠杆化可能引发市场对大股东不良财务行为的猜测。大股东凭其控股地位而对上市公司进行利益操纵，可能通过关联交易、产品转移定价等手段，尤其是借战略调整之名而行经营控制之实，对上市公司进行利益输送。

第四，大量高比例股权被大股东质押出去后，有相当大的可能性存在着这些股权被冻结、拍卖，进而导致上市公司控股权转移的危险。控股权的转移会引起上市公司主营业务、管理团队和企业文化的变动，从而引起上市公司的动荡。

第五，由于股权质押会增加大股东与其他股东质押的代理冲突，导致控制权和现金权变相分离，因此有着股权质押行为的大股东更容易发生对上市公司的资金侵占。

第六，股权质押贷款并不转移质押股票对应的控制权，易产生委托代理问题，甚至成为企业的"套现"手段，获取贷款融资之后将垃圾企业"卖"给银行等质权人。

第七，股权质押贷款易引发"多米诺骨牌效应"。受无涨跌幅限制和一定时期内的主板市场萧条联动效应的联合夹击，挂牌企业的股价持续波动，一旦质押股票的股价触及市值警戒线，就必须追加质押物或保证金，如果无剩余股权可追加时则被迫停牌，丧失流动性。

2.4 股权质押的功能

我们从股权价值开始来分析股权质押的功能。首先，股权担保功能的优劣取决于股权价值的数值，这是因为，股权质权的担保功能源于股权的价值，反过来，股权的价值是股权质权担保功能的基础。其次，互为表里的关系，该价值有两种主要内容：红利与可分配的公司剩余财产。前者由公司盈利能力的大小、公司的发展前途等决定。如果用股票出质，股票的类型，如是优先股还是普通股，也是最为重要的影响因素之一。后者由公司的资产及公司的负债状况决定，如果用股票出质，股票的类型亦是重要的影响因素。不过，我们一定要清楚，股东以其拥有的股权出质，并非指股东以其出资于公司的财产作为出质。因为，股东向公司的出资行为，使股东获得的是股权也就是共益权与自益权的集合体，而出资后的财产的所有权则归公司所有，股东无权直接支配已出资的财产，股权也并非是已出资财产的代表权。在此，又涉及股权的比例问题，即股东在公司的出资比例或股份份额。股权比例越高，则股东可获得的红利和可分得的公司的剩余财产也越多，反之亦然，所以，出质股权数量的多少与出质股权的比例成正比。

另外，笔者在此要分析股权的交换价值问题。交换价值是股权价值的表现形式，是股权在让渡时的货币上的量的标示，即股权的价格。出质股权的交换价值是衡量股权质权担保功能的直接依据，也是债权的价格。出质股权的交换价值是以其价值为基础，但也会受到其他因素的无形影响。

第一种影响来自于市场本身的容纳能力。此种影响对于用股票出质的股权质权尤甚，市场的供求状况会直接影响股票的价格。

第二种影响来自于市场的利率大小。市场利率与股票的价格成反比关系，即利率高，价格低，利率低反映的股票价格往往是高的。

第三种影响是质权的期限问题。此期限由股权质押合同所约定。股权的交换价值不是一个恒值，是随着时间的推移而变化的。因而，股权质权的期限对出质股权的交换价值也有关键性的影响。

根据以上分析，可知股权质权与其他质权相比，其担保功能的特征体现如下。

第一是出质股权价值的波动性。股权价值极易受公司状况和市场变化的影响，特别在以股票出质的情形下，股票的价值经常处于变化之中。因而使得股权质权的担保功能较难把握，对质权人来说，风险就很大。

第二是出质的股权价值具有可预测性，其只是一个预测值。因为股权价值天生具有波动性，从而在设立股权质权时，当事人协商确定出资额或股份额的多少，即确定以多大的出资额或股份额为出质标的物才可能对债权人提供充分的担保，事实上是以当事人或第三人（如资产评估机构）的预期价值为基础。而该预期价值常会与实际状况相背离，使得质权人承担着其债权得不到充分担保的风险。

第三是出质股权的类型不同，其担保功能也有区别。以股票出质的，因股票是有价证券，其流通性、变现性极强，因而其担保功能也随之变强。以出资出质的，其股权的流通性、变现性较差，因而其担保功能相对较弱。

2.5 股权质押与相关融资模式的比较

股权质押是以取得现金为目的，公司通过该方式用来弥补流动资金不足。与股权质押概念相近的概念及实践有：股权融资、融资融券、债券融资等，下面就其区别做简要介绍。

2.5.1 股权质押与股权融资的差别

世界范围内，企业一般通过股权融资和债权融资的方式获得运营资本。前者是指企业的股东愿意让出部分企业所有权，通过企业增资的方式引进新的股东，以该种方式所获得的资金，企业无须还本付息，但老股东的股权显然被稀释了。因为，在股权融资方式中，当债务清偿期届满，但是设质人无力清偿债务时，就涉及质权执行的问题。《担保法》第71条规定，债务履行期届满质权人未受清偿的，可以与出质人协议以质物折价，也可以依法拍卖、变卖质物。因此权利质押的质权人也可以与出质人协议转让质押的权利，或者拍卖、变卖质押的权利。无论用何种方式进行，最后的结果都是受让人会成为公司的股东。

债权融资是指企业通过借钱的方式进行融资，债权融资所获得的资金，企业首先要承担所借资本以月为单位付息的义务，另外在借款到期后要向债权人偿还资金的本金。该种融资方式的特点决定了其用途主要是解决企业营运资金短缺的问题，而不是用于资本项下的开支。

2.5.2 股权质押与融资融券的比较

2008年6月1日起施行的《证券公司监督管理条例》界定了融资融券的概念，即指在证券交易所或者国务院批准的其他证券交易场所进行的证券交易中，证券公司向客户出借资金供其买入证券或者出借证券供其卖出，并由客户交存相应担保物的经营活动。

通过这个概念，我们可以发现其与股票质押的联系在于，两者都是一种融资手段，都需要一定的担保物，在大多数情况下，两者都是用股票作为质押，同时，两者对证券市场资金流会产生显著影响。在以前证券市场尚不成熟的时候，有人甚至对融资融券中的"融资"与股票质押的方式予以互相代用。实际上，二者有着显著的差异，体现如下。

第一，融资客体的差异。融资融券既可以融得资金也可以融得证券，融得的资金再买股票就增强了多方力量，融券则增加了空方力量，因此融资融券是一种既可做多也可做空的双刃剑。股票质押融资只能融得资金，是不能够做空的。

第二，融得资金用途的差异。融资融券中的融资，所融得的证券，通常必须用来购买上市证券，增强了证券市场的流动性，在一定条件下加快了证券市场价值发现功能。股票质押则是，融得的资金可以不用来购买上市证券，当然，针对融资主体，国家对其融得资金的用途会有一定的要求。例如，证券公司通过股票质押融资取得的资金只能用来弥补流动资金不足，不可另作他用。由此可见，融资融券与资本市场的联系更紧密，股票质押可能既涉及资本市场，也直接涉及实体经济。另外，与股权质押融资相类似的概念是股票质押融资，主要是指以上市公司的股票提供担保以融通资金。

第三，担保物的差异。融资融券和股票质押融资都是对融入方的授信，故都需要担保物。融资融券中，担保物既可以是股票，也可以是现金。股票质押融资则不同，它主要是以取得现金为目的，因此担保物不可能再用现金，它的主要担保物是有价证券，例如上市公司股票、证券投资基金以及公司债券等。

第四，资金融出主体的差异。融资融券在各国采取了不同的运作模式。例如，在美国，融出资金的中介有证券公司和证券金融公司，但最终的资金融出方通常是银行。我国目前采取的运作模式则规定资金融出的直接主体是证券公司,即证券公司以自有资金或证券向客户融资融券;同时,确立了证券金融公司向证券公司提供转融通的制度。股票质押融资一般由银行、典当行等机构办理相关手续,资金融出主体与融资融券有着显著的区别。

第五,杠杆比例与风险控制的差异。通常情况下,融资融券的风控程序远高于股票质押。这是因为,融资融券的运作更为"专业化",如其获得的资金或证券都有专门的账户记录,市值变化、测算风险程度和要求追加保证金相对都时刻处于监控之下。还有,融资证券的杠杆比例可以根据环境和实际情况做出调整,风险不大时可适当放大杠杆比例,反之则可缩小比例。股票质押融资实质是质押贷款,其资金用途虽然可能会受到一定程度的限制,但管控的难度是很大的,当遭遇股票市值缩小时,借款债权的风险也就会相应增加。

第六,产品属性的差异。融资融券在标准化程度上显然高于股权质押,如融资融券在中国证券登记结算公司和第三方存管应当分别有专门的账户登记,资金可以方便地查询,且可能采用的杠杆比例有统一规定,融资的资金借出成本须高于同期金融机构的贷款利率,融资用来购买的股票或者融券可获得的股票都在一定范围之内等。股票质押融资不是一种标准化的产品,当事人双方属于一种合同关系,在具体的融资细节上更多的是基于当事人的自由意志。

2.5.3 股权融资与债券融资的比较

以质押的标的属性作为参考,质押可分为动产质押和权利质押,股权质押就属于后者;而债券融资是指单位通过向个人或法人等投资者出售债券、票据等方式来筹集资本以摆脱经济困难或扩大生产经营规模的一种方式。个人或法人投资者借出资金,成为单位的债权人甚至是公司的所有者,并获得该单位还本付息的承诺,所以,债券融资是通过出售的方式进行的,而股权质押在初期以不变更标的物的主体为特征,债券融资则是"分一杯羹"给别人,二者的区别体现如下。

第一,风险上的差异。对单位而言,股权融资的风险通常小于债权融资的风险,股票投资者对股息的收益通常是由公司的盈利水平和发展需要而定的,与发展壮大中的公司债券相比,公司没有固定的付息压力;与此正好相反,发行债券,则必须承担按期付息和到期还本的义务,此种义务是必须和绝对的,与企业的经营状况和盈利水平无关,当公司经营不善时,有可能面临巨大的付息和还债压力,导致资金链破裂而破产,因此,企业发行债券面临的风险更高。

第二,融资成本上的差异。从逻辑的角度来看,股权质押的成本高于负债融资,这主要是由于:从投资者的角度讲,投资于普通股的风险较高,要求的投资回报率也会较高;从筹资公司的角度讲,股利从税后利润中支付,不具备抵税作用,而且股票的发行费用一般也高于其他证券,而债务性资金的利息费用在税前列支,具有抵税的作用。因此,股权融资的成本普遍来说要高于债务融资成本。

第三,对控制权影响的差异。债券融资虽然会增加企业的财务风险,但它不会削减股东对企业的控制权力,如果选择增募股本的方式进行融资,现有的股东对企业的控制权就会被稀释,所以,企业在多数情形下是不愿意发行新股融资的,而且随着新一轮股票的上市发行,流通在外面的普通股数量一定会增加,从而导致每股收益和股价下跌,进而对现有股东产生不利的影响。

第四,企业功能的差异。发行普通股是公司正常经营和抵御风险的基础,主权资本增多有助于增加公司的信用价值,公司的信誉也会随之提升。企业发行债券可以获得资金的杠杆收益,无论企业盈利多少,企业只需要支付给债权人事先约定好的利息和到期还本的义务,而且利息可以作为成本费用在税前列支,具有抵税作用,而且企业还可以发行可转换债券和可赎回债券,以便更加灵活主动地调整公司的资本结构,使其更趋向合理。

质押案例分析——股权质押新模式的利与弊

2017年,科达机电(600499)两笔数值特别大的交易是用一种新的股权质押融资模式进行的。

该模式的操作路径为:上市公司股东(即融资方)与信托产品签订合同,通过大宗交易平台,将上市公司股权过户在信托产品名下,而后信托产品根据不同的质押率向股东方提供资金,到融资期限后,股东方再从大宗交易平台上回购股份,同时支付给信托公司利息。与传统的股权质押融资模式并不涉及股权过户不同的是,新模式则是将股权直接过户给了信托公司。此外,由于新模式出现了股权过户,通过大宗交易平台交易,则大宗交易价格的选择会对二级市场造成影响。事实上，这种新模式早在2011年便已经出现。2016年第三季度，平安信托旗下产品睿富二号因进入24家上市公司十大股东，而进入公众视野。当下已有多家信托公司如上海国际信托和天津信托在从事此种融资业务。

据证券时报记者多方了解，这种新模式的优点在于融资较快，因为信托公司已成立如平安信托睿富二号、天津信托思考七号等产品，此类产品已募集了大量资金，随时可以融资给股东方。第二个优点在于手续简单，只需要股东方和信托公司双方签订合同即可，而不需要再到政府公证处等第三方办理质押登记。因此，对于急需融资的上市公司股东而言，该种模式具有优越性。然而，该种模式要通过大宗交易平台转让股份，在实际交易中，以股权质押融资为目的的大宗交易常出现折价和溢价。根据政策规定，大宗交易的交易时间在每个交易日的三点至三点半，且交易价格不作为股票当日收盘价。但对于二级市场投资者来说，大宗交易价格具有参考意义，一般溢价大宗交易被认为是利好，而折价大宗交易则认为是利空，部分投资者的交易心理和行为会受大宗交易价格的影响。以科达机电股东股权融资涉及的两笔大宗交易为例。2016年3月13日，平安信托睿富二号接盘1538万股科达机电股票，成交价格9.97元，相较当时收盘价11.1元，折价率高达10.2%，此后两个交易日，科达机电分别下跌4%和1%，股价最低下探至10.23元。而今年股东方在大宗交易回购股份时，3月4日和3月11日的两笔交易价格分别为15元和14.5元，分别较收盘价溢价4.6%和3%。3月4日大宗交易后，科达机电在此后的两个交易日分别上涨1.2%和5.4%，最高股价达到15.7元。尽管无法证实其股价的波动与大宗交易行为有因果联系，但是这种相关性也不得不令人深思。[①]

2.6 股权质押的效力

股权质押的效力，是股权质押制度的核心内容，是指质权人就质押股权在担保债权范围内优先受偿的效力以及质权对质押股权上存在的限制和影响力。

[①] 资料来源：曹攀峰，《股权质押的好处与弊端》，搜狐财经，http://www.sohu.com/a/154545936_106948，2017年11月20日访问。

2.6.1 股权质押对质权人的效力

这里指的是股权质押协议对质权人所生之权利义务,一般可析解为以下几种。

第一是优先受偿权。质权人可就出质股权的价值优先受偿。这是股权质押实践中质权人所享有的最为主要的权利。其体现有三:

(1) 质权人就质押之股权价值优先于出质人的其他债权人受清偿。

(2) 质权人就出质股权优先于后位的质权人优先受清偿。这是因为,质权以交付占有为合同成立及生效要件,特别是该种占有还代表了物权的转移,这就排除了出质人再就质物设立质权的可能性,但依外国的立法,质物的移转占有不以现实交付为限,有的国家可以允许简易交付、指示交付,这些变相占有做法,使得在同一质物上设定两个以上质权成为可能性。例如,日本《民法典》第355条规定:为了担保多个债权,就同一动产设定质权时,依设定的先后来确定质权的顺位。我国《担保法》对于能否在同一质物上设定两个或两个以上质权,以及顺位的问题并没做出明晰的规定。但是,我国《担保法》以转移占有为动产质权之生效要件和对抗要件,所以,我们可以确定,在动产上设定两个或两个以上质权是我国法律所禁止的。但对股权质押,我国《担保法》也未要求必须转移占有,而是以进行登记为生效要件和对抗要件,所以在股权上设立两个或两个以上质权亦是法律所许可的,而且只要后位质权的当事人同意也应当许可,这是当事人的意思自治的最起码要求,股权的担保功能也能得以充分发挥。

(3) 质权人就出质股权所生之孳息,享有优先受偿权。以《担保法》第68条规定为依据,质物之孳息,应先充抵收取孳息的费用,而后才能用于清偿质权人之债权。

第二是物上代位权。因为出质的股权灭失或其他原因而得到赔偿金或代替物时,质权及于该赔偿金或替代物。这在多数国家的法律中有如此的规定,如日本《民法典》规定,质权人对债务人因其质押物的出卖、租赁、灭失或者毁损而得到的金钱或其化替代物、转化物,也可行使质权;我国《担保法》第73条规定,质物灭失所得的赔偿金,应当作为出质财产,而质权人可以优先受偿。

第三是质权保全权。质权保全权是指因质物有败坏的可能,或其价值有明显减少的可能,足以害及质权人的权利时,质权人应预行处分质物,以所得价金提前清偿所担保的债权或充抵质物。股权质权,因为市场、国家政策调整、股权价值波动性等因素的影响,股权价值的不稳定性,使股权价值易受市场行情和公司经营状况的影响而发生较大变化,尤其对股票,此种情形更甚。所以质权人所享有的质权保全权,对确保其债权的实现极为重要。《物权法》第216条规定:因不能归责于质权人的事由可能使质押财产毁损或者价值明显减少,足以危害质权人权利的,质权人有权要求出质人提供相应的担保;出质人不提供的,质权人可以拍卖、变卖质押财产,并与出质人通过协议将拍卖、变卖所得的价款提前清偿债务或者向有关机关提存。对质权人来说,最优的股权质押制度的安排是回避一切风险,可是,现实与理想总是存在距离,所以,作为质权人,应当密切注意出质人所设质股权的价值变化。一旦遭遇股权的价值大幅下跌,应当立即要求出质人提供相应的担保或采取其他能够避免损失或至少能够减少损失的措施。

不过,如果质物损害或者价值大幅缩水的可能不足以危害质权人权利的,则质权人不能要求出质人采取相应手段。因此,根据"谁主张谁举证"的原则,当出质人和质权人就上述可能性存在争议并诉诸法院时,应当由质权人承担股权价位缩小的举证责任。

第四是质权受侵害时的救济权。股权质权受出质人或其他人的侵害时,质权人有获得救济的权利。质权属担保物权的一种,质权人可依据《物权法》关于对该物权保护之法律规范行使救济权。

2.6.2 股权质权对质物的效力

股权质权对质物的效力范围,一般有如下两种。

第一是质物。即质押股权,其本质是权利,也可以说是一种虚拟物权,质物是质权的行使客体,当然属于质权的范围。

第二是孳息。即质押股权所生之法定利益。主要指股息、红利、公司的盈余分配等。对此,日本《商法》第209条第1项规定:以股份为质权对象时,公司可依质权设定人的请求,将质权人的姓名、住所等信息记载于股东名簿。且在该质权人的姓名记载于股票上时,质权人于公司的利益或利息分配、剩余财产的分配等,可优先于其他债权人受偿。对以股份出质,日本《有限公司法》第24条规定,准用《商法》第209条第1项之规定。该项内容,在日本法上又称"登录质",即出质股权只要做该条所要求的记载,则股权质权可及于该出质股权所生之利益。

对此,我国《担保法》第68条规定:质权人有权收取质物所生的法定孳息,质押合同另有约定的,依约定进行。而《担保法解释》第104条规定:以依法可以转让的股份、股票出质的,质权的效力及于股份、股票的法定孳息。显然,此两条规定存在矛盾,《担保法》的规定把收取孳息权利交付于合同双方当事人是否能协商达成一致,但《担保法解释》排除了当事人意思自治的可能性。在这个问题上,司法解释应当与法律的规定保持一致。除此之外,笔者以为,以下问题值得探讨,即出质股东与质权人并未约定质押股权的孳息收取,在主债务履行期限届满之前,目标公司分配红利或者分配剩余财产的,质权人能否收获该种利益?依据《物权法》第213条规定,除非在质押合同中明确排除,否则质权人有权收取质押股权产生的孳息,出质人不得拒绝。在债务人不存在不履行债务的行为时,且债务履行期限未届满,出质人应如何处理孳息则存在争议,因为除规定"孳息应当先充抵收取孳息的费用"外,关于质权人如何处置孳息的法律规范没有做出规定。也就是说,只有在债务人不履行债务或者出质人出现担保能力严重不足的情形时,质权人才能行使质权,也才能以孳息充抵债务,否则质权人只能持有但不能充抵该孳息。在债务人清偿主债务后,质权人应返还孳息(扣除收取孳息的费用),而且孳息余额的利息应当按银行同期的存款利率计算,一并还给出质人。

2.6.3 股权质押对所担保债权范围的效力

《物权法》第219条和第220条规定:股权质押法律关系中的质权人可以通过与出质人协商以股权折价或依法拍卖、变卖的方式来实现质权,并从该处置价额中优先受偿。

不过,质物折价或拍卖、变卖后,其价款如果超过质押合同约定的担保范围,超出部分当然归出质人所有;如有不够,出质人不再承担担保责任,不足部分作为普通债务由债务人承担。

因权利质押,法律未做特别规定的,准用动产质权的有关规定,所以与动产质权相同,股权质权所担保的债权范围,一般由当事人在质押合同中做出约定。但各国的立法中多数就质押担保范围做出严格规定。这些范围不外乎:主债权、利息、迟延利息、实行质权的费用及违约金。至于违约金,德国《民法典》第1210条、日本《民法典》第346条均将其列入担保范围之中。笔者以为，此处的担保范围应由法律严格规定，应将其列入强制性规范，不应由当事人约定。

我国台湾地区的相关规定中对股权质押方面的违约金未做出规定，但有学者认为违约金代替因不履行之损害赔偿时，当属质押所担保范围，对于不适当履行所约定的违约金，除当事人另有约定外，不列入担保范围。我国《担保法》第67条规定：质押担保的范围包括主债权、利息、违约金、损害赔偿金、质物保管费用、提存费用和实现质权的费用。

法律对质押担保范围的规定，有两种功能：为当事人约定担保范围提供参考或者说当产生纠纷时提供解决纠纷的指导性意见；在当事人对质押担保范围未做约定或约定不明时，可适用之。从各国法律规范来看，对质押担保范围的规定，属于任意性规范，当事人在约定时，可予以增加或删减。当事人在合同中对担保范围所做的约定与法律规定不一致时，应依照此约定进行。

2.6.4 股权质权对出质人的效力

出质人以其享有的股权一经出质之后，该股权作为债权之担保物，在其上设有担保物权，出质人的某些权利因此而受到诸多限制，但出质人仍然是股权的拥有者，其股东地位并未因出质而发生变化，所以，出质人就出质后股权仍可以享有以下权利。

第一是表决权。对出质股权的表决权，究竟由谁行使，国外立法存在多种情形：在法国，股权出质之后，表决权仍由出质人享有和行使，瑞士《民法典》也采纳此观点。在德国，由第三人享有，认为抵押权人不得妨害股东表决权之行使，但应将作为抵押权标的的股份交付于有信用的第三人，如银行或股东的代理人，经该股东同意代为行使，违者负损害赔偿的责任。在日本，《商法》对于出质股权的表决权由谁行使未做出明确规定，但我国有学者据日本《商法》第207条关于股份出质须转移股票占有之规定，认为股权为用益权，应由用益权人行使表决权。在我国，《担保法》和《公司法》对此皆没有做出相应规定，但依照我国《担保法》，股权质押并不以转移占有为必要，而是以质押登记为生效要件和对抗要件。质押登记只是将股权出质的事实加以记载，其目的是限制出质股权的转让和以此登记对抗第三人，而不是对股东名册加以变更。在股东名册上，股东仍是出质人。如此，可以推理出来，出质股权的表决权，应由出质人直接行使。

笔者主张，股权的表决权是股东特有的权利，非持有股东之委托，他人不得代为行使。即使在股权质押期间，也不能例外。

第二是新股优先认购权。在股权的诸多权能中，包含新股优先认购权，该权能属于股权中的财产性权利，是股东基于其身份而享有的优先权，如果不是股东则不能享有。所以在股权质押期间，该权能依然属于出质人享有。

第三是余额返还请求权。在股权质权实现之后，该经过处置后股权价值在清偿债权后还有剩余，出质人可以行使请求权，请求质权人返还。出质人的义务之一是，在股权质押期间，除非取得质权人的同意，不得转让已经出质的股权，不过，如果经过严格的登记等程序，出质人的转让行为也受到限制。

如果谈到出质人的权利受到限制，则主要有对出质股权的再次质押的限制和对孳息的所有权的限制。前者是依据《物权法》第226条规定，在股票出质之后，非经质权人书面同意则不得转让。出质人转让股票所得的价款应当向质权人提前清偿或者向与质权人约定的第三人提存。股权质押采用的是登记生效制度，并不发生质押对象，如股票等，移交质权人占有的情形。因此，为了防止出质人随意转让股权，侵犯质权人所享有的担保利益，法律做了如下规定：在出质人没有取得质权人书面同意的情况下，欲非法转让股票的时候，证券登记结算机构应当不予办理相关转让手续。

孳息的所有权的限制是依据《物权法》第213条的规定，质权人有权收取质物所生的法定孳息，在孳息的处理上应当先充抵收取孳息的费用，质押合同另有规定的，按照约定。由此可以得出这样一个结论：在没有质权人和出质人没有特别约定的情况下，质权的效力及于质物所生的法定孳息。不过，应当提醒的是，质权人在获得孳息时并不当然取得孳息的所有权，而是仅就孳息取得质权，孳息是作为质物的一部分而成为债权的担保。

2.7 股权质押的法律问题

与其他担保方式相比，股权质押在实践中面临着更大的法律风险。因为，股权是一种权利，不像抵押和动产质押，是以"物"为标的。这种权利的实现，在很大程度上取决于被质押的公司的"含金量"；同时，股份

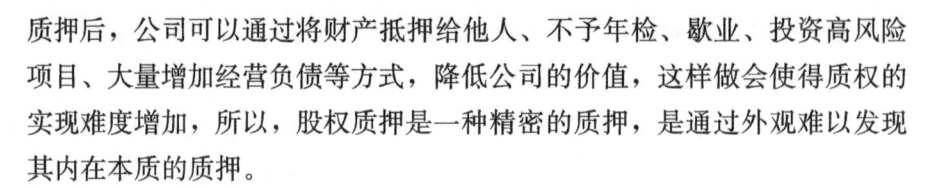

质押后，公司可以通过将财产抵押给他人、不予年检、歇业、投资高风险项目、大量增加经营负债等方式，降低公司的价值，这样做会使得质权的实现难度增加，所以，股权质押是一种精密的质押，是通过外观难以发现其内在本质的质押。

2.7.1 我国股权质押的立法缺陷

无论是在《担保法》还是《公司法》中，皆规定股权质押是依法可以转让的股权才可以进行出质设定。显然，在我国法律及行政法规中，规定不能转让的股份或股票，以及限制在一定期限内不能转让或非经相关部门批准不得转让的股票，在设定质权时，也会受到法律上的制约与限制。理论界的观点有时给予不理性的建议，再加上立法上的不明确，以致造成当下的股权质押运作的混乱。鉴于此，笔者拟从股权质押的历史考察入手，针对股权质押的一些基础性问题和法律规范的不严谨展开讨论，对理论和实践是大有裨益的。

2.7.2 不转移质物占有而设定质权所引发的法律问题

民法上的理论观点是，质押是以转移占有为特点的。而股权的质押则与普通的抵押相近，不交付和转移质物的占有。

质权的效力是指质权人于其债权受偿前对质物有留置权利。股权质押中，质权人不占有质物，留置权就无从谈起。

《担保法》规定：质物有损坏的可能或者价值显著减少的可能，足以损及质权人利益的，质权人可以要求出质人提供相应的担保。出质人不提供的，质权人可以拍卖或者变卖该股权，并与出质人协议将拍卖或者变卖所得的价款用于提前清偿所担保的债权或者向与出质人约定的第三人提存。这里指的是质权的保全力。因出质股权仍然在出质人名下，质权人难以处分出质的股权，这就使有限责任公司股权质权的保全在落实上困难重重。

《担保法》规定了质权人行使质权的方式：与出质人协议以折价的方式取得出质股权或依法拍卖、变卖出质股权。当事人就质权实现方式达成协议的，质权人可自行采取拍卖或变卖措施。诉讼不是质权行使的必经程序。但股权质押中，质权人不占有质物，无法自主地行使和实现质权，只能由出质人给予配合方能实现质权。这意味着如出质人不愿意协商折价，质权人只能通过诉讼，以及诉讼之后的申请法院强制执行来实现质权。

根据我国《公司法》的相关规定，出资证明书是公司股东的股权所有权的法定依据。英美法系国家的担保法多规定，以股权证的转移占有于质权人来达到设质目的。为了解决上述问题，笔者主张，出质人须将出资证明书交付质权人占有，同时规定质权人凭借出资证明、质押合同和质押登记生效的证明可直接主张以公司利润分配清偿担保债权或提存作为质权保全的方式，以及借此直接拍卖、变卖质押股权，作为质权保全和质权行使的方式。

2.7.3 股权质押的法律风险

在分析股权质押的法律风险之前，我们先看一则案例。

在本案中，原告是A公司，其提起诉讼，原因是2013年，A公司与B公司签订《股权转让协议》，约定B公司将其持有的C公司的30%的股权（对应出资额9000万元）以7000万元的价格转让给A公司。A公司依约履行了合同义务，向B公司的委托收款人支付了7000万元的股权转让款。然而至案发之日，B公司违反协议约定，一直拒绝办理股权转让变更登记手续。C公司作为目标公司应当依据《公司法》的规定，在A公司受让该股权后向A公司签发出资证明书、记载于股东名册并办理公司股东变更登记。C公司未能依法配合A公司办理股权变更登记。A公司请求判令B公司持有的C公司30%的股权，按评估价值确定的价格转让给A公司持有。

法院经审理查明：2012年，张三作为出借人与B公司作为借款人、李四作为保证人签订了一份《融资借款协议》，约定：张三向B公司出借7000万元；借款期限为一个月，借款月利率为5%。李四同意就B公司于本协议及关联协议项下的义务向张三承担连带保证责任；B公司同意将其持有的C公司30%的股权（对应出资额9000万元）质押给张三以担保其债务的履行。B公司向张三承诺，若B公司借款期限届满仍未能还款的，B公司于此不可撤销地授权张三依约处置股权，张三有权要求B公司立即将其持有的C公司30%的股权（对应出资额9000万元）以7000万元的价格转让给张三指定的任意第三人，B公司不得拒绝；张三指定的任意第三人无须向B公司支付股权转让款，该股权转让款由该第三方直接支付给张三用于偿还借款本息，具体事宜由该第三方与张三另行协商确定。若B公司未在合同规定的借款期限全额偿还借款，或出现张三宣布债权提前到期的情形，则无须另行书面授权，B公司即不可撤销地授权张三将其持有的总计30%的C公司股权（对应出资额9000万元）以7000万元的价格转让与第三方，转让款优先偿还张三的借款。

  2013年，张三与A公司签署一份《关于指定受让B公司持有C公司的30%的股权备忘录》，约定：张三保证其有权处置B公司持有C公司30%的股权，且根据借款协议的授权，处置该股权并指定受让人受让股权的条件已满足；A公司于备忘录签署当日向张三支付1000万元作为股权转让定金，余款于股权变更至A公司名下且办理完成股权变更登记手续后三个工作日内全额支付。同日，D公司受A公司委托向张三转款1000万元。

  法院认为本案的争议焦点为：案涉《融资借款协议》《股权质押合同》及《股权转让协议》的效力；A公司诉请按评估价值确定的公允价格受让B公司持有的C公司的30%的股权应否予以支持。本案中，案涉《融资借款协议》中"鉴于"条款第6项约定、第4条约定以及《股权质押合同》的实质内容是双方事先约定在B公司不能按约偿还张三借款时，由张三将B公司质押的股权按照约定的价格转让第三方以抵销B公司欠张三的债务，即将质物的处置权让渡给张三。该约定违反了《物权法》第211条的禁止性规定，应确认无效。《融资借款协议》《股权质押合同》的其他内容不违反法律和法规的禁止性规定，应为有效。

  2013年，张三根据《融资借款协议》的约定，在B公司没有按期还款的情况下，将《融资借款协议》中的第三人确定为A公司，并填补了B公司事先出具的空白《股权转让协议》的部分内容。因该《股权转让协议》是基于《融资借款协议》《股权质押合同》中质权人张三在债务人B公司不能清偿到期债务时，有权单方处置质物，将案涉股权转给其指定的第三人的约定所形成，且除股权受让人及签署时间以外的其他内容的形成时间与上述两份协议的形成时间一致，并非B公司与A公司在债务到期后自愿协商达成，在上述两份协议中涉及股权处置的内容已被确认无效的情况下，该《股权转让协议》也应确认无效。

  关于A公司诉请判令B公司持有的C公司30%的股权，按评估价值确定的公允价格转让给A公司应否予以支持的问题，因B公司已将涉案股权质押给张三，且办理股权质押登记，张三作为质押权人，基于债权而享有股权处置后的优先受偿权,但其无权处分在出质期间质押的股权,且 B 公司已经偿还部分借款,故此种处分行为不发生股权变动的法律后果。因此,A 公司依据《股权转让协议》主张按评估价值确定公允价格受让 B 公司持有的 C 公司的股权,没有事实和法律依据,法院不予支持。故法院判决驳回 A 公司的全部诉讼请求。

通过本案我们发现,股权约定同普通的合同一样,约定的流质条款无法律效力,因为,此种约定会直接影响债权人的质押权。

流质的约定是以物抵债的约定,各国均以此种约定为非法。这方面具有代表性的案例是"益阳市禹湘益电力发展有限公司、陈鹏与被告昌运长、皮笑奎股权质押合同纠纷一案",在这一案中,法庭判决流质条款无效。[1]

在我国,《担保法》《物权法》以及相关司法解释中也没有赋予其效力。因为,从法律本质上来讲,担保物权的本质是价值权,而质权特别是以股权为标的的设立,其目的不是取得质物的本身,而是其价值,而流质的约定显然与此相左。如果允许流质条款的约定,对债务人极为不公平,因为其设定的财产多超过其应偿还的标的值。

但是,如果债务人到期无力偿还,而债权人仅能选择法律程序并通过拍卖方式实现债权,则又要经历较长的时间,而且还存在无法拍卖的风险。因此,何种方式能较快实现质押权人的利益最大化呢?这是司法实践中必须直面的问题,笔者以为,如果能够允许一种不经法律程序即可拍卖标的财产以用于偿债,可以减少程序所消耗的时间。

除流质条款可能损害质权人的利益之外,还存在一种情形就是,出质股东擅自处分质押股权来损害债权人的利益。

从法律规定来看,《担保法》《担保法司法解释》与《物权法》对质物处分的规定不完全一致,按照新法优于旧法的民商法律原则,在《物权法》实施以后,质押股权的处分应适用《物权法》第 226 条的规定,即股权出质后,不得转让,但经出质人与质权人协商同意的除外。出质人转让基金份额、股权所得的价款,应当向质权人提前清偿债务或者提存。

---

[1] 湖南省益阳市赫山区人民法院:《原告益阳市禹湘益电力发展有限公司、陈鹏与被告昌运长、皮笑奎股权质押合同纠纷一案判决书》,http://www.lsbar.com/assistant/case Content/10904/31331,访问时间:2018 年 4 月 5 日。

对于出质股东擅自转让质押股权的效力，应从债权行为效力和物权行为效力的角度给予分析。从债权行为来看，属于效力待定的民事法律行为，如果获得质权人的同意，则为有效民事法律行为；如未获得质权人的同意，则是无效民事法律行为。从物权行为来看，如果受让人是善意第三人，其受让行为符合善意取得的构成要件，则受让人有权利取得质押股权；否则，质权人应当享有担保物权的追及效力，不论质押股权流转何人手中，质权人之质权并未消灭，可以有效地直接对抗第三人。

另外，股权质押有可能对出质人造成风险。

股权质押存在风险，特别是大股东高比例地进行股权质押，更需要警惕风险。在股市大幅度下跌的行情中，高比例进行股权质押的大股东，就可能面临爆仓危险，这有可能影响公司的正常经营，甚至造成公司控制人变更。

作为当下一种常态化的融资手段，股权质押被上市公司大股东频繁使用。较为常见的情形是，上市公司大股东可取得所质押股份市值30%～50%的融资，并且这一融资比例会随着上市公司经营现状或二级市场波动进行相应的调整。而当上市公司大股东倾向于认为公司股价不会极端演绎，或者其他融资手段均为次优方案时，就有可能将质押比例提到接近100%的水平。大股东所持股份质押比例超过50%的上市公司占据了很大一部分。股权质押本是上市公司常见的融资方式，但为了解决资金需求问题，实控人将全部股份质押，却轻视了股价下跌给公司带来的风险，A股股价暴跌以及质押率下降，无疑会让这些大股东雪上加霜。

实际控制人使用股权质押工具并且质押比例过高，如果是将资金投入主营项目，需要一定时期运营才有回报。而如果是将资金投入资本市场，遇到A股整体暴跌行情时，将造成实控人严重亏损，理论上已经面临爆仓的风险或者接近临界值。一般而言，上市公司大股东不会放弃控制权，所以将所持股份用于股权质押融资自然无可厚非。但是，股权质押比例过高，一旦股价出现下跌，那么大股东必须补充质押股份或者补充资金。公司已将100%的股权质押，只能补充资金，否则资金提供方将强行卖出其质押股份。如果大股东的大量股份被迫清仓，公司实际控制人将可能发生变化。

除了上述总结的风险之外，在股权质押贷款的实践操作中，如果企业无法正常归还已经贷到的款项，处置出质股权的所获收益将成为债权人的保障。虽然各地区设置的产权交易所可以进行非上市公司的股权转让，但依然受制于《清理整顿场外非法股票交易方案》中对于非上市公司的股权交易"不得拆细、不得连续、不得标准化"的相关禁止性规定，由此，就一直不能形成统一的非上市公司股权转让市场。由于产权交易市场的不完善，绝大部分非上市公司股权定价机制难以构建，股权难以自由地进行转让，质权人和出质人难以对股权价值进行合理的评价。如果评价不理想，会导致出质人无法获得更多的融资；价值评估过高，出质人质权将难以得到有效保障，这在一定程度上也制约了中小企业股权质押的规模，而规模大小往往决定了一个企业的生命。

2.8 股权质押中的其他风险

股权质押同股权转让一样，一旦成功设质，对质权人而言，就等于从出质人手里接过了股权市场风险的接力棒。不管是何种原因导致股权价格的剧烈波动，或者股权价格的降低，处置股权所获的价款都极有可能不够用来清偿债务，此时银行或者质权人都会要求出质人提供更多股权或者其他担保物。在这种情形下，无论质权人还是出质人，其所翼存的即便是所谓的成本收益都是不可能实现的了。

这主要是因为股权抵押的本质是一种金融创新工具，它极大地放大了货币乘数，但是相应的风险也加大了，并且股权质押用以贷款所引发的风险会体现在多个方面。

2.8.1 股权价值的稳定性

一般情况下，对比传统型担保的实物资产，股权价格的波动是很剧烈的。股权被质押企业的经营风险，或者其他外部因素，最终都会转嫁和体现在股权的价格上。当企业面临经营困难导致资不抵债时，股权价格会降低，转让股权所得的价款很有可能并不够清偿债权。虽然法律规定质物变价后的价款不足以抵偿债权的，不足部分仍由债务人负清偿责任。但有的债务人除股票之外，没有其他像样的财产可用于抵债，贷款人即使继续追讨，不仅手续和程序极为烦琐，而且最终也未必能够完全得以清偿。对于中小企业而言，其现实状况更会雪上加霜，贷款人继续追讨的成本和效益通常不成正比。在上市公司中，虽然质押的成数可以调低（一般三至五成），但仍有可能跌破股权质押的价值，特别是那些估值较高的创业板企业。

2.8.2 股权价值难以确定

在我国，对于股权质押市场一直存在着监管的漏洞问题。尤其是在民营企业领域，其注册资本可能存在虚假注资及抽逃资金的现象，这就容易出现资产评估价值虚高的事实。对于非上市公司股份的风险集中在股权价值评估方面，非上市公司不存在所谓市值，更多地只能依靠计算和评估，所以，超价评估的可能比较常见，再加上政府意志的推动，如急于给中小企业融资，如此导致的风险就容易扩大化。

具体而言，股权价值在一定的时间范围内会发生由最高降到最低甚至"零下"值的个别情形。股权价值的大幅缩水一定会导致质权人的权益受到损害。

其一，质权人的质权实现遭遇阻力，这是因为依赖于股权拍卖、变卖或者折价时的价值，如果该价位恰逢于质押期间大幅下滑，到时一旦债务人没有清偿债务，并且其从根本上已经丧失偿债的能力，而质押的股权又因价值减少而不足以清偿债权，如此，质权人的债权实现基本上是无望的。

其二，质权人极有可能并不知悉股权价值缩水，因而基本上不能做到及时要求出质人进行补救，虽然这种补救是其法定的义务。即使股权价值存在一定程度的上下波动，由于权利人没有直接参与到目标公司的决策、管理及监督，难以在第一时间内获得目标公司的与此相关的信息以及股权价值缩水的信息，因此，也就无法适时地做出应对，即不能在第一时间内要求出质股东提供补充担保或者提前清偿其义务。

所以，笔者建议，在取得质权之后，作为质权人，必须要付出一定的时间和精力来防范质押股权价值的减少。

2.8.3 与股权质押相关的道德问题

股权质押的道德问题，是指股权质押可能导致公司股东"重复圈钱"，甚至出现掏空公司的事实。由于股权的价值依赖于公司的价值，股权价值的保值需要质权人对公司进行连续的估价，而未上市公司治理机制相对不完善，信息披露不透明，同时作为第三方股权公司并非是合同主体，质权人很难对其生产经营、资产处置、经营状况及财务状况进行持续跟踪了解和监控，容易导致企业用关联交易的惯常手段掏空股权公司资产，这样，银行债权会处于"悬空"状态。

2.8.4 企业的经营与治理

因为股权质押仅是公司于申请人股东持有的股权作为担保的融资，因此企业的实际经营和管理仍处于公司的控制之下，银行无法干预企业的生产经营活动，也就无法真实有效地防范该类风险。治理风险源于企业生产经营的透明度低、投资人与注册出资人不对应、公司治理处于非理性有序状态，这些会影响到银行信贷资产的安全。不过有学者认为，股权质押的一个直接后果是，大股东通过债务融资引入了债权银行，即质权人这一外部治理角色，质权人为了保证贷款安全，对质押品质量与上市公司盈余质量的高度关注，强化了上市公司的外在监管与治理，这为我们观察外部监管环境变化对上市公司盈余管理的影响提供了一个理想的研究场景。[①]

2.8.5 非上市公司中的处置股权

当股权设置质押之后，一旦企业失去还贷能力，银行最后会选择处置这批用于质押的股权，唯此举，才有可能保证质权人不受损失。虽然全国各地都已成立产权交易中心，可以进行非上市公司的股权转让，但由于产权交易市场的不完善，对于股权的交易活动大多还停留在研究和试行阶段，所以，就直接导致非上市公司股权定价机制难以形成、股权难以自由转让、质权人和出质人难以对股权价值进行合理的评估等一系列问题。如果价值评估过低，会导致出质人获得融资过少；相反，如果价值评估过高，出质人质权将难以得到有力保证，这在一定程度上也限制了企业的股权质押融资的规模，这对于中小企业的影响甚至是致命的。另外，对银行授信的退出能否顺利实现依然存在一定的不确定性。所以，金融界的大多数人认为，产权市场的活跃是决定股权质押贷款发展的一个前提条件。

2.8.6 法律法规不健全

在我国，股权质押的法律与政策的不健全给质权人带来如下几种风险。

一是优先受偿权的特殊性所导致的潜在风险。股权质押制度规定的优

[①] 王斌，宋春霞：《大股东股权质押、股权性质与盈余管理方式》，《华东经济管理》2015年第8期。

先受偿权与一般担保物权的优先受偿权存在较大的区别，相比之下，其特殊性表现在：当出质公司破产时，股权质权人对出质股权不享有对担保物的别除权，因为公司破产时其股权的价值接近于零，股权中所包含的利润分配请求权和公司事务的参与权已经接近于零价值，实现质权的可能性亦为零。

二是涉外股权瑕疵设质的风险。我国《外商投资法》规定，允许外商投资企业的投资者在企业成立后按照合同约定或法律规定或核准的期限缴付出资，实行的是注册资本授权制，即股权的取得并不是以已经实际缴付的出资为条件，外商投资企业的股东可能以其未缴付出资部分的股权设定质权，这给质权人带来的风险是灭顶的。

三是当出质人破产时，股权质权人对出质股权不存在别除权。当公司破产时其股权的价值接近于零，股权中所包含的利润分配权和公司事务的参与权也不存在价值了，此时是没必要实现质权的，何况还要经过一定的程式来实现。

四是出资实际上没有到位的情况下的风险。我国目前除特殊行业外都已实施认缴制注册资本，此情形下企业的股东可能以其未缴付出资部分的股权设定质权，给质权人带来风险。

除上述几种外，还存在着公司因停牌、退市等原因，造成股票无法及时变现，出现逾期的风险，此时，平台只能通过风险准备金垫付，占用流动资金，数额较大时会危及资金链安全。

另外，信息不对称也有可能存在极大的风险，如证监会对上市公司和非上市公司，在信息披露上要求不同，非上市公司往往通过关联交易等方式掏空公司，此时股权价值有可能减为零。

下面通过具体案例来详细说明股权质押对于质押法律关系中各主体的潜在风险。我国关于股权质押登记的法律《物权法》第226条规定：以基金份额、股权出质的，当事人应当订立书面合同。以基金份额、证券登记结算机构登记的股权出质的，质权自证券登记结算机构办理出质登记时设立；以其他股权出质的，质权自工商行政管理部门办理出质登记时设立。

目前，全国性的证券登记结算机构只有一家，即中国证券登记结算有限责任公司，该公司总部设在北京，下设上海、深圳两个分公司，其主管

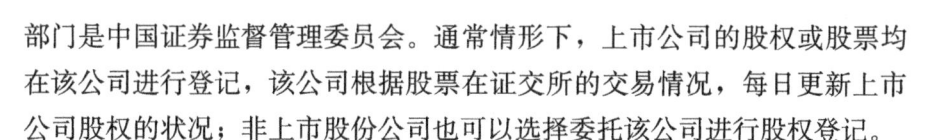

部门是中国证券监督管理委员会。通常情形下，上市公司的股权或股票均在该公司进行登记，该公司根据股票在证交所的交易情况，每日更新上市公司股权的状况；非上市股份公司也可以选择委托该公司进行股权登记。

2.9 股权质押的实现

股权质权的实现是指股权质权人于其债权已届清偿期而受清偿时，处分出质权而使其债权优先受偿。股权质权的实现是质权人所享有的优先受偿权的落实，是设立股权质权的最终归结。不过，因为股权质权有其自身的专门性和特殊性，它的实现无论在条件上还是在实现方式上都与动产质权实现存在极大的差异。

2.9.1 股权质权的实现条件

股权质权的实现，指的是实现以下两步处理：其一是完成对出质标的物的全部股权的处置。即使受担保清偿还有部分甚至少部分届期未得以清偿，也须就全部出质股权进行处分，不允许只处分一部分而搁置剩余部分，此是由质物的不可分性所决定的，之所以存在此特性，是因为整体进行处分，是基于手续等的便利。其二是对出质标的物的股权的全部权能的一体处分，而不允许割裂或只处分其中的部分权能。这两点都是源于股权属性的不可分性。

股权质权的实现条件应当得以满足，否则，质权人不能、不得也无由主张其质权。通常情况下，股权质权的实现基于两大条件：股权质权有效与债权的清偿期已届满却没有完全受偿。不过，后者，即"债权已届清偿期却没有完全受偿"并非完全科学，因为就当前我国法律规定而言，公司破产、出质人不为保全义务、合同约定的条件成就等都可以作为实现质权的条件之一。考察这些情形，会发现一个共同点，即"债务人丧失期间利益"，所以，笔者认为，股权质权实现的条件建立在以下两个基本条件之上：第一，股权质权有效；第二，债务人丧失期间利益。

（1）股权质权有效。将要实现的股权质权必须有效存在，必须是依法成立并正在发生效力的质权。现有法律中规定，股权质权的有效要件有二："书面质押合同"与"质押登记"。前者的要求是书面的要式合同，我国《担保法》规定，出质人与质权人应当订立书面合同；该法第78条规定，以依法可以转让的股票出质的，出质人与质权人应当订立书面合同。

不过，订立此种合同时，一定要防止流质契约条款的产生，即在债务履行期届满，质权人受清偿前，质物所有权归属质权人的约定，是所谓的流质契约。禁止流质是各国立法的通例，此禁止性规定体现在我国《担保法》第66条中，以权利出质的，法律无特别规定的，准用关于动产质押的法律规定，因而对股权质押，也是流质禁止的。即非通过法律规定的对质物的处分方式，出质股权不得归质权人所有。当然，法律并未禁止在债务履行期届满后，双方参照市场价格通过协商一致将质物折价转移给质权人，笔者以为，此正是质权人实现质权的条件之一。关于后者要求的质押登记的要求说明股权质押合同不仅是要式的，而且是实践的，即在合同的基础上，须将标的物交付为必备条件，此也为该种合同的生效要件，订立只是成立要件，因为在我国是将合同的成立与生效区别开来的。只是在股票质押的实践中，我国《担保法》并未规定以股票的交付占有为必需的要件，原因在于当下的股票操作已经是电子化，股票的储存及转让都通过计算机来进行。我国《担保法》第78条规定，以股票出质的，应向证券登记机构办理出质登记，质押合同自登记之日起始生效力。在域外的立法例中，多规定以股票出质的，必须转移占有，"质权人若非继续占有股票，不得以其质权对抗第三者"。对于股份出质而言，因其托管于证券登记公司，双方办理出质登记，自登记机关出具书面证明为质押合同始生效力的条件，被认为是转移占有质物，未办理出质登记，质押双方订立的质押合同只是成立却并没有发生效力。由此可见，股份有限公司的股权质押不以纸质的股票凭证的转移占有为要件，而是以登记为要件。原因是既然没有质物转让的可能，也没有权利凭证转让的可能，那么借助登记是必要的。登记之后实际上就实现了将股票给予暂时停止交易及变动的这样一种效果，因此出质人是无法将出质股票进行任何性质的变动，因而会杜绝任何主体私下处置出质股票的空间。

应当提出的是，我国的股份有限公司分为两类：上市公司和非上市公司。对于前者，《证券法》规定，经依法核准的上市交易的股票、公司债券及其他证券，应当在证券交易所挂牌交易，这就杜绝了场外交易的可能性。对于非上市公司，国有非上市公司股份须在产权联合交易所交易，虽然非国有上市公司股份目前还没有统一、公开的交易场所，但是基于其必须到登记机关备案这一条件之限制，可以说非上市公司的股份几乎不存在方便的流动性，因为其股份的质押不同于其他上市公司的质押，而与有限责任公司的股份质押几近相同。

(2) 债务人丧失期间利益。各国法律大多规定，如果债务人丧失期间利益，即使质权所担保的债权未届清偿期，质权人仍得行使质权。在我国现行法律中，明确规定了下述情形可能导致债务人期间利益丧失：第一，合同约定的条件成就。第二，《担保法解释》第70条规定：抵押人的行为足以使抵押物价值降低的，抵押权人请求抵押人恢复原状或提供担保遭到拒绝时，抵押权人可以请求债务人及时履行债务，也可以请求提前行使相应担保权利。第三，债权的清偿期已届满而未完全受偿。"清偿期届满"意味着债务人的期间利益当然消灭。未完全受偿，是指客观状态下的"未完全受偿"，即无论债权人是否请求清偿，无论已清偿的比例达到了多少，只要已届清偿期的债权处于现实条件下未全部受偿的这种客观状态，质权人都可以进行实现质权的操作。第四，当出质股权的公司破产时，根据《企业破产法》第46规定：未到期的债权，在破产申请受理时视为到期。此时债务人即属于法律规定失去了期间利益的情形，质权人当然可以实现质权。第五，债务人表示将不履行债务的，质权人就可以实现质权。

2.9.2 股权质权的实现方式

《担保法》第71条规定有以下具体的实现方式：折价、拍卖、变卖，这三种方式是依据"权利质权准用动产质权相关规定"的原则而推理所得，并未理性认真考虑股权质押的特殊性。上市公司的股票交易不得在场外进行，因此就不可能采取协议折价的方式来进行质权实现的程序。所以关于股权质权的实现方式，还应当进行专门的研究。笔者以为，基于公司形式的不同，实践中的实现方式存在差别。

第一，《担保法》第78条规定：以有限责任公司的股份出质的，适用公司法股份转让的有关规定。而有限责任公司股权质权的实现手段及具体方式同非上市公司相近，股权转让、注销质押登记时也应注意地方的具体规定。

另外，有限责任公司股权质权实现时，是否要受到其他股东的"优先购买权"之限制？如果存在限制，接下来就会遇到这样的问题：股权质押中约定的优先受偿权与法院强制执行时其他股东的优先受偿权谁更优先？

此种情形发生的源头在于，进行股权质押时，为了保证其正常履行，双方通常约定，质押人将自己在有限公司合法持有的股份质押给质权人，双方约定在发生履行不能时，质权人对此质押股权享有优先受偿权。而与此相对的是，《公司法》规定：人民法院依照法律规定的强制执行程序转让股东的股权时，应当通知公司及全体股东，其他股东在同等条件下有优先购买的权利。其他股东自人民法院通知之日起满20日不行使该权利的，视为放弃优先购买权。

那么，如何处理上述问题呢？笔者以为，可以从法理上找到解决之道，即法定优先还是约定优先的问题。因为有限责任公司是人合性质的公司，其基于相互间的信任而共同发展公司，这点不同于股份公司的资合性质。有限责任公司股东之间的关系属所有权性质，类似于物权性质。而约定的优先受偿权属于买卖双方之间合意约定，属债权性质，债权理所当然不能对抗物权性质的所有权。因此，约定的优先受偿权不能对抗法定的优先购买权。

与此类似的观点是合同法中的"买卖不破租赁"的规定，法律保护房屋承租人的优先购买权，可这一权利和房屋共有人的优先购买权冲突时，法律更是优先保护了房屋共有人的优先购买权，其背后的法理就是物权优先于债权。质权人的优先受偿权是指质权人就质物的价值有优先受偿的权利，股权出质只是在股权上设立担保物权，此并不必然导致股权的转让，因此股东在出质时未行使购买权，并不剥夺股东在质权实现时再行使购买权；质权人对出质的股权于处分时并无优先购买权。

第二，上市公司股权质权的实现须依据《证券法》第39条的规定，即依法公开发行的股票、公司债券及其他证券，应当在依法设立的证券交易所上市交易或者在国务院批准的其他证券交易场所转让。可见，上市公司的股权质权在实现时，必须在依法设立的证交所，按照上市交易的既定法律方式进行。另外，上市公司的股权应在证券登记结算机构进行登记，已经进行了登记的股权转让需要依据《证券质押登记业务实施细则》中的相关规定进行，所以，上市公司股权质权的实现不得"折价"（场外交易）转让，只能使用拍卖、变卖的方式实现质权，且必须进行场内交易，质权实现后，质权人还须申请解除质押登记。

第三，非上市公司的股权质权的实现，在我国，非上市公司的股权转让的具体渠道有三种：一是按照合同法的规定，采用协议中约定的具体方式转让；二是在专门的市场进行交易，如前文提到的国有非上市公司须在产权联合交易中心进行；三是柜台交易。以上三种方式说明，非上市公司的质权实现可以通过"折价""变卖""拍卖"的方式进行。另外，按照《工商行政管理机关股权出质登记办法》的相关规定，非上市公司的股权登记机关是本地工商行政管理机关，那么，实现质权之后，应在当地的登记机关办理质押注销登记。

第四，合伙企业出资额质权的实现。因为合伙企业的财产为合伙人所共有，不同于公司的股权，故在本书中称其为出资额。当出资额质权实现时，出资额的转让须遵守《合伙企业法》第22条之规定，即对外转让须经其他合伙人一致同意；对内转让应当通知其他合伙人。合伙人依法转让其财产份额的，在同等条件下，其他合伙人是有优先购买权的。

第五，以外商投资企业中方投资者的股权出质的，其股权质权实现时，必须经国有资产评估机构进行价值评估，并经国有资产管理部门确认。

第3章 域外权利质押制度概括及股权质押法律关系

股权有外在的表现形式，该形式具有以下特点：一是不可偿还性，即作为一种没有确切还债期限的直接投资的有价凭证，投资者在认缴了出资或认购了股票之后，该投入资产就成为公司资产，作为投资人不能再要求退股，而代之以可以要求分红的权利，股权凭证的转让意味着公司股东的变换，而不能涉及减少公司的资本。二是参与性，股权凭证是股东行使股东参与权，代表投资意志和经济利益的凭证。三是收益性，股权凭证是股东获取投资收益的凭证。根据以上特点，具体到股权质押，大陆法系国家中的有限责任公司，股权质押被称为出资质押或出资份额质押，针对股份有限责任公司则称为股份质押或股票质押，如日本《公司法》中对于股权质押的称谓分别为有限责任公司的份额质押和股份有限公司的股份质押。在我国，相关法律规定，有限责任公司股东的出资证明书就是其拥有股权和股权大小的证明凭证；股份有限公司的股权凭证是股票，股票所记录的份额数是股东拥有的股权大小的证明。虽然同为股权的书面证明，但出资证明书同股票的根本区别在于出资证明不是流通的证券，无法进入市场进行转让，这主要是由对有限责任公司股权的限制转让性决定的，而股票则是流通证券，股票的转让引发的后果是股权的转让。

3.1 英美法系国家权利质押理论

传统上，英美法系国家关于担保的理论中，将担保制度简单地区别为人保与物保，后者发端于封建领主制度的财产法，即对于封建土地所有制、占有权利的限制以及占有的转让是这些封建法的重要内容。随着社会与商品经济的发达与进步，更多种类的动产被用于担保，并且普通法和衡平法建立和发展起来的各种担保形式与种类繁多的财产相结合。在实践中常见于近现代英美法系主要国家的经济生活中，这意味着，英美法系中的担保应用极为灵活，它并非用特定的某种概念及法律形式来限制某种财产的应用，而是在坚持普通法或衡平法创设的法理和固有传统的基础之上，使这些理念或传统在实践中产生新的内涵和意义。

所以，时至今日，如果要从英美法系国家的法律及法律解释，甚至案例中找到精准的关于担保的概念及解说是有一定难度的。这造成我们在进行理论研究时，也很难将英美法系国家的担保领域内的诸如抵押（mortgages）、不转移所有权的抵押（hypotheca）、质押（pledge）、担保或负担（charge）以及留置（lien）等概念在大陆法系国家法律体系内找到对应概念。但是，这并不影响两大法系的国家在理论、实践、立法及司法中相互借鉴。

英美法系国家，传统上将财产按形式划分为不动产（如土地与建筑物等）、有形动产（如货物与机器设备等）、无形动产（如权利、债权、商誉、股权、知识产权等）。如果要在一种形式的财产上设定担保，都会有成熟的一套或多套制度和法律规范。对于担保领域的法律规则，英美法系司法实践多是以成文法为依据，如美国的《公司法》《证券法》《破产法》《美国统一商法典》等。

在商业实践及经济生活中，英美法系国家更加关注的是股权质押在实践中所产生的投资权益，这才是股东地位和权利的真正体现，作为一种无形动产，英美法系立法中主要采用以下四种担保形式作为质押的标的物。

第一种是质押，即 pledge。此种标的物所具有的表征，更多的是依赖出质人的一种诚信，因为被设定的标的物往往是实际的或推定的资产交由债权人，不过在债务人清偿债务以前，由债权人保留对质物的占有，此时的股权或股权的凭证、出资证明或股票、作为股权价值的外在物化形式或其他法律规定的资产资质文书等作为设质依据。更多的时候，股权被认为是一种半无形的动产，出于此种理解，用股权进行质押就成为可能。

第二种是抵押，即 hypothecation。在英美法系国家，按照我国的逻辑理解，其存在以下两种意思：其一是英国中世纪所发展起来的，与罗马法信托担保相同的物的担保形式，即 mortgage，这种担保形式的特点是为担保而把资产的所有权移转给债权人，所附加的条件就是该所有权应当在债务人履行其义务之时再次返还给债务人，所以，更为常见的是这种抵押非常广泛地应用于土地等不动产的交易上，所以，又被称作不动产抵押。

其二是在质押担保产生后发展起来的，只是一种单纯性的保证，其核心要义是让债权人继续保持对抵押物的占有，同时还可以设置其他的担保，为了将两者进行区别，最初的担保称之为抵押权，而后来所附着的担保仅称作抵押。

当股权不是以一种可以物化的形式予以表现时，或者股权担保的设定并非用一种可以公开的方式进行而且债权人又无法实际性地占有股权凭证时，英美法系国家，特别是美国的商业实践中就会采用这样的担保方式。不过，这样的股权担保会自然地形成一个陷阱，体现在股权的买受人或新的担保权益人无法发现此前的已经对股权实行的抵押。后来为了回避这个瑕疵，现代抵押担保则会要求，此种抵押担保必须在股权发行公司所在的当地的政府主管登记机关进行公示，即必须进行登记，并且美国各州将登记视作生效要件之一。

第三种是浮动担保，英文是 floating charge。这是19世纪之后首先在英国逐渐发展起来的一种物权担保制度，特指用现有的或者将来取得的全部资产为债权人的利益而设定的担保方式，其前所未有的特点是在债务人违约或债务人的企业关闭、歇业、解散等情形发生之前，债务人仍旧可以进行正常的业务活动来处分已经进行担保的资产，而不必征得债权人的同意。对于企业将来所取得的资产，因为管理的不确定性，未来的资产处于或增或减的状态，这就形成了所谓的浮动财产，所以，最初的英国法律要求浮动担保可以用于一切动产和不动产。对于股权的浮动担保形式，则主要是指公司尚未催缴的股本或承诺的未缴出资，英国于1845年颁布成文法许可那些铁路公司、运河公司、码头公司等用已经出资资本和将来向股东催缴的股本作为借款的担保，这里的股本是一种企业股东未来应当通过缴纳股份所享有的股权。所以，用股权设定浮动担保体现有以下特性。

一是只有公司的股权才能成为浮动担保设定的权利，这就排除了个人或者合伙中的股权用作浮动担保。

二是股东已经认购，但将在未来所应交纳的股本对于借款的企业而言，就是一项在将来能够获得的资产，这种股权担保是一种债务人用他人股权所进行的担保扩散。对于企业而言，将一种已认购股权而产生的请求权用作企业的融资，这样同时可以增加自身资产的价值，为企业发展提供支持，因此，这种方式已经被许多大的项目企业在国际借贷中予以采纳。

三是股权凭证本身在国际融资市场上具有十分重要的作用,这是股权凭证的可流通性或转让性以及其独特的定价基础所决定的。如果资本市场运作正常且高效,股票的即期或远期交易可以有效地降低商业和金融风险。而采用股权的浮动担保形式,则可以将这样的期权交易同企业用未来资产所进行的融资有机地结合起来,在项目获得资金支持的同时,随着企业效益的增加又可以获得更佳的收益。为此,英美法系国家越来越多地采用股权浮动担保的形式进行融资。不过,曾经有一段时期,美国判例法非常反对浮动担保的实践,当然这是为了交易的安全,但是在统一商法典颁布之后,态度大为改变,美国立法和商业实践中的浮动担保日益增多,浮动担保的种类也呈开放趋势,即不只限定在公司可以提供的股权,个人或者合伙都被列入许可范围,这为浮动担保的应用提供了法律依据。不过,与英美法系的实践与开放精神相比,大陆法系诸国的立法和商业实践在20世纪之前,多数不接受浮动担保制度。法国20世纪初的立法明令禁止企业采用在未来取得财产上设立的担保,后来的立法虽然稍作改观,但依然保守,体现在浮动担保的设定未涉及股权,只限定在生产企业正在生产中的产品上。

四是留置权,英文表述是 lien。以股权为交易的标的,在本质上就是一种债权契约性的法律关系的完成,为达此目的,股权的出让方可以就股权的转让关系设定留置权,留置权的标的物限于动产及有价证券,将留置权作为物的担保标的是英美法系诸国特有的规定,在此方面,大陆法系多数国家的理论观点是留置权只是双方合同中的一种对于义务的同时履行抗辩,而使之具备担保物权之功能在法理上是说不通的。但是,在英美法系国家的立法中,对于留置权担保功能却有着丰富的理论基础,英美法系诸国立法中的留置权主要有普通法上的留置权(possessory lien)和衡平法上的留置权(equitable lien)的区别。普通法上的留置权须以占有标的物为成立前提,基于此,又可称之为占有性的留置权;衡平法上的留置权却是不以占有标的物为成立前提,为此,留置权人只有通过申请法院判决才能够从留置物的交换价值中获得清偿。在实践中,对于股权的留置权的实践不只用于公司股权,还可以适用于合伙企业。

可见,在英美法系中,股权可以适用的担保形式是多种多样的,这是由于股权凭证的可转让性,使其可如动产一样,被应用于担保制度中,这让担保作为一种制度确定下来并有了开放性品质的可能。

在英美法系国家中，美国《统一商法典》成为担保制度的典范与代表，该法规定，可以用以进行担保的股权必须是一种证券，英文表述中的security。这意味着美国担保法律中排除了不予以自由流通的股权担保形式。《统一商法典》第9编中关于担保交易的规定，明确地引用该法第8编中对于投资证券的概念，该概念限定了股权担保中股权凭证的范围。依据该法的规定，用作担保的股权凭证为一种对于发行者的财产份额，是主张参与权利或经济利益的证明，这种证明既可以是一种发给持有人的具体凭证形式，也可以是一种经过公示登记的形式，抑或是一种以发行人名义或由发行人在其保留的账簿中对其转让进行登记的形式。并且证券应当是一种可以被交易或在证券市场上进行买卖的，或者该股权凭证在其形式上明确表示它是依据本法条规定而成立的一种证券形式。从这些法律规范的表述里，我们可以看到，在美国，关于证券的定义被表述得更为广泛和开放，其目的是顺应经济发展的需要，就发行投资证券的形式，包括了1940年的《投资公司法》中的全部形式。不过，对于合伙性公司或有限责任公司的股份，如果其不能在市场上进行流通，则不应当被包括在《统一商法典》第8编的范围之内。但是，如果在其股权的凭证上指明其作为一种证券，则可以将其算作一种金融资产，因此，如果他们通过发行者的证券账簿进行登记，则对于持有人所享有的利益可以被认为是一种证券权利而进行相应的担保。在《统一商法典》实施之后的1994年，该法典对第8编进行了修订，这次修订增加了凭证式证券和非凭证式证券的区别，而这种区别则直接导致了与股权凭证有关的股权担保的设定完善方式的改变，为了与第8编相协调，该法典第9编也进行了相应的重修。

3.2 大陆法系国家权利质押理论

大陆法系的担保物权制度起源于罗马法。在罗马法中，最早的物权担保仅是一种简单的实物交付，条件设定是在债务清偿后返还该物，但禁止采用让渡的方式把物之所有权让予债权人。该种担保的劣势在于，在担保期间所有权人不保留物权，由债务人承担所有的物权在债权人控制中的风险，如果在担保期间，债权人违背承诺将质物出卖，则会引发债务人提起信托之诉来寻求救济，不过，该诉并不是物权之诉，也就是说，即使赢得诉讼，债务人只能就该物所得价金获得赔付，所以，其保障措施是薄弱的。为了寻求对该种方式的补足，实践中，最终出现了质押的担保方式，质押制度回避了物虽转移，但不涉及所有权的转移，只涉及对物的占有，因而又被称作占有质，后来为了克服质押须占有质物才能成立的不足，非占有，即抵押制度就应运而生。该种担保方式就是在既不使债权人获得所有权也不实际占有的同时，对于债务人不予清偿债务的清偿，债权人可以通过一种在实践中创造出来的他物权，即对物之诉来实现他对任何人甚至是该财产的受让人提出的索赔主张。[①]

权利质押，是以权利为标的的质押，要成为权利质押的标的，首要条件是具有可转让性或交易性的权利，如债权、股权、知识产权，为此，德国《民法典》第1274条规定：不得转让的权利不得设定质权。此种立法意图及导向十分明显，即反映了质押标的物之权利价值化的历史趋势。这种趋势也必然对确定股权质押制度及其在实践中的应用产生巨大的影响。随着该制度的发展，该制度在实践中越来越体现为以下特征及要求。

第一，处于包括权利在内的标的物变现期冀，债权人越来越要求透明度高、公示性强的财产价值定价体系，可以有助于在债务人提供担保物时和债权人实现担保物权时能够在财产价值上有一个科学的衡量依据。

第二，质押以质权人对标的物的占有为标志，那么，如何在法律的规则内以更为简便易行的方式完成权利的交付，这才能体现担保行为的实际价值。

第三，随着金融领域及融资市场的进一步完善，越来越多的流通性强、容易变现的金融证券产品及衍生品给债权人提供了诸多种类的担保物的选择权。

第四，股权质押状态下，实现代质权人对权利的一定程度的"管理"，这样可以更为有效的方式保证股权的价值。

第五，债权人要求以何种法律规则才能达到债权和物权的进一步结合，真正地既能体现物权效力，又能体现股权的外在表现形式，亦可以保证债权的实现。

上述特性随着股份有限公司、有限责任公司的出现而愈加明显，股权

---

① ［英］巴里·尼古拉斯著，黄风译：《罗马法概论》，法律出版社2000年版，第159页。

质押正好可以迎合现代金融及公司经济生活中的以上需求。在大陆法系国家，股权成为担保标的物，能够以权利质权的形式顺利演变，因为股权具有作为权利质权的设立标的所应当具有的以下特征。

一是其具有财产属性，这决定了其可供交换。二是股权依法或依约定的可转让性，这决定了最终在被担保的债权未受到清偿时，债权人可以取得出质股权的交换价值，以满足优先受偿的需要。三是随着现代金融业的发展，符合证券、公司等相应法律法规对股权交易转让行为的形式上的要求，这决定了可以在股权上设定权利质权。四是股权质权具有设定数额大、设质范围宽，以及通过证券市场管理而达到的公示性强、透明度高、变价容易的优势，这决定了股权可以在现代成为设质权利的主要标的。

所以，多数大陆法系国家，除在民法典中做普遍规定之外，在本国的商法、公司法等法律文件中亦有相关详细规定，如法国《商事公司法》第46条、德国《有限责任公司法》第33条、日本《有限公司法》第32条及《商法》第207条等。

就股权属性而言，德国传统的观点是将股权看作社员权，是一种资格，拥有此权的人享有社员权利并承担社员义务，此种社员权又可分为财产权与管理权。不过，在德国，一般认为社员权之财产权具有可质性，而管理权则不能被质押。我国有些学者也认为，股权之管理权不能被质押，原因是管理权不具有质押的经济基础，如果管理权也一同质押就会导致权利转让的结果。[①] 在德国，传统观点是将股权中之财产权与管理权进行分离，久之，则形成著名的分离原则。该原则的大体内容是商事行为可区别为负担行为与处分行为，且二者毫无关联，即便负担行为无效也不会影响处分行为的效力。我国并不认可该原则，我国学术界认为处分行为必须以负担行为为基础，举例说明，买卖、赠予等行为须以债法上的有效的合同为基础。这说明，针对股权质押设立之效力，我国与德国存在不同的态度。德国通说认为，质押是绝对的处分行为，而出质合同并非质权设立的条件，质押关系之主体可以不订立合同而直接出质，所以，即使存在合同，其性质亦为不要式合同。

1804年，法国率先在《民法典》中确立了担保制度，对质权进行了明

[①] 李芬：《中德股权质押制度比较研究》，《中德法学论坛》第3辑，南京大学出版社2005年版，第56页。

确的规定,在该法典的第3卷第17编与第18编中分别描述了动产质押和不动产质押。近百年之后,大陆法系另一个代表国家德国于1896年将完整的担保物权制度写入德国《民法典》,内容包括不动产担保与动产担保;前者包括抵押权、土地债务与定期债务,后者则包括动产质权和权利质权。就适用规则上来说,民法典特别规定,权利质权除其特殊规定外,多数适用原则是准用动产质权的一般规定。虽然立法及学说把权利质权作为担保之一种,并与动产质权相提并论,但在实际上,权利质权在性质、成立方式以及实行方式等方面,均与动产质权有极大不同,有分化为特殊的担保物权之趋势,又因权利质权主要是以债权、股权或无体财产权为标的,其作用反而与抵押权相近,所以,史尚宽先生称其为介于一般质权与抵押权之中间之担保权。[①]

不过,我国最终效仿德国法律,在《担保法》中将质押区别为动产质押与权利质押,并且该法第75条以列举的方式规定了各种权利质押的范围;该条第3项规定了可以依法转让的股份与股票,用第78条作为补充条款。1997年,国家对外贸易经济合作部、国家工商行政管理局联合发布《外商投资企业股权变更的若干规定》,对外商投资企业投资者"经其他各方投资者同意将其股权质押给债权人"予以特别确认;2000年,中国人民银行和中国证监会联合发布《证券公司股票质押贷款管理办法》;2001年颁布《关于上市公司国有股质押有关问题的通知》和《中国证券登记结算有限责任公司深圳分公司证券公司股票质押登记业务运作指引》,这三部专门针对股权质押进行特别规定的法律性文件的详细规定说明,股权正在成为担保物权设定权利标的的主要融资业务,其在融资市场中价值性已经越来越被广大的投资者所看好并接受。

股权质押由签订质押合同、出质登记等一系列事实行为所构成,这些事实并非凭空产生,而是基于一定的法律关系而发生,如登记时的出质人、质权人与证券登记结算机构之间的关系、质押后债权债务关系、出质时的股权质押与股权转让的关系等,有法律关系就有关系主体。

3.3 股转质押法律关系的主体

除了动产质押之外,股权质押是近几年金融领域最为常见的担保方

[①] 史尚宽:《物权法论》,台湾荣泰印书馆1957年版,第351页。

式。但是，前文提到，股权质押在解决企业融资问题具有短平快的优势之余，其所挟带的法律风险问题同样必须为之注意，特别是近几年，在实践中常见一些融资平台在开展股权质押业务时，为了实现程序的便捷而做一些法外的"创新"。如将债务人的股权直接质押在平台或平台指定的第三人名下，这样会直接造成债权人与质权人相分离的情形；再如在股权质押合同中由借款人直接以公司名义出质公司的全部股权。这种为了程序便利和融资效率而做出的一些创新可能不仅会产生不合法合规问题，更为严重的是会导致合同的无效，因为任何一种法律关系都是不能够随意创设的。

3.3.1 股权质押的主体是否是公司

股权质押法律关系中，如果不了解股权质押的主体是谁，发生争议之时，会不知向谁主张自己的权利。如有的股权质押协议中会出现以公司为出质人的约定条款，即将本公司的全部股权质押给质权人的条款，那么这类条款是否有效呢？在一般情形下，公司股东才是公司股权的持有者，而并不是公司本身。所以，以公司为出质人，将本公司的全部股权质押给质权人的行为当然属无权处分，这是无效的或者最多是效力待定。因为只有股东才能作为出质人进行股权质押。

那么，何种情形之下，公司才可能持有本公司的股权或股份呢？

第一，有限责任公司。《公司法》第74条规定：有下列情形之一的，对股东会该项决议投反对票的股东可以请求公司按照合理的价格收购其股权：（1）公司连续五年不向股东分配利润，而公司该五年连续盈利，并且符合本法规定的分配利润条件的；（2）公司合并、分立、转让主要财产的；（3）公司章程规定的营业期限届满或者章程规定的其他解散事由出现，股东会会议通过决议修改章程使公司存续的。

而对于公司收购股东的股权后，如何处理该股权没有明确规定，这在实践中存在多种观点。

第二，股份有限公司。《公司法》第142条规定：公司不得收购本公司股份。但是，有下列情形之一的除外：（1）减少公司注册资本；（2）与持有本公司股份的其他公司合并；（3）将股份奖励给本公司职工；（4）股东因对股东大会做出的公司合并、分立决议持异议，要求公司收购其股份的。公司因前款第（1）项至第（3）项的原因收购本公司股份的，应当经股东大会决议。公司依照前款规定收购本公司股份后，属于第（1）项情形的,应当自收购之日起 10 日内注销;属于第(2)项、第(4)项情形的,应当在 6 个月内转让或者注销。

所以,股份公司在法定情形下可以收购本公司股份,但长期持有该股份,需依法注销。这类的股份和股权通常是不能质押的。

3.3.2 质权人与债权人相分离

因为某些股权质押平台上的债权人较多,为众多的债权人一一办理股权质押手续较为烦琐,故往往将股权质押登记在平台或平台指定的第三人名下,以至于质权人和债权人不一致。那么,当质权人与债权人不一致时,债权人能否顺利实现质权呢?

从属性上讲,担保合同是主债权债务合同的从合同,当出现质权人和债权人分离的情况时,应当证明质权与主债权是基于同一债权债务关系而产生的,如债权人、质权人和债务人三方均认可债权人享有质权,或债权人与质权人之间存在委托关系,即债权人委托质权人行使质权。否则,债权人很难根据质押合同证明自己是实际质权人的事实。

3.4 股转质押法律关系的客体

前文已经提及,在我国,有关股权质押的立法并不完善,公司法也相对不成熟,所以,对于股权质押的客体,不仅法律文件表述颇为不一,而且学者们也是莫衷一是,如《物权法》第 223 条将股权质押的客体表述为股权,但在《担保法》《公司法》等其他法律中,却将股权质押的客体分别表述为股份或股票。其他国家和地区的立法对这一问题也认识不一,由此学者们对股权质押客体的范围和内容也各执一词。

法国《商事公司法》第 46 条[1]、德国《有限责任公司法》第 33 条均提到对股份抵押的规定[2]。日本《有限公司法》第 32 条规定"得以份额为质权的标的"[3]。日本《商法》第 207 条又规定"以股份作为质权标的的,须交付股票"[4]。可见,日本的公司法对以有限责任公司股东所拥有的股权和股份有限责任公司股东所拥有的股权为质权标的而设立股权或股份之质

---

[1] 卞耀武:《当代外国公司法》,法律出版社 1995 年版,第 388 页。
[2] 卞耀武:《当代外国公司法》,法律出版社 1995 年版,第 303 页。
[3] 卞耀武:《当代外国公司法》,法律出版社 1995 年版,第 544 页。
[4] 卞耀武:《当代外国公司法》,法律出版社 1995 年版,第 617 页。

押分别做了规定。

在我国,《担保法》的相关条款将股份和股票一起提出,不过,担保法将有限责任公司股权出质者称为股份;将股份有限公司股份出质者称为股票。《公司法》第3条这样表述:有限责任公司的股东以其认缴的出资额为限对公司承担责任;股份有限公司的股东以其认购的股份为限对公司承担责任。显然,该条把有限责任公司的股东的出资称为"出资额",而把股份有限公司的股东出资称为"股份"。《担保法》第78条规定:以有限责任公司的股份出质的,适用公司法股份转让的有关规定。可见,《担保法》中将有限责任公司股东的"出资额"也称为"股份",此同股份有限公司一样。另外,1997年,在国家对外贸易经济合作部、国家工商行政管理局共同颁发的《外商投资企业股权变更的若干规定》中,有对外商投资企业投资者"经其他各方投资者同意将其股权质押给债权人"的提法。2007年《物权法》第223条规定:债务人或者第三人有权处分的下列权利可以出质:……(4)可以转让的基金份额、股权……可见,这两部法律文件中,是将多部法中的不同叫法统一称为"股权"。

具体而言,股份指的是公司资本的份额,代表着投资者对公司的出资,即其是公司资本的构成单位,公司股份因股东出资认缴而形成,同理,股东基于其出资而享有股权;股份是股权存在的基础和计算股权比例的计量单位。[①]

《公司法》第125条规定,公司的股份采取股票的形式。股票是公司签发的证明股东所持股份的证明。1993年颁布的《股票发行与交易管理暂行条例》第81条进一步界定"股票"为"股票是指股份有限公司发行的,表示其股东按其持有的股份享有权益和承担义务的可转让的书面凭证"。所以,股票就是股份的书面凭证,或者说是股份的表现形式,是公司发给投资者作为入股的凭证,表明股东所持股份数额和取得股息等权益的一种有价证券,这说明,股份与股票是两个不同层次的概念。

股权则是指股东基于自己对公司的股份所享有的相应的股东权,简称股权。股权分为自益权和共益权。股东自益权是指股东为自身利益而可以单独主张的权利,例如接受股利分配的资产受益权。而股东共益权是指股

---

① 吴庆宝:《物权担保裁判原理与实务》,人民法院出版社2007年版,第516页。

东为公司利益兼为自身利益而行使的权利,例如股东大会出席权、表决权等。需要注意的是,股东的某些共益权只能通过股东大会实现。

如此,"股权"的内涵明显比"股票或股份"要丰富,既可以包括"公司制企业中的股权",也可包括"有限公司出资额"。

那么,股票是股份的书面凭证,股权是股东基于股份而享有的权利。三者联系极为紧密。有资格发行股票的是股份有限公司,因为股份有限公司的资本划分为等额股份,转让没有限制,因此比较适宜发行股票。而有限责任公司的资本则不划分为股份,股东是按照出资比例来分享红利的,并且有限责任公司的股东转让出资受到严格限制。所以与股份有限责任公司相比,有限公司并不适合发行股票。

笔者以为,《担保法》第75条第2项及第78条表述并非科学。即"股份"这一称法存在不规范之嫌。因为前文交代过,《担保法》该处所用的"股份"是仅指有限责任公司的出资份额。"股份"这一称法,在德国与法国两国的股份有限公司和有限责任公司皆是统一使用,不过,在这两个国家,其有限责任公司的公司资本,也如同股份有限公司一般,都是"分为数额相等的份额"。据笔者了解,在其他国家,"股份"这一称法专门指有限责任公司股东的出资。如日本《有限公司法》中称"股东份额",日本《商法》中有限公司一章称为"股份"。

我国第一次对股权质押予以描述的是《担保法》,在《公司法》中,以及在《公司法》颁布以前的《中外合资经营企业法》《有限责任公司规范意见》和《股份有限公司规范意见》中,对"股份"与"股东出资"是做了区分的,如关于有限责任公司股东出资的规定中称"股东出资"或"股东的出资额",而关于股份有限公司的相关表述则称为"股份",一直以来,二者从未混同使用。可见,在我国,"股份"是股份有限公司的专有概念。《担保法》对其的"非法"使用,是我国立法技术上的一大疏漏。

我国立法中针对"股份"和"股票"也是区别对待的。股份,从公司的角度看,是公司资本的成分和公司资本的最小计算单位;从股东的角度看,是股权存在的基础和计算股权比例的最小单位。而股票在性质上仅是一种凭证,是指公司签发的证明股东持有股份这种资质的证明。股份是股票的价值内涵,股票是股份的外在形式,两者之间的关系,犹如精神和肉体。因而,股份与股票是两个不同层面上的金融及法律术语,不应同等对待,更不宜并列使用,但是,我国《担保法》第75条及第78条对"股份"和"股票"显然有所混淆,应与公司法相统一。

不过,可以肯定的是,股份和股票的转让的本质都是股权的转让。

笔者以为,鉴于本书叙述或行文方便,对股份、股票及出资额统一称为股权,在立法方法上不再区分不同形态的公司或其他企业,这样,可以避免针对公司类型而分别冠以不同称谓的麻烦。

股权是一种集合性权利,是股东基于自身的股东身份可以向公司主张的权利。这种权利的集合体中包含人身属性极强的一些权利类型,所以,股权有别于物权中的所有权,又有别于债权,是一种具有财产价值属性的可以转让的民事权利,具有独立的民事法律地位。股权的权利主体是股东,义务主体是公司,其内容根据性质的不同包括财产性权利和非财产性权利。其中,财产性权利多称为自益权,如股息或红利分配请求权、新股优先认购权、剩余财产分配权、股份转让权等。非财产性权利也为共益权,即指公司事务参与管理与决策的权利,包括知情权、表决权、公司文件查阅权、召开临时股东会请求权、对董事及高级职员监督权等。因为其具有财产价值而且可以转让,便可以成为权利质押的客体。所以,股权质押的客体是股权。

3.4.1 客体的范围

综合《物权法》《公司法》及《担保法》等相关法律法规的规定,笔者认为,以下两种股权的出质应当受到限制或禁止。

第一,法律规定在一定期限内禁止转让的股权。

如我国《公司法》第141条规定:发起人持有的本公司股份,自公司成立之日起1年内不得转让。发起人作为公司的原始股东,他们持有的股份是公司的原始资产,为了保障公司利益和交易安全,法律规定在一定期间内,原始资产不得转让,同样的,在该期间内,也不能设定质押。

我国《公司法》第141条规定:"公司董事、监事、高级管理人员应当向公司申报所持有的本公司的股份及其变动情况,在任职期间每年转让的股份不得超过其所持有的本公司股份总数的25%;所持本公司股份自公司股票上市交易之日起1年内不得转让。上述人员离职后半年内,不得转让其所持有的本公司股份。"限制公司高管人员的股权转让:一方面,是基于这类人员对公司负有的忠实义务;另一方面,是为了防止内幕交易,或者是为了维护交易的公平秩序,在证券法中也含有对高级管理人员的股权转让受到限制的规定。上市公司董事、监事、高级管理人员……持有的该公司的股票在买入后6个月内卖出,或者在卖出后6个月内又买入,由此所得收益归公司所有,公司董事会应当收回其所得收益。通过引入归入权制度,有效规避了公司管理层的短线交易,反映了市场公平竞争的要求。

第二,法律规定在一定情形下不得出质的股权。

《公司法》规定,公司不得接受本公司的股票作为质押权的标的。此举的目的是防止通过股权质押而违反公司资本充实、资本维持原则。资本维持原则是公司法中的一条基本原则。而且公司不接受本公司股票作为质押权标的,也是为了避免出现这种前后受阻的情况。若债务未能按约履行,满足质押实现的条件时,公司作为质权人就要对本公司的股权优先受偿,就会出现用自己的财产偿还自己的债的情形。实际上,便是发生了公司回购股权。而按照公司法规定,公司回购股权的情形只有以下几种:减少注册资本;与持有本公司股份的其他公司合并;将股份奖励给本公司职工;还有异议股东的股份回购情形。所以,不是任何情形下的股权回购都会得到法律的许可。

3.4.2 股权质押客体的构成——两种观点

从股权的受益者为哪个法律主体的角度出发,股权可以区别为自益权和共益权两种,其中,自益权多为财产权,自然应当成为股权设质的客体,但是,共益权能否一并作为股权质押的客体?无论是国内学者还是国际理论界,都存在着两个相区别的观点。史尚宽先生为代表,主张共益权亦应当与自益权一起成为质押的客体,他说:"股份为质押之标的盛行于世,但股份为股东权利义务的全部表示,不必为纯粹财产权的化身,而纯粹财产权的部分得为质押的标的,且此财产权设质的方式以股票的设质为便。"也有学者主张,股权质押仅以股权中的财产权内容为质押的客体。当然,也有不少学者信服史尚宽先生的主张,主张自益权和共益权仅是股权的权能而已,二者统一于股权之中,作为股权质押的客体,应是股权的全部权能。绝不能将股权强行分割,只承认其中的一部分为股权质押的客体,而另一部分不是股权质押的客体。

对此,笔者在前文中已经表明态度,股权质押设立时的客体不是仅限于财产权部分,也包括共益权部分。这是因为:

第一，从《物权法》和《担保法》相关规定来看，可以作为权利质押客体的权利虽然多数法律规定都只指向财产性权利，如《物权法》第223条第（7）项规定：法律、行政法规规定可以出质的其他财产权利。但是，从立法宗旨上看，可以作为质押客体的不可能仅限于股权中的财产权部分。如果这样的话，在实践中是很难进行实质性的质押操作的。

第二，有观点从股权质押的目的出发来谈这个问题，质权人意欲通过担保债权的设立来保障自己债权的实现，最关注的应是质押客体的交换价值和市场潜力，以实现自己债权的优先受偿，其需要的仅是财产权利，而并不重视股东资格的取得。对此，笔者以为，如果不能如期还债，那么必然涉及股权的转让，转让之后，成为公司实际的股东，而非待定中的股东，那么，获取的也只是财产权吗？显然不是。

第三，从观念上来分析，传统的思维认为公司的股份的设质仅仅包括财产性的权利，这在本质上是将本来完整的股权孤立地进行分析，在哲学上称为片面地看待和处理问题。而现实中的市场经济环境中，交易主体是不可能如同法学家一般将权利分割成诸多部分并且进行考虑的。另外，假如真是只能转让财产性的权利，那么这种设想必然会在质权执行时产生纠纷，从而与民法定纷止争的社会功能相冲突。所此，笔者认为股份质押的标的应该包括全部的股东权利，即自益权与共益权两部分。

3.5 股转质押法律关系的内容

简言之，出质标的可以分为两种：一是质权的效力并不及于股东的全部权利，而只及于其中的财产权利。换言之，股权出质后，质权人只能行使其中的受益权等财产权利，公司重大决策、表决权及选择管理者等非财产权利则仍由出质股东行使。二是质权的标的是全部权利。

所以，笔者能否设计出第三种观点，请试为之。

笔者以为，判断股权质押的标的，可否从事实上来进行实际的判断。那么，我们可以从逻辑上试着进行分析。

第一，当股权出质的时候，出质的究竟是什么权利呢？无论出质的是财产权利还是全部权利，权利都不可能向实体物那样转移占有，只能通过转移凭证或者登记的做法来满足。因此，究竟转移了什么，我们从设质的活动中无法辨明，所以，只能从质权的执行方面予以考察。

第二，当债务清偿期届满，但是设质人无力清偿债务，就涉及质权执行的问题。《担保法》对于权利质押的执行没有做出明确表示，只说明可以参考动产质押的一般规定。对于动产质押的执行问题，《担保法》第71条规定，债务履行期届满质权人未受清偿的，可以与出质人协议以质物折价，也可以依法拍卖、变卖质物。因此，权利质押的质权人也可以与出质人协议转让质押的权利，或者拍卖、变卖质押的权利。

无论是协议转让质押的股权，还是拍卖、变卖质押的股权都会发生同样的结果，就是受让人成为公司的股东。如果不是这样，假设受让人取得的是所谓的财产权利，但是既没有决策权，也没有选择管理者的权利，而这些权利却由一个与公司财产都没有任何关系的当事人来享有，这是可能的吗？因此，这也就反证出从一开始设质的就是全部的权利，而不仅为财产权利。因为一项待转让的权利如果开始就是不完全的，但是经过转让却变成了完全的，这是不可能的。有学者亦指出，作为质权标的的股权，绝不可强行分割而只能承认一部分是质权的标的，而无端剔除另一部分。这从说理上好像说得过去。

第三，当公司的股东会做出决议同意股份出质时，实际上就已经蕴含了允许届时可能出现的股份转让，其中包括了对于公司人合性的考虑。我国《担保法》规定：以有限责任公司的股份出质的，适用于公司法股份转让的有关规定。质押合同自股份出质记载于股东名册之日起生效。而《公司法》关于股权转让的规定是，有限责任公司股东间可以相互转让其全部出资和部分出资；股东向股东以外的人转让其出资时，必须经全体股东过半数同意。

所以，笔者意在说明，可能是基于股权出质的特性，就出质的是纯粹的财产权还是全部权利，存在着截然不同的两个观点，二者好像在说理上都能自圆其说，笔者在此做出如下设计：首先，在设质之初，只是设定的财产权利，公司的表决权、管理权等依然属于出质人；其次，如果出质人不能偿还到期债务，此时，必然导致股权的执行程序，从执行完毕之时起，受让人方取得全部股权。

笔者之主张，就是把出质过程或者说出质期间一分为二，前者可能持续较长时间，后者只是在最终出质人不能偿还债务时。

还有，比照《公司法》的规定，股份设质也应当分为两种情况：第一，质权人为公司的其他股东，此时以公司的股份设质不必征得他人同意。第二，以公司股份向公司股东以外的人设质的，则应当需要全体股东过半数同意，当然，不同意的股东是否需要像股权转让中的出资购买那样，我国的法律则没有明确表态。因为，如果质权届期债务人无法清偿债务，质权人就可能行使质权，从而成为公司的股东。鉴于有限责任公司天然的人合属性，需要经过全体股东过半数同意。而公司股东的过半数同意，就表示在本质上公司股份的设质是不与公司的人合性相矛盾的。

第4章 股权质押制度在我国的实践及运行

股权质押是市场化经济高度发达的产物,是商品化大生产发展到一定历史阶段才可能出现的经济现象,因其具有易变性的特点,加之我国股权质押制度的"舶来"性质,使得股权质押制度在我国的进展并不理想。下面就该制度的开展及运行略做分析。

4.1 股权质押的开展状况

相关数据表明,从股权质押制度创始的20世纪90年代中期到2008年十余年的时间里,股权质押贷款主要发生在上市公司。非上市公司,特别是有限责任公司,很少有利用这一方式来进行融资的。有数据证明,2006年我国共有近1400家上市公司,用股权质押来进行银行贷款的有443家,即接近32%的比例,可以说,其时,股权质押的实践是特别少的。对于股权质押制度,2008年是较为关键的一年,因为在这一年里,我国相继有《物权法》及《工商行政管理机关股权出质登记办法》等政策指导性法律文件颁布与实施,有了这些法律上的依据及政策的指引,股权质押的融资贷款模式得以大力宣传和利用。随后,上市公司股权质押贷款或融资企业的数量和贷款额度较之前都有较大规模的增加。

4.1.1 股权质押的数量

从2008年到现在,在包括《物权法》的实施、中央的政策指引、地方政府积极助力、企业需求增长等因素的刺激之下,股权质押贷款的实践在不少省市地区快速发展,如江苏、福建、广东、山东等地用股权质押进行贷款的银行业务大量增长,特别需要指出的是,这不仅对大企业,对中小企业融资渠道的拓展起到了推动作用,在一定程度上扶持了中小企业的发展和进步。以新三板市场为例,2016年全年,就有1302家挂牌公司进行了3185笔股权质押业务,市值约1336亿元;而在2015年,400多家挂牌公司共进行1000多笔股权质押,涉及400多亿元的股权市值;而2014年全年仅有110多家公司发生了230多笔股权质押，质押市值只有26亿多元。只两年，新三板的股权质押规模扩容超过50倍。至2017年第三季度之初，新三板合计未解押股权质押总市值达1500多亿元，新三板企业2600多家。其中，未解押股本占总股本比例超过30%的企业300多家，超过50%的有104家，高于90%的有3家，质押比例最高的武当旅游甚至100%质押公司股本。一般来说，股权质押比例过高的企业一旦股价大幅下跌，大股东首当其冲面临丢失控股权的风险，需要及时筹措资金或者追加保证金。①

以山东省为例，早在2008年第二季度，山东省工商局就颁布了《公司股权出质登记暂行办法》，这个政策性文件甚至比国家工商总局的《工商行政管理机关股权出质登记办法》还早4个月。这就是说，山东省是我国股权质押制度实践试点省。不到一年时间，即2009年年初，山东全省银行办理股权质押贷款超过200多亿元，这个数字包含上市公司股权质押贷款。接着，山东省工商局就与本省工商银行、建设银行、农业银行、中国银行、华夏银行等银行签订了1000亿元的股权质押融资的"授信"额度。

就基础而言，山东省GDP在2008年已突破3万亿元，这个数字在全国范围内仅次于广东省，大中小型企业都很多，可以想见，在山东境内，可用于"盘活"的股权存量较大。

早在2009年，山东省在工商管理部门已经办理质押登记的企业股权高达1.7万亿元。工商局持较乐观的看法，认为去除其中的不良资产，至少有1/4可以用作股权出质或股权出资融资。

近几年，除大企业、上市公司之外，规模较小的中小企业亦用此种方式获得贷款，不过，山东省工商银行对规模较小的中小企业持审慎态度，以下四种类型的优质"股权"特别受青睐：企业持有的银行股权，高科技企业的股权，符合国家产业政策的企业的股权，公司治理结构良好、管理体制顺畅、效益稳步上升的企业的股权。

2009年3月，工商银行山东省分行正在办理的股权质押贷款涉及11家企业，其中大企业10家，中小企业1家。这批股权质押贷款融资额合计近11亿元，其中中小企业融资额0.7亿元。需要说明的是，工商银行传统

---

① 王蕊：《新三板股权质押规模创新高》，《中国证券报》，2017年9月27日。

上是重视大中型企业的，规模较小的企业可以从其他银行（尤其是城市商业银行）那里获得更多支持。

到 2009 年 6 月份止，包括上市公司股权质押贷款在内，全省银行办理股权质押贷款逾 200 亿元。山东省发展股权质押贷款起步早，成效较为显著，极具发展前景，但规模较小的中小企业受益还是受到一定程度的局限。

再如云南省，2008 年冬季始有融资担保公司开展规模较小的股权质押业务，其业务目的仅限于作为担保融资的反担保措施；2008 年年末，建设银行终于办理第一笔质押登记，不过，该笔股权质押的背景是由于银行放贷后，企业还款的表示并不明显，已展期三次；到 2009 年第三季度，在昆明市工商管理局办理股权质押登记的有 30 多家企业，也多是融资担保公司，质押登记的目的也是作为对贷款申请人向银行借款的反担保措施，鲜见银行直接涉及该种业务。所以，针对整个昆明乃至云南市场，所谓银行已开始实际操作该模式的说法并不明确，具体业务的开展应审慎决定。

4.1.2 股权质押的规模和结构

从全国范围来看，大股东进行股权质押的贷款期限多限定在三年以内，据此估算，截止到 2017 年 5 月，A 股质押股权市值规模接近 4 万亿元，占 A 股总市值的 7.2%。

从质押期限看，股权质押业务期限多数限定在三年之内。鉴于部分公司未公布解押日期，所以，笔者所列出的数据仅仅是披露质押期限的公司。

从板块分布看，创业板、中小板、主板的质押股权规模分别为 0.64 万亿元、1.36 万亿元、1.97 万亿元，分别占质押股权规模的 16.1%、34.3%、49.6%，分别占各板块总市值的 13.3%、14.3%、4.7%，涉及的上市公司分别为 476 家、613 家、769 家。

从质押比例看，质押股本占总股本比例为 5% 以内、5%～10%、10%～15%、15%～20%、20% 以上的质押股权规模分别为 2.02 万亿元、1.09 万亿元、0.44 万亿元、0.2 万亿元、0.22 万亿元，分别占质押股权规模的 50.9%、27.5%、11%、4.9%、5.7%。

从质押类型看，股权质押业务的质押方主要包括证券公司、银行、信

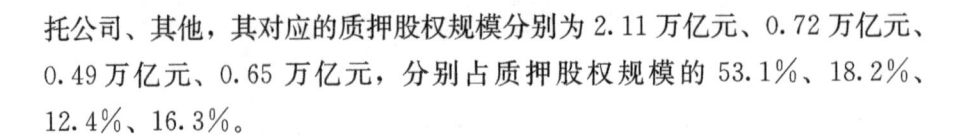

托公司、其他，其对应的质押股权规模分别为 2.11 万亿元、0.72 万亿元、0.49 万亿元、0.65 万亿元，分别占质押股权规模的 53.1%、18.2%、12.4%、16.3%。

4.2 股权质押的法律规则

《物权法》第226条做出如下规定：以基金份额、股权出质的，应当订立书面合同。以基金份额、证券登记结算机构登记的股权出质的，质权自证券登记结算机构办理出质登记时设立；以其他股权出质的，质权自工商行政管理部门办理出质登记时设立。此条规定较以前的变化是对有限责任公司股权的质押生效之时做了截然不同的规定。在《担保法》体系中，质押合同的生效始于股份出质记载于股东名册之日，与之相对，《物权法》第226条的规定却是"质权自工商行政管理部门办理出质登记时设立"。

《物权法》由第十届全国人民代表大会第五次会议通过，《担保法》由第八届全国人民代表大会常务委员会第十四次会议通过，所以，无论是根据法律的位阶还是根据新法优于旧法的原则，我们都应当优先适用《物权法》。

股权质押登记纠纷在工商登记实务中主要体现在质押登记的效力争议上，而且工商行政管理部门的质押登记与《公司法》的规定存在着脱节，这是导致纠纷发生的一个主要原因。

国家工商总局于 2008 年 10 月 1 日实施《工商行政管理机关股权出质登记办法》，该法律性文件于 2016 年重新修订，其中对股权质押设定的登记主体是：申请股权出质设立登记、变更登记和注销登记，应当由出质人和质权人共同提出。申请股权出质撤销登记，可以由出质人或者质权人单方面提出。而对于要求提交的文件则包括：申请人签字或者盖章的《股权出质设立登记申请书》；记载有出质人姓名、名称及其出资额的有限责任公司股东名册复印件或者出质人持有的股份公司股票复印件（均需加盖公司印章）；质权合同；出质人、质权人的主体资格证明或者自然人身份证明复印件，如出质人、质权人属于自然人的由本人签名，属于法人的加盖法人印章；国家工商行政管理总局要求提交的其他材料。

很明显，上述登记文件与《公司法》的规定存在冲突，这不能不说是一个重大的法律缺陷，那就是缺少"公司决议"这项法定的法律文书。依据《公司法》相关法律规范，公司向其他企业投资或者为他人提供担保，也应以本公司既定的章程为据，由董事会或股东会表决决议；如果公司为公司股东或者实际控制人提供担保的，必须经股东大会表决决议。

有学者提出，股权质押是股东这一法律主体对自身权利的处分行为，与以公司名义整体对外提供的担保是有重大差别的，这一观点颇值得商榷，因为强调公司决议在股权质押登记中的关键作用，目的在于防止非法、恶意的质押行为的发生，非法、恶意的质押行为多数缘于其背后的违法犯罪行为。例如，当某股东之股权已经给内部股东进行了转让，但在工商登记未进行有效变更之前，其依据工商总局的现有登记要件完全可以再对外进行第二次的质押，而公司内部却对此无法进行足够的风险掌控，这就为股东的恶意质押提供了可操作的空间。如果将公司决议作为股权质押登记的必备要件，则足以防止此种违法、恶意的担保行为的发生。

也就是说，无论是根据公司章程或是法律规定，公司对股权质押须做出决议是一项必备要件，因为这涉及公司对人合性因素的考虑，在有限责任公司中，这一因素更显得尤为重要。

4.3 股权质押的设立

就设立而言，我们首先强调的是质押标的的构成要件，《担保法》规定了作为质押标的须具有的两个特征：一是财产性。质权是以权利的交换价值来对债权的实现提供担保的，所以，质押的标的必须是能够用金钱来衡量的，即具有财产性。不具有财产性质的权利，如生命权、人格权、健康权、名誉权、荣誉权、贞操权等具有人格性及身份性的权利，不得作为质押的客体。二是可转让性。既然质权可以用来担保，那么，该权利一定是可转让和交换的，有变价的可能性。否则，当债务人不履行到期债务，质押权人要实现债权时，由于质押的对象不具备可转让性而无法进行变现，就不可能实现到期的债权，这样一来，质押用来担保的目的不过是一句空话而已。股权作为一种权利，兼具财产性与可转让性，因此是一种适格的质押标的。

其次，我们要谈的是股权质押客体的范围，仅仅是自益权部分还是股权的全部权能？

股权的特殊性在于其本质是一种财产性权利，但是，也具备参与公司事务管理的非财产性。前者体现在自益权部分，而后者体现在共益权部分。那么其作为质押权的标的时，是以自益权部分还是共益权部分，抑或二者一起作为质押标的呢？这一问题，至今在理论上没得到彻底解决。笔者以为，自益权与共益权是股权的两种权能，这两种权能不容分割。笔者主张，股权作为质权的标的，一定是以全部权能作为债权的担保。可以假设，如果只是转移了财产权部分，那么，非财产权部分以何种力量为基础发挥作用呢？所以，二者的分割是难以想象的。如果从当事人设质之目的来加以考量，也是二者一起设质的，因为设质的目的仅是担保债务的履行，债权实现的方式只能是股权的转让，股权越易转让，债权实现的可能性就越大。如果仅以股权自益权部分进行质押，实现质权时仅能转让自益权部分的权能，如此完全受制于他人的股权，无论是什么人，在一般情况下都不会接受这种方式，对于根本无法实现交换价值的股权，哪个债权人会同意呢？因此，从设质的目的考虑，质押的范围理当是股权的全部权能而不是只有自益权部分。

从实践的角度来考量，当受让方只得到了股权的财产权部分，而参与公司事务的投票、决策等权利由出质人保留，是否存在"一女侍二夫"的嫌疑，岂非荒谬绝伦？

4.4 股权质押的登记机关

在当下的金融、市场经济环境中，用股权出质的方式设定担保，对于股东来说是一个填补性地回收所投资金的有效方式，而且股份因其具有无形、价值性、变现容易等特质，比不动产、动产在设定担保方面更加迅捷，于是随时可以换价的上市股份作为金融交易中的有用的担保手段，广泛应用于实践中。[①]《担保法》第75条规定，在依法可以转让的股份之上可以设立权利质权。《物权法》第223条规定，债务人或者第三人可以将其有权处分的、可转让的股权出质，为债权人设立权利质权。"以有限责任公司的股份出质的，适用公司法股份转让的有关规定。质押合同自股份出质记载于股东名册之日起生效。"这是《担保法》第78条的规定，从此款来看，似乎股份质押的设立与登记无关。那么，如果没有登记，如何能够

---

① [韩]李哲松：《韩国公司法》，吴日焕译，中国政法大学出版社2000年版，第302页。

第4章 股权质押制度在我国的实践及运行

有效地保护质权人的利益？

笔者以为，担保制度的一项最大的接近于公理性的原则是公示，只有通过一定的方式达到公示的效果，才能够评判是非。抵押采用了登记的方式，动产质押采用了交付占有的方式，分别实现了公示，并成功防止了设质人的擅自处置行为。

《担保法》对于有限责任公司股权质押的设计是把股份出质记载于股东名册来达到公示的目的，可是，实践中，很多有限责任公司并不向股东出具股东名册和出资证明书，即便出具了股东名册，也只是加盖该公司的公章而已。众所周知，这很难起到公示的作用和有效防止出质人再次甚至多次处分股权的作用。

因此，笔者以为，以登记的方式来保障质权人的利益是目前唯一且有效的方式，可是，《担保法》没有规定有限责任公司股权的设质需要登记。而1994年国务院颁布的《公司登记管理条例》也仅做出这样的规定：有限责任公司变更股东的，应当自股东发生变动之日起30日内申请变更登记，并应当提交新股东的法人资格证明或者自然人的身份证明。

因此，我国法律性文件皆没有对股权设质做出登记的规定，笔者以为，此项空白亟须填补，因为股权质押的公示效果的欠缺，对于该制度的发展始终存在瓶颈一样的制约，只是依赖股东出资证明的转让显然不足以达到相应效果，公司本身在股东名册上的记载也无法有效地实现公示效果。所以，笔者建议有限责任公司的股权设立应当进行有效的登记且采取登记对抗主义，以督促质权人关心自己的权益。

就登记机关而言，早在2004年及2006年，我国的证监会等部门就出台过《证券公司股票质押贷款管理办法》《证券登记结算管理办法》。2008年9月，国家工商总局依据《物权法》有关股权出质的规定，制定《工商行政管理机关股权出质登记办法》，以明确股权出质的登记事项。

《担保法》第78条规定，以有限责任公司的股权出质的，应将股份出质情况记载于股东名册，作为一种既定的公示方法；以股份有限公司的股权出质的，应在证券登记机构办理出质登记手续。由于非上市股份有限公司的股票无法在交易所交易，根据《担保法解释》第103条的规定，对于这类公司的股权质押也是将股权出质情况记载于股东名册作为一种法定的公示方法。所以，以《担保法》的规定为据，当时的股权出质登记机关是证券登记机构，其余的股权出质在公司股东名册上注明股权出质情况就可以。

《证券法》第39条规定：依法公开发行的股票、公司债券及其他证券，应当在依法设立的证券交易所上市交易或者在国务院批准的其他证券交易场所转让。为贯彻《证券法》等法律的规定，中国证券监督委员会于2006年发布了部门规章《证券登记结算管理办法》，并于2006年施行。该办法第2条第1款规定：在证券交易所上市的股票、债券、证券投资基金份额等证券及证券衍生品种的登记结算，适用本办法。因此，在证券交易所上市的股份有限公司，其股权办理出质时必须在证券登记结算机构办理出质登记。

《证券登记结算管理办法》第2条规定：非上市证券的登记结算业务，参照本办法执行。即证监会计划上市与非上市公司的股权出质登记业务都归自己办理。

可是，需要明确的是，《物权法》第226条规定的股权质押的登记机关有两个：以证券登记结算机构登记的股权出质的，应在证券登记结算机构办理出质登记；以其他股权出质的，应在工商行政管理部门办理出质登记。该法律规范一方面延续了证券登记结算机构作为主要的股权出质登记机关的做法，另一方面对于有限责任公司等公司股权的出质设定了更为严格的登记方式，不再是以公司股东名册作为登记方式，而是指定了由工商行政管理部门这个专门的登记机关来进行。

从表面上看，《物权法》"把股权质押的情况做简易化处理，分为在结算机构登记的股权和没有在结算机构登记的股权，不再对有限责任公司和股份有限公司加以差别对待，也不再对上市和非上市公司区别对待，而是统一到法定的机关办理质押登记手续"。[①] 但在实践中还是有必要明确区分在不同登记机构进行登记的公司类型，以便对人们的行为进行规范和引导。有理论认为，应当在证券登记结算机构进行股权出质登记的股权类型包括上市公司的股权、公开发行股份的公司的股权、非公开发行但股东在200人以上的公司的股权等。[②] 那么剩下的"其他股权"就是指不在证券登记结算机构登记的股权，包括"有限责任公司的股权、非公开发行且股东

[①] 刘煜伟，赵文康：《浅议股票质押》，《中国商界》2008年第3期。
[②] 申卫星：《物权法原理》，中国人民大学出版社2008年版，第380页。

在200人以下的股份有限公司的股权等",[①]笔者以为,这些股权应当在工商行政管理部门进行登记。

但《物权法》第226条只是一个授权性法律规范,并且首先授权证券登记结算机构优先受理出质登记的股权类型,然后将剩余的依法可转让的股权类型交由工商行政管理部门进行登记。然而,从前述的法律规范上分析得出,《证券登记结算管理办法》第2条将非上市股份有限公司的股权出质登记也纳入了其业务范围,即股份有限公司的股权出质登记都应在证券登记结算机构办理。如此则留给工商行政管理部门进行登记的股权类型就只剩下有限责任公司的股权。

国家工商总局依据《物权法》第226条的授权,制定了《工商行政管理机关股权出质登记办法》,其第2条规定:"以持有的有限责任公司和股份有限公司股权出质,办理出质登记的,适用本办法。已在证券登记结算机构登记的股份有限公司的股权除外。"该条首先将有限责任公司和股份有限公司的股权出质登记全部揽入自己业务范围之内,然后才采取排除法,将已经在证券登记结算机构登记了的股份有限公司的股权的出质登记业务让给证券登记结算机构。国家工商总局同日发布的《股权出质登记文书格式文本》中,也规定出质股权所在公司为有限责任公司或者股权未在证券登记结算机构登记的股份有限公司。这一做法与前文分析的《物权法》第226条的文义并不完全相符,不是遵守证监会界定的证券登记结算机构的登记范围将剩下的股权出质类型纳入自己业务范围,而是采取了主动规定自己业务范围的立法方式。

尤其是《工商行政管理机关股权出质登记办法》第2条后半段的"已"字应是多余的文字,写入条文之后在文义上将股份有限公司的股权分为已在证券登记结算机构登记的和尚未在证券登记结算机构登记的两种,而《证券法》规定,只要是上市交易的证券都必须在证券登记结算机构进行登记,因此该条的"已"字只能说明工商行政管理部门意图将非上市股份有限公司的股权登记纳入自己业务范围,与证监会的《证券登记结算管理办法》不一致。

由《工商行政管理机关股权出质登记办法》可以看出国家工商总局有

[①] 王胜明:《中华人民共和国物权法解读》,中国法制出版社2007年版,第488页。

尽量扩大其登记事项范围的意图。此时，两个部门的规章在调整范围上就发生了冲突，焦点就在于非上市公司的登记机关究竟应为何者。《立法法》第82条规定，部门规章之间、部门规章与地方政府规章之间具有同等效力，在各自的权限范围内施行。因此，这两个规章在效力上并无高下之分，仅有新旧之分，但其并非同一机关制定，所以不能适用"新法优于旧法"的规则，只能依照《立法法》第86条的规定，部门规章之间、部门规章与地方政府规章之间对同一事项的规定不一致时，由国务院裁决。

在实践中，证监会的《证券登记结算管理办法》虽然将非上市公司的登记纳入其中，但在现实中一直未能付诸实践，证券登记结算机构的业务仍然还是围绕着上市公司展开。因此，工商总局的《工商行政管理机关股权出质登记办法》意图将非上市公司的股权出质登记纳入自己的权力范围，也只是在理论上与《证券登记结算管理办法》相抵触，对于证券登记结算机构已开展的业务范围并无真正的影响，这也许就是《工商行政管理机关股权出质登记办法》得以顺利出台的原因。由此，我们可以清楚地看到两个部门在立法时都有尽量扩大自己职权范围的意图，这也说明部门规章立法总会带有意图扩大本部门职权范围和争取更多部门利益的痕迹，从而在彼此之间难免会造成调整范围的重合和冲突。实践中，由工商行政管理部门作为非上市公司股权出质登记机关的效果未必最佳，因为其作为公司登记机关，"原则上对发起人之外的股东的姓名或者名称不予登记，这在一定程度上限制了公司登记机关办理股权质权登记的公信力"。[①]

从上述几部法律规范的内容可以看出，我国股权质押的登记权赋予了两个，即证券登记结算机构与工商行政管理部门，其登记范围分别是上市公司的股权与有限责任公司的股权，而对于非上市股份有限公司的股权出质登记应在哪个机构进行，法律没有明确规定。笔者以为，相关部门应当以既定的《物权法》为依据，进一步修订《证券登记结算管理办法》，将各部门的登记范围给予明确规定。

4.5 股权质权的实现

股权质权的实现是指股权质权人于其债权已届清偿期而得以清偿之

---

① 刘俊海：《现代公司法》，法律出版社2008年版，第304页。

时，处分出质权而使其债权优先受清偿的权利。股权质权的实现是质权人所享有的优先受偿权的落实。

4.5.1 股权质权实现的条件

设定条件是实现股权质权的前提，条件不予满足，质权人一般无权进行实现，作为质权的通理，股权质权与动产质权相同，也就是，仅需满足两个条件即可予以实现，即质权有效存在与质权已届清偿期而未受清偿。所谓未受清偿，既指债权全部未受清偿，也指债权未全部受清偿。

笔者以为，"债权已届清偿期而未完全受偿"这一条件并不科学，因为，在我国，就现有的法律规范来看，"公司破产""出质人不为保全义务""合同约定的条件成就"等都可以成为实现质权的条件。这些情形都具有一个共同点，即"债务人丧失期间利益"，所以，笔者认为，股权质权实现的条件应当修正为：股权质权有效与债务人丧失期间利益。就第一个条件而言，只要存在双方合意达成的"书面质押合同"与完成法律要求的质押公示即可，如登记。

就第二个条件而言，债务人一经丧失期间利益，即使质权所担保的债权未届清偿期，质权人仍得行使质权。现有法律框架中，能致债务人期间利益丧失的情形有以下几种。

一是债权的清偿期已届满而未完全受偿。"清偿期届满"，债务人的期间利益当然消灭。"未完全受偿"，是指客观状态下的"未完全受偿"，即无论债权人是否请求清偿，无论已清偿的比例达到了多少，只要已届清偿期的债权处于客观未完全受偿的状态，质权人都得实现其质权。

二是出质股权的公司破产，根据《破产法》规定：未到期的债权，在破产申请受理时视为到期。此时债务人即失去了期间利益，可以实现质权。

三是债务人表示将不履行债务的，质权人可以实现质权。

四是《担保法》中规定的，当质物有价值明显贬损的可能时，质权人请求出质人提供进一步担保而出质人拒绝提供的，质权人可以提前实现质权。

五是合同约定的条件成就。

除以上必须的条件之外，股权的实现尚需满足以下几种要求：如必须与出质股权进行全部处分，此要求是基于物的不可分性，所以，作为出质标的物的全部股权的处分。即使受担保清偿尚有部分甚至少部分届期未受清偿,也须将全部出质股权进行处分,不允许只处分一部分而搁置其余部分。另外,基于股权的不可分性,要求对出质标的物股权的全部权能的一体处分,而不得将全部股权或其中的权能割裂开来而只处分其中一部分。

再就是禁止流质的问题,世界上所有国家都禁止流质条款。流质条款体现的是对出质人的不公平,这种条款的大意是指当事人在质押合同中约定,债权已届清偿期而未清偿时,质物的所有权归质权人所有。我国《物权法》第211条及《担保法》第66条即是对禁止流质的规定。但是,我国法律没有关于禁止权利出质的流质条款,根据法理,是准用关于动产质押的规定的,因而对股权质押也是禁止流质的。

4.5.2 质权实现的方式

以我国《担保法》第71条为据,质权实现的方式有三种,即折价、变卖、拍卖。但由于股权质权的特殊性,股权质权的实现方式有其自身的特点。

第一,股权质权意味着股权的转让。此要求出质股权的处分必须符合《公司法》中关于股权转让的规定。如以股份出质的,必须在依法设立的证券交易场所进行转让;对记名股票,应以背书交付的方式进行转让;对无记名股票应在证券交易场所以交付的方式进行转让。所以,此不宜采用折价或拍卖的方式。

第二,以出资出质的,在折价、变卖、拍卖时,应通知公司,由公司通知其他股东,其他股东可在同等条件下行使优先购买权。

第三,因股权质权的实现而使股权发生转让,应进行股东名册的变更登记,否则,虽然法律上承认转让合同及转让行为有效,但是,该转让不发生对抗公司的效力。

第四,对以外商投资企业中方投资者的股权出质的,其股权质权实现时,必须经国有资产评估机构进行价值评估,并经国有资产管理部门核定和确认,该转让在获得确认时始生效力。

第五,在出质权担保的债权期满前,公司破产的,质权人可对该出质股权分得的公司剩余财产以折价、变卖、拍卖的方式实现其质权。

第5章 我国中小企业股权质押

根据斯宾塞-莫里斯分离，在信贷配给模型条件下，给定企业技术创新成功概率的基础，当且仅当企业质押的股权价值大于某一给定临值时，公司才能够顺利地从银行获得贷款。[①]

在我国，在21世纪的前十年间，有数据显示，中小企业在中国经济发展中占据了极为重要的位置，对我国GDP的贡献率超过60%，对税收的贡献率超过一半，提供了近70%的进出口贸易额，创造了80%左右的城镇就业岗位，吸纳了一半以上的国有企业下岗人员、70%以上新增就业人员、70%以上农村转移劳动力。在自主创新方面，中小企业拥有66%的专利发明、74%的技术创新和82%的新产品开发。当一国经济出现疲软的时候，有一些经济学家甚至认为，救一国之中小企业就是救一国之经济，对中国而言，此观点尤为重要，因为我国中小企业在发展中所面临的困难非常明显。第一个就是为了发展需要的融资贷款难。中小企业有规模小、实力不强、效益不稳定、信誉度低等消极因素，这就决定了中小企业很难从银行获得生产经营发展所需要的资金。这使中小企业的发展始终面临着资金获得上的极大障碍。可以想象，如果遭遇经济危机或其他国家经济大环境受挫，中小企业的这种融资难问题就变得更加明显。

我国中小企业处于"强位弱势"的尴尬境地，特别是中小企业所面临的融资困境一直为人们所诟病，股权质押具有灵活性的特征，恰恰应中小企业之需。

在开始，因为法律或政策的限制，股权质押中的股权多数是企业原有的资产，然后从中拿出部分融资，当然不利于其发挥应有的效用。更甚的是，中小企业长期受制于《清理整顿场外非法股票交易方案》中的相关规

---

① 杨昌兵，张目：《股权质押条件下科技型中小企业信贷配给问题研究》，在2015年11月成都举办的《新常态下西部金融创新与风险控制论坛暨第四届中国西部风险分析与风险管理学术研讨会》上的发言。

定，对于非上市公司的股权交易"不得拆细、不得连续、不得标准化"，这在一定程度上造成非上市公司股权处置上的困难。而中小企业股权交易市场的缺失也导致无法依托市场形成有效的股权定价机制，对中小企业来说，给股权价值评估造成一定困难。另外，大多中小企业自身缺乏责任意识，如在申请登记时大多忽视对市场的正确认识或者缺少起码的调查研究，对自己企业也存在规划不足的客观缺陷，在选择行业上没有清醒的客观了解，对经营中可能遇到的困难往往预测不科学，结果造成一旦遇到大的问题就只好选择注销公司；加之法律意识淡薄，许多企业停业时不按公司法的规定进行破产清算，也不按法律规定进行公告及办理注销登记，误认为"吊销"是一种逃避法律责任的方式。另外，企业不讲诚信也在客观上加重了金融机构"惜贷"的心理弊端。各金融机构出于成本收益上的理性认知，比较热衷于黄金客户的融资，而对中小企业的小额贷款，根本没有热情或不予关注与考虑，使中小企业融资难的局面没有得到改善。2012年6月，外交部、国家发改委等13个部委联合出台《关于鼓励和引导民营企业积极开展境外投资的实施意见》，该文件表达如下的态度：鼓励民营企业进行境外股权、资产为抵（质）押的融资项目，表明境外股权质押成为我国吸引外资投资的一种新方式。①

5.1　效率与安全视角下的中小企业股权融资

2008年以后，《物权法》的实施以及国家各部委相关配套政策的执行，再加上许多地方工商管理部门的助推，使得中小企业利用股权进行质押贷款的可操作性、安全性大大提高，这为企业提供了一条新的融资渠道。解决了在此之前，众多中小企业融资只能利用房产、土地及其他有价值的不动产进行抵押的难题，股权质押推出后，其质押的有效性有政策的保证，在操作上也有了标准流程，大大扩大了信贷客户规模。

由于政策的放开和容许，多数银行创新信贷品种，这为银行业的存量资金开通了一个新的释放空间，既有利于市场的实际资金需求供给，也有利于分散银行信贷资金风险。股权质押贷款，为银行提供了一条新的、相

---

① 国家发改委、外交部、工信部、财政部、商务部、人民银行、海关总署、工商总局、质检总局、银监会、证监会、保监会、外汇局，发改外资〔2012〕1905号《关于鼓励和引导民营企业积极开展境外投资的实施意见》。

对安全的放贷渠道,即使银行在处理不良资产时,对于实物质押资产一般要通过拆分来处理,而对股权质押资产可通过整理转让的方式处理,后者的处理方式更简便,清偿率更高。

还有,风险投资企业在业务运行中也需要多渠道的资金融通和借款,如其自身持有的投资股权可作为向银行融通资金的担保条件,这将极大地提高该行业的发展速度,拓宽资金来源渠道;风投公司所持股份均是经过大量前期调研分析、论证后投资取得的优质资产,因此从银行的角度看,风险投资所持有的股权是相对优质且保障系数较高的资产。股权质押的进一步实施使银行及风投公司在业务开展与合作上具备了一定的可行性,未来有相当大的拓展空间。

从2012年开始,《公司法》《证券法》《证券投资基金法》等做了相关修正,这有利于中小企业股权质押融资的开展,托管制度的建立更是有利于资金的流转,从而推动市场的发展,促进生产经营的繁荣。

中小企业股权质押融资实例分析如下。

实例一:长沙市深长快速干道有限公司

长沙市深长快速干道有限公司在长沙市工商局成功办理了星城首例股权质押登记。通过股权质押,该公司融资3800万元,长沙市深长快速干道有限公司也成为长沙市首家通过股权出质获得贷款的企业。据长沙市工商局注册分局介绍,该公司向该部门提交了股权出质申请,以其公司的出质股权作为质押,向上海浦东发展银行股份有限公司深圳分行贷款3800万元,工商部门审查后受理并核准了股权出质申请。近年来,融资难是民营企业面临的最突出的问题之一。长沙市工商部门密切关注民营企业严峻的生存态势,立足自身职能,积极探索帮助企业拓宽融资渠道的有效举措。

在大力推动企业通过动产抵押登记获得担保贷款的同时,长沙市工商部门也在推进股权质押融资,主要是鼓励非上市公司的股东将持有的公司股权做担保向银行申请贷款。而股权出质登记提高了股权质押的公示效力,相对降低了贷款风险,对改善民营企业的融资条件提供了帮助。

实例二:邵武中竹纸业有限责任公司

邵武中竹纸业有限责任公司(以下简称"中竹纸业")与上海浦东发展银行股份有限公司温州分行签订了邵武市首份股权质押合同,获贷款额1.87亿元。

中竹纸业是一家龙头企业，因发展需要，与浦发银行达成了亿元贷款意向，因无法提供可抵押的不动产，贷款陷入困境。该市工商部门获悉情况后，一方面建议中竹纸业以相应的股权作为质押担保，并派业务骨干指导企业完善资料、填写相关表格，用一天时间就为其办理了所有的股权质押登记手续；另一方面，积极与银行沟通协商，得到了银行的认可，并以最快的速度为中竹纸业提供了1.87亿元贷款。

股权质押贷款让企业的"死钱"变成了"活钱"。相对于其他担保方式，股权质押具有成本较低、手续简便、效率高等特点。同时，股权质押经工商部门登记后即具备物权效力，且股权在质押期间因被工商部门锁定而无法进行转让，可有效降低银行风险。

通过以上两个实例，我们看到，正是因为中小企业很难进入正规的资本市场进行直接融资，银行贷款就成了我国中小企业融资的主要途径，上述两个案例中的深长快速干道有限公司和邵武中竹纸业有限责任公司就是通过银行贷款这一途径进行融资的，而且都是通过股权质押的方式向银行贷款的。

中小企业需要的是高度灵活的资本或现金，股权质押的方式恰好可以把固定的股权变得灵活可用，成为可自由周转的资金，并且此种融资方式冲破中小企业融资的限制，成为中小企业利用股权实现融资的直接方式。可以说，此种方式体现了效率与安全并重，并且随着法律法规与政策的健全，如《公司法》《物权法》等，皆为股权质押融资提供了法律保证。股权质押面向中小企业的融资业务因此而迅速发展起来，其实，在20世纪后半叶，欧美许多国家的企业就开始尝试股权质押，为取得控股身份，他们购进股权的方法主要是在国家银行等具有正统地位的金融机构质押企业股权，实践证明，这种模式操作极易获得成功。但是在我国，股权质押在开始的很长时间里，却只倾向于大企业，并且倾向于某几个领域或市场，例如生产经营方面，可以说，由于认知的不够，或者说无经验可供借鉴，股权质押在起初是受到重重阻力的，原因之一是无法律予以规范，也无政策给予指引，所以，股权质押的制度功能是很难发挥的。

5.2 中小企业股权质押的优势及缺陷

股权质押的标的包括有限责任公司的股权，也包括股份公司的股票或者股权，在质押期间，股权中的各项权利是相互联系的，即附着在股份或股票上的任何权利在实质上并不是孤立的权利，表现在清偿时，如果到期都没有办法还完贷款，则质权人有权行使处理股权的权利。而在处理方面，为了使股权发生转让效力，则是把共益权与自益权一并进行处理。

5.2.1 中小企业利用股权质押进行融资存在的制度优势

中小企业的信用如果存在问题，第一反应是企业很难从银行贷到款，那么，此问题的有效应对就是企业可能利用股权质押的方式获取急需的资金以弥补资金短缺的问题。此种方式存在以下优点。

第一，打造和利用产权市场平台。股权质押融资平台方便快捷。产权交易市场作为适合中小企业发展的一级资本市场，帮助开展中小企业股权质押融资，有着明确股权、股权托管、定价、价格发现、信息披露、融资中介介入的集合职能。

第二，政策的有力支持。各地方政府为帮助中小企业发展，及时地建立多种机制来解决中小企业发展资金不足的问题，相继制定下发了有关股权集中登记托管、利用股权进行质押融资的优惠政策。例如，吉林省人民政府为鼓励中小企业技术创新加快发展，及时解决发展资金不足的问题，下发了《关于规范开展企业股权集中登记托管工作的指导意见》《吉林省股权质押融资指导意见》等文件，为中小企业进行股权质押进行融资创造了有利条件。

第三，贷款成本低、时间快。以武汉某公司为例，公司若使用抵押房地产的方法贷款2500多万元，房地产评估费、权证费及保险费用保守估计要30万元以上，且需要2~3个月的时间。而该公司进行股权质押贷款只花了数千元评估费用，登记和审批完全免费。前后筹备也只用了1个月时间。

第四，银行风险降低。在此之前，基本没有银行会接受股权质押贷款，中小企业可以在抵押期间将股权转让，银行如果找不到股东，将遭受很大损失。而根据新的相关规定，企业股权在质押期间，将被工商部门锁定，无法进行转让，这就大大降低了银行的风险。

5.2.2 中小企业利用股权质押进行融资存在的制度缺陷

中小企业以股权质押的方式进行融资也存在着天然的劣势及风险，这是因为中小企业生产与资产规模不大、盈利及创收的不稳定带来了股权价值不稳定的风险，这不仅会中伤中小企业的诚信，而且还会由于机制建设不足和产权交易市场滞后而导致非上市公司股权转让难和股权变现难的风险。具体而言，存在以下几方面的缺陷及风险。

第一，股权质押贷款并不转移质押股票对应的控制权，易产生委托代理问题，甚至成为企业的"套现"手段，获取贷款融资之后将垃圾企业"卖"给银行等质权人。

第二，股权质押贷款易引发"多米诺骨牌效应"。在无涨跌幅限制和主板市场萧条联动效应的夹击之下，挂牌企业的股价如过山车般波动，一旦质押股票的股价触及市值警戒线，就必须追加质押物或保证金，甚至无剩余股权可追加时被迫停牌，从而丧失流动性。

第三，股权价值并不稳定，很难科学预测，如果错误预计，将会给中小企业带来巨大损失甚至是灭顶之灾。当股权贬值时，质权人的收益上升，当股权升值时，效果正好相反。在偿债与追债中，往往时间上相当不对称。中小企业的最大弱势条件就是规模小，这一特点影响到该公司是否有能力在约定期限内清偿借款，无法偿还说明成本大于利润，公司亏损在所难免，对于融资风险，如果不加以正当防范，不进行监督和管理，则很难使股权价值操控在获利的范围内。

第四，中小企业股权质押往往存在着股权登记托管率不高的天然弱势。当下，在我国，实行托管制度已经是股权质押融资的安全有效保障，但该决策主要是针对上市公司而设计的，所以，非上市公司，特别是中小企业往往享受不到这个制度的便利性。法律规定非上市公司在工商行政管理部门进行登记，工商部门必须有该公司所有的股东登记信息，审核股东材料信息的真实性，审核通过后，方能进行下一个环节和步骤。但是，登记注册时以大股东优先，选前三名为登记注册对象。因为登记量过大的原因，公司不可能耗费人力物力来进行信息确认，他们宁可花费资源在其他管理和宣传上。没有专业的机构进行委托，很多实际问题得不到处理，也就无法按照企业内部的特定流程进行，这就严重打击和挫伤了中小企业进行股权质押贷款的积极性。

5.2.3 中小企业利用股权质押进行融资的必要性

在我国，由于我国产业与投资等大环境的影响，导致我国大部分中小企业的商业运作存在高风险、高回报的特征。所以，我国众多中小企业的投资自开始就或多或少地具备投机的成分，即一旦成功，企业可以在极短的时间内赚取高额利润，不过，在此可观利润的表象之下，债权人却只能得到较小的回报；相反，企业主的生产经营遭遇了失败，极有可能会通过各种手段将恶果转嫁给债权人。所以，长期以来，所谓的中国特有的"成熟"商家会有多种"套路"让自己玩转市场，而这些潜规则的存在往往会让他们在多种场合都立于不败之地。不过，中小企业的这种高风险、高收益的特点决定了中小企业的融资以股权质押的方式为主业而不是以债权融资为主业。

另外，在我们现有的经济金融体系中，商业银行特别是大中型商业银行依然占据着重要的主导地位，以银行作为中间环节的间接融资是企业融资的最主要方式。而作为商业银行，贷款的首要目的是安全性、盈利性，因此，我国的所有商业银行在一定时期内是不会重视中小企业的融资的。

这是由商业银行的以盈利性为愿景的国有企业的天性所决定的，这也是商业银行的生存必需，也是它要紧守的规则。这里面真正的问题源于我国的金融服务体系脱胎于计划经济时代，主体架构仍然指向大型企业，并不是为中小企业而设计的。

我国多数中小企业存在经营规模不大、制度与管理不规范、抗风险能力不强等诸多问题。大多数小企业还没有建立科学规范的财务管理制度，导致银行很难准确把握其真实情况。中小企业找银行申请生产或经营贷款时，企业信用记录、财务报表等资料并不完备，从而影响企业获得贷款。更有甚者，有的中小企业因公司管理不科学，财务信息由一人或为数不多的几人掌控而不透明，由于财务结构落后而被商业银行视为非优质客户，这更加剧了融资阻力。所以，近几年来，中小企业选择在创业板上市或者引进战略投资者，都可以从根本上完善中小企业的公司管理，建立现代企业制度。这为企业的长远发展奠定了坚实的基础，也为企业扩大融资渠道提供了保障。

5.3 中小企业股权质押实践中存在的问题

在我国，或多或少地存在银行"钱荒"的问题，企业需要发展，必须要有足够的资金，融资难问题一直是困扰企业的难以解决的问题。对于中小企业而言，从银行贷款，还存在资格与资质的问题。一方面，中小企经常处于资金上捉襟见肘的境地，另一方面，民间高利贷广告也引诱着这些资金不足的企业。据有关数据显示，北京市15万家中小企业，能得到银行贷款的只有2600多家，可见，用股权质押方式从银行贷款的，不足2%[1]。可见，中小企业以股权质押方式进行融资有时也解决不了迫切之急，其原因多种多样，但是，不难看出，我国的立法是主要原因，即我国《物权法》《担保法》《证券公司股票质押贷款管理办法》和《工商行政管理机关股权出质登记办法》等相关法律规范并不完善，这就造成在现实中不能科学地规范这一业务，也可以说，这些法律法规虽然制定出来了，但是与实践还存在一定的差距，不具有可操作性的空间。这导致实践中出现的诸多问题在解决时找不到有效的法律依据，间接导致股权质押诸关系中各利益相关人的权利保护不到位，这不仅不利于培育资本市场，也会导致更大的金融风险。

5.3.1 债权人的风险防护

股权质押是以股权作为客体的质押，股票价格的变化性、不稳定性和股权质押登记公示的不透明性等多个因素导致股权质押存在与生俱来的较大风险。我国关于股权质押的相关制度正在不断得以充实，但是其风险防范方面的规定仍然有待完善。

第一是市场风险。应该承认，在我国，存在着大量的股东以抽逃资金为目的而将股权出质，这是最为直接的非善意的损害质权人利益的行为之一，其行为违反了诚信原则，亦会造成金融秩序与金融市场的不稳定。这是因为，我们国家实行混业经营模式，这一模式一方面有助于我国金融业的持续、快速发展，也能够尽快地促进与其他发达国家的金融业市场接轨；但是，另一方面，我们必须要认识到该种模式也可能使金融业承担更大的市场风险，因为，此种模式在运行过程中，出现意外的概率特别大。

第二是登记公示方法的安全性不够。我国关于股权质押登记公示制度正处于完善阶段。首先，股份有限公司设立之初在工商行政管理部门登记备案时只有发起人进行了登记，而公司的其他股东并没有登记备案，所以进行股权出质登记没有参照的股东目录，其登记的公示就缺乏安全性。其

---

[1] 康博：《中小企业股权质押贷款案例分析》，中国经济网，http://finance.ce.cn/rz/dep/rzkt/jrjgdk/jrktlb/201107/08/t20110708_16600310.shtml?t=1318076399328，2017年8月2日访问。

次，笔者认为只登记并不够，因为登记了以后第三人并不能够完全便捷有效地获取真实的登记信息，这样就不能说是设定了有效的质权。最后，除了进行登记公示以外，股权质押的生效仍然应当有交付的前提条件。非上市公司与上市公司的电子票据存在极大的差异，有现实的票据存在，应当进行登记，这样才能更好地防止出质人对质权人权益的损害。

第三是应加强有关质权保全权行使的法律规定。有关股票的警戒线和平仓线的规定为上市股份有限公司的质权保全权提供了切实的保护，可以有效地应对股价的下跌。但是，此举只是针对上市公司有效，对于非上市公司来说，有关质权保全权方面并没有有效的法律规范。质权人仅在有确切证据证明出质人的股权价值有下降的可能性的时候能够进行质权保全，但是这个界限就没有界定清楚，如此导致的风险是极大的，也对出质人极为不公平。

针对以上问题，我们可以从以下方面给予完善。

面对抽逃出资、混业经营等情况，应当加强监督管理，科学有序地管理金融市场。我们必须在坚持分业经营的总体布局的基础上，对我国的基本国情有透彻的认知，结合我国经济发展实情，有秩序操作和实践混业经营。可以先在一些比较大的城市进行试点，汲取和总结经验，再将成功经验推向其他地区。再者，要加强此类法律的完善与修改，将近几年遇到的新情况、解决的新问题等记录下来，提供有益的参考。

另外，完善登记公示制度也须及早为之。《物权法》将股权质权的生效要件规定为两条线的做法有其科学可观之处，但是笔者认为还不够细致。对于非上市股份有限公司和有限责任公司来说，可以把在工商行政管理部门的登记作为对抗第三人的要件，而把股权证明交付给质权人才作为股权质权的生效要件。那么，非上市股份有限公司就能以交付纸质股票为准，而有限责任公司则应当以股东名册上的记载为准。这样一来也就解决了非上市股份有限公司中除发起人以外，其他股东先前都没有在工商行政管理部门登记而引起的登记公示效力不足的问题。因为这一登记只是对抗第三人的要件，只要当事人双方在办理登记时将资格证明材料进行备案就可以被公众查询知晓了。而股权质押的生效要件为股权证明的交付，进一步来说，股权证明的交付行为本身就是质权实现的要件。出质人将股权证明交付给质权人以后也不能进行再出质等行为，能够保障质权的顺利实现。

有关个体持有的股票进行质押的相关规定，我国目前还不是很明确。所以，还需要进一步修正和完善登记制度，补充相关法律法规，拓展融资的范围。另外，还应当进行有关当事人双方权利救济方面的立法。如果证券登记结算机构或者工商行政管理部门登记错误给出质人和质权人或者第三人造成重大损害的，应当依据法定的解决途径，给予一定的救济措施。

5.3.2 出质人的权利保护

在股权质押的权利义务关系中，对质权人的权益保护极其重要，许多规定也比较完善，但这样一来，很容易忽略对出质人的权益保护问题，导致两者权利义务关系上的不平等。具体体现如下：

首先，对出质人处分股权的约束不合理。我们承认，质权人质权保全权的规定虽然加强了质权人的利益保护，但是有时会过犹不及，即会导致质权人对这些权利的滥用，这样会大大损害出质人的相关权益。再者，如果质权人严重损害出质人的利益，而出质人没有完善的权利保护机制的话，对出质人是非常不公平的。例如，股票价值升值，将股票卖掉对出质人更为有利，而质权人若不同意将股票先行出卖的话，必然会损害出质人的利益，这不利于交易的公平进行。

其次，质权人行使质权保全权时如果滥用自己的权利，就意味着可能会损害出质人相关利益。由于其标的的特殊性，股权质押的风险性还是特别大的。例如，一旦股票价格下跌，股权的价值不一定能够完全清偿债务，此时质权人为了维护自己的利益不受到进一步损害，可以要求出质人提供其他形式的担保；如果出质人不愿意或者无法提供其他形式的担保，质权人就能够行使相关的保全质权的权利。在质押股票市值与贷款本金之比降至平仓线时，贷款人应及时出售该质押股票，所得款项用于清偿债务，余款返还，不足部分由借款人偿还。我们不能否认质权保全权的规定起到了对质权人权益进行保护的作用，但是如果质权人滥用相关权利，就会损害出质人的利益。股价的下跌对出质人本身来说是一个损失，而且因为质权保全权，出质人将要承担更大的风险，一旦股价再次上升，出质人的损失将不可弥补。所以，如果被出质股权的公司的股价下跌，股票价值下降，质权人应当允许出质人提供其他形式的担保来替代原来被质押的股权。

那么，在实践中，我们应如何加强对出质人权利的保护呢？

在有关股权质押制度的权利义务关系中，如果法律对于质权人权利的保护超过了一定限定，会过犹不及，对出质人不利。在其他国家的立法中，多数规定了出质人处分出质股权的限制和保全质权。与我国的质权人质权保全权的相关规定相比，德国《民法典》对于质权保全权的规定更为科学，该法典第1218条规定，质物有腐败之虞或者其价值有明显减少之虞的，出质人可以提供其他担保而要求返还质物；不得由保证人提供担保。质权人应将质物有腐败之虞的情况立即通知出质人，但不能通知的除外。这样，出质人在提供其他担保或者提供其他保证人的前提下，仍然拥有股权的所有权，如果股票价值再次升高，出质人就有其他的机会，而对于有其他担保的质权人来说又无其他损失。所以，可以将质权人的质权保全权做一些修改，即如果出质人可以提供其他担保物代替原股权出质的，或者出质人能够提供其他形式的担保的，质权人不可以先将股权拍卖。如果出质人实在无法提供其他形式的担保，质权人又有证据证明债务人无法按期偿还债务的，才能够行使质权保全权。

概言之，在我国经济发展中各方面已经取得了一些成绩，但是面临的问题依然很多。股权质押作为融资的新手段，还有很大的前景，但前提是将已经显现的问题切实地解决好。债权人的风险防范机制的良好运行，有利于保障股权质押的顺利进行，也有利于市场的安全和有序。而容易被人们忽视的出质人的权利保护，也应当受到重视，平衡质权人与出质人的利益，保证市场交易的公正、公平。这就要求在制度上完善法律法规，在实践运行中增加可操作性，促进股权质押制度不断完善。

5.4　中小企业股权质押的途径

就质押贷款的渠道而言，我国主要有银行渠道、信托渠道、投资公司渠道及券商渠道几种。

笔者建议，地方的中小企业局作为发起者，联合工商和金融机构，由中小企业局作为初审，工商登记，金融机构介入，为本地的中小企业也创造出新的融资渠道。

在理论与实践上，我国中小企业股权质押制度可以通过以下方式获得。

5.4.1 金融机构渠道

该渠道青睐上市公司,对于中小企业而言,该种贷款的弱势是要经过银行的严格审查,所有质押物都要经过评估部门重新估值,并且其评估值一定会低于外部估值,在此基础上,再按照企业的综合财务情况以及偿债能力确定一个不超出评估范围的贷款额度。这种方式最为直接,也就是说,由中小企业的股东等股权出质人将所拥有的有权处分并可以依法转让的公司股权作为标的,通过订立书面质押合同,将自己持有的公司股权质押给银行、农村信用社等金融机构,用以担保债务的履行,向银行申请贷款。

此时,如果银行等机构直接将贷款贷给出质人,就使得银行等机构拥有股权质权人和债权人两种身份,明显加大了金融机构的风险。因此,金融机构目前还只是针对注册资本数额较大、实力雄厚、生产规模较大、经济效益良好的企业,提供这种贷款服务,把资金直接借给出质人。更多的情况则是中小企业寻找一家有较高信誉度的担保机构作为保证人,由金融机构将贷款借给保证人,再由保证人提供给中小企业。

5.4.2 信托渠道

信托渠道的最大好处在于其灵活性,相对于银行的严密审查制度,信托公司的灵活结构设计以及丰富的资产管理经验为其赢得了大量的支持者。就我国的市场而言,多数情形下,信托公司在审核程序上也是严格按照四证齐全的基本要求,但是放贷估值平均在七折左右,不过,信托公司要求的利润更高。从实践的角度,信托公司还会设计一些结构化产品,让贷款企业的自有资产认购劣后级,通过追加股份质押,来撬动更多的融资。该渠道能够吸引众多中小企业的关键点在于,信托放大的融资杠杆率正是吸引中小企业的最主要因素。所以说,这个渠道可以最大限度地为目标公司募集资金,但信托公司后期面临的管理风险也相对较大。

5.4.3 投资公司渠道

相对于前文介绍的两个主流渠道,投资公司的作用并不主要和重要,不过,越来越多的投资公司已经挤进市场,想分一杯羹的愿望特别迫切。对于不少中小企业来说,其基本财务状况、经营状况往往欠佳,被银行等主流渠道拒之门外者占多数,所以,它们只能寻求成本更高的非主流渠道。但是，投资公司为把风险降到最低，会对业务进行选择，这也是对质押股权进行合理估值基础上的实践操作。

5.4.4 反担保

采用此类方式的中小企业多为公司制企业。在进行股权质押融资时，中小企业会先向银行提出贷款申请，由担保公司向银行做出担保，然后再由公司股东采用股权质押形式，向担保公司提供反担保，最终达到融资目的。据调查，由于此种形式比较符合中小企业实际情况，在风险控制方面能够得到金融机构和担保公司的认可，因此受到中小企业的普遍欢迎。

5.4.5 公司之间的互为担保

这在本质上是在公司与公司之间，基于股权转让、款项交付条件等运作而形成的担保。公司制企业的发展越来越快捷，公司之间的相互转让股权业务也越来越多。近年来，中小企业基于股权转让、款项交付条件进行担保，实施股权质押融资发展快速，业务量成倍数增加。具体操作环节如下：

A 公司控股股东将持有的 A 公司股权转让给 B 公司，双方在协商后签订股权转让协议和还款协议。为确保还款协议按给定计划履行，A 公司的股权转让方以股权出质登记方式进行反担保。B 公司的股权受让方先将股权质押给转让方，作为付款的担保，待还款结束后双方再办理股权质押注销手续。

5.4.6 券商

在业界，行业人士把券商称为融资领域的掮客。据调查，数量众多的券商正向市场推广宣传自身的资源平台优势。笔者以为，作为一种股份质押融资方式，券商至少有资格充当一个合格的平台与中介，如果能和融资融券业务相结合，操作空间会更大，特别是对于解禁后没有减持的股票。不过，券商天生的信贷功能的缺失会成为它们进军企业融资市场的软肋。

股权质押贷款的案例

浙江省早就出台有《公司股权出质登记暂行办法》和《公司股权出资登记试行办法》，使一贯被忽视的企业"死资产"——股权被一举激活，为广大中小企业开辟出一条新的融资渠道。在浙企业随之掀起了一股申请股权出质登记的热潮，办法出台后，为帮助中小企业度过金融危机和解决中小企业融资难题开拓了一条新路。允许企业以企业股权质押贷款使企业原生性的股权能够得到再生性使用，使银行游离性的出资能够得到锁定性担保，使工商一次性的登记能够得到增量性的升级，更使全社会沉淀性的资产能够得到激活性的运用，这无疑是一个解决中小企业融资问题的一大有力措施。

5.5 新三板条件下的中小企业股权质押

新三板是从试点到逐步扩大规模，从一系列政策红利的推出到挂牌数量的数倍增长，一点点积累而发展起来的。新三板与许多省市的区域产权交易中心共同形成一级半市场，成为中国资本市场的重要组成部分，其未来发展潜力远远大于正规的二级市场。不过，挂牌企业以融资为主要目的，交易功能是弱化的，这也成为其区别于主板二级市场的最大特点。

5.5.1 新三板的概念及发展概述

在新三板之前，我国有"老三板"，即所谓的"代办股份转让系统"，这个系统的主业是指从两个法人股市场退下来的"两网股"股票和从主板市场终止上市后退下来的"退市股"股票，始于1992年，是经批准的全国证券交易自动报价系统（STAQ系统）指定的法人股流通市场。到1993年第二季度，北京开通NET法人股市场，这是由中国证券交易系统有限公司开发设计，由央行联合五家银行、人保公司以及华夏、国泰、南方三大证券公司共同出资组建的。STAQ系统与NET系统一起，构成了当时中国的场外交易市场，被称为"两网"系统。到1998年，在亚洲金融危机爆发的背景下，中国证券市场开展了大规模的整改，国家决定禁止"两网"的运作，1999年9月，"两网"正式停止运行。

新三板的全称是全国中小企业股份转让系统，是经国务院批准设立的全国性证券交易场所，为非上市股份有限公司的股份公开转让、融资、并购等相关业务提供服务。因为挂牌的企业不同于原系统内的退市企业以及原STAQ系统、NET系统挂牌的企业，所以极为形象地称为"新三板"。新三板的发展历程如下。

2001年6月，中国证券业协会发布《证券公司代办股份转让服务业务试点办法》，指定由申银万国等六家证券公司代办已经禁止运行的原STAQ系统和NET系统挂牌公司的股份转让业务，2001年7月正式启动。

代办股份转让设立主要为了解决两个问题：一是原 STAQ 系统、NET 系统所遗留的数家公司的法人股流通；二是主板市场的退市股票流通交易。

此前的"老三板"中挂牌的股票品种少，且多数质量较低，要转到主板上市难度也很大，因此也很难吸引投资者，这个系统多年以来一直处于无人问津的窘境。为了改变这种局面，同时也为更多的高科技创新型企业提供股份流动的机遇，国家决定在北京中关村科技园区建立新的股份转让系统。

2003 年岁末，北京市政府与科技部联合向国务院上报《关于中关村科技园区非上市股份有限公司进入证券公司代办股份转让系统进行试点的请求》；随后，新三板进行了两年的准备工作，2005 年国务院批准该报告；2006 年 1 月，《非上市股份有限公司股份报价转让试点办法》发布，新三板正式诞生。

新三板的学名为"中关村科技园区非上市股份有限公司进入证券公司代办股份转让系统进行股份转让试点"（以下简称为"中关村股份转让试点"）。新三板从推出开始就利用代办股份转让系统的现有技术系统和市场网络，在中关村股份转让试点，为投资者转让园区公司股份提供报价服务。

2006 年 1 月 26 日，两家中关村高新技术企业和北京中科软在代办股份转让系统挂牌交易，标志着新三板市场的正式开业。新三板与老三板最大的区别在于配对成交，设置 30% 的幅度，超过此幅度要公开买卖双方信息。

为提升新三板系统服务中小企业直接融资的功能，响应国家关于加快发展和完善多层次资本市场体系的号召，2012 年 8 月，中国证监会宣布扩大非上市股份公司股份转让试点。2012 年 9 月，证监会分别与北京市、上海市、天津市、湖北省四地政府签署了新三板扩大试点合作备忘录。至此，北京中关村科技园区、上海张江高科技园区、天津滨海高新技术产业开发区、武汉东湖新技术开发区等四个高新技术园区的企业均可以在新三板挂牌报价转让。同期，全国中小企业股份转让系统有限责任公司（简称为"股权转让系统公司"）登记注册。2013 年 1 月 16 日，股权转让系统公司正式揭牌运营，这是全国场外市场建设的里程碑，也是全国场外市场建设从试点走向规范运行的重要标志性事件。从此新三板的学名由"中关村股份转让试点"变更为"全国中小企业股份转让系统",全国性场外市场运作管理机构也从原来中国证券业协会变为股权转让系统公司,原先在新三板挂牌的公司全部由股权转让系统公司予以承接。

2013年6月,李克强总理在国务院常务会议上宣布决定要加快发展多层次资本市场,将中小企业股份转让系统试点扩大至全国,鼓励创新、创业型中小企业融资发展,扩大债券发行,逐步实现债券市场互通互融。

2013年12月14日,国务院正式发布《国务院关于全国中小企业股份转让系统有关问题的决定》,标志着全国中小企业股份转让系统正式扩大至全国范围,不限地域、不限行业,股东人数未超过200人的股份公司,申请在全国股份转让系统挂牌,证监会豁免核准。

2014年1月,266家企业在中小企业股份转让系统集体挂牌公开转让,至此,新三板上的挂牌公司一举达到600家。2014年5月,股转系统独立开发的证券交易系统正式上线。同年,在股转系统挂牌的企业突破千家。2014年8月,做市商制度开始实施。2015年3月,股转系统发布三板成指(899001)和做市指数(899002),标志着新三板进入指数时代。2015年10月21日,股转系统修订挂牌操作指南,进一步简化流程,方便主办券商办理股票挂牌手续,修订《全国中小企业股份转让系统主办券商和挂牌公司协商一致解除持续督导协议操作指南》。

2015年11月,市场期待已久的分层方案出炉,分层次地要求"多层次与分步走",起步阶段可以区别为创新层和基础层。根据挂牌公司的财务状况、交易状况和公司治理情况,设置了三套并行的标准,符合任何一套标准,并同时符合交易频率、完成融资任一条件即可进入创新层。2016年5月,新三板挂牌企业数量超过7000家,至此,新三板分层制度正式落地。

5.5.2 新三板分层制的要求及标准

2016年5月27日,股转公司发布了《全国中小企业股份转让系统挂牌公司分层管理办法(试行)》,确认通过采取差异化标准和共同标准相结合的方式,来筛选创新层企业。试行办法较征求意见稿有不少改动,目的在于控制创新层公司的数量规模。

除了以上对于已挂牌公司的分层标准要求,未挂牌而申请挂牌的公司满足以下条件之一的,可以在挂牌时直接进入创新层。

（1）最近两年连续盈利，且年平均净利润不少于 2000 万元（以扣除非经常性损益前后孰低者为计算依据）；最近两年加权平均净资产收益率平均不低于 10%（以扣除非经常性损益前后孰低者为计算依据）；申请挂牌同时发行股票，且融资额不低于 1000 万元。

（2）最近两年营业收入连续增长，且年均复合增长率不低于 50%；最近两年营业收入平均不低于 4000 万元；挂牌时股本不少于 2000 万股。

（3）做市商家数不少于 6 家；申请挂牌同时发行股票，发行对象中包括不少于 6 家做市商，按发行价格计算的公司市值不少于 6 亿元，且融资额不低于 1000 万元；最近一期期末股东权益不少于 5000 万元。

根据 Choice 统计数据显示，截至 2016 年 5 月末，同时符合创新层三个进入标准的公司仅有 24 家。

5.5.3 新三板的市场功能定位

上文提及，国务院于 2013 年岁末发布《国务院关于全国中小企业股份转让系统有关问题的决定》，新三板市场正式容许非高新技术企业进入，从此之后，登陆新三板成为解决中小企业融资的有效途径之一。一方面，新三板挂牌公司拥有信息披露完整、财务制度规范、信息透明度高等优势；另一方面，新三板市场引入了做市商制度并设置投资门槛限制，在这种情况下，股权价值评估具有可能性，这为市场准入打造了条件。扩容后，2013 年 12 月 31 日和 2014 年 1 月 2 日 2 个工作日就受理了 271 家拟挂牌企业的申报材料，截至 2016 年 5 月，有 6900 多家公司在新三板挂牌，与 2013 年年底总共挂牌的 356 家相比增长了近 19 倍，远远超过了沪深证券交易所上市数量的总额。到 2017 年 5 月，有 11200 多家公司在新三板挂牌，与 2013 年年底相比，增长了 30 多倍，可见扩容后挂牌企业数量呈现爆炸式增长态势。作为我国多层次资本市场体系建设的重要组成部分，新三板市场的成立是建设我国场外市场、完善我国多层次资本市场体系的重要举措。设立该股份转让系统的目的就是借钱给企业发展，而很多中小企业想发展但是缺钱，在国家没钱可借的背景之下，国家会想办法帮它们找借钱的人，由个人出钱，企业有钱了可以不断发展然后营利，国家经济转好，最后借钱之人、企业、国家三方都会因此获利，实现三赢。

从大的背景来说，之所以要创建新三板这个股份转让平台，是国家为了促进经济改革、推动经济发展提出的新项目，因此其投资价值不言而喻。

第一，我国的中小企业多，上市难。据统计，中国有1300多万家中小企业，而上市公司却只有2500多家，这种比例说明几乎所有的企业无法获得民间资本的支持。而制约中小企业发展之初的瓶颈就是资金，没有资金的支持企业就得不到预期的发展。而银行贷款，可以说从机制上就天生制约着对中小企业的贷款。

中小企业从银行贷款这条路走不通就只能走民间借贷，甚至非法集资的路。民间借贷的成本是很高的，很多中小企业在一开始发展的时候都被高昂的利息给拖垮。中小企业得不到发展，也是政府不愿意看到的事情。

第二，民间资本多，投资难。相比较而言，中国可以算是一个储蓄大国，很多老百姓都把钱存在银行。但是如果商业银行破产，那么，储蓄额度50万元以下的可以获赔，50万元以上的则依法按比例赔甚或不赔。政府开放新三板相当于是利用民间的资本来帮助民间的优质中小型企业。从质押率的变化趋势看，挂牌公司的平均质押率随着时间的推移呈现出不断提高的态势。特别是市场扩容到全国以来，挂牌公司的股权质押率有了跳跃式的提升。这表明随着股转系统的发展，社会各界对挂牌公司的认可度不断提高，挂牌公司对于股权质押融资的议价能力也在逐渐增强。

第三，在前两个现实面前，由政府出面去建立新三板这样一个平台，当企业想要合理合法地在民间融资，就必须先到政府搭建的这个平台上去挂牌，而且必须通过保荐机构才能在新三板挂牌。保荐机构会派会计师事务所、律师事务所、资产评估事务所的专业人员进驻企业，进行为期4~6个月的尽职调查，对所有的原始发票进行核算，做净资产评估。然后还要进行"缩水"，让企业的资产打个折，如企业的净资产是10亿元，那么国家的净资产评估一般为5亿~7亿元。在新三板挂牌的企业都是非上市公众公司，所有的信息都必须披露，企业每年的财政状况必须在当地的股权托管交易中心进行备案和登记。

因此，投资的安全性和正规性可以让投资者完全放心，主要是投资哪个公司，买哪个公司的股权，是面临的最大问题。因为在赚钱的投资市场中，一个投资者赚得比别人少，其实就是在间接地亏钱。

对中小企业而言，挂牌新三板，并不是一件随意而为的事情，申请人成为新三板已挂牌企业，应符合以下国家政策规定的条件。

（1）新三板挂牌企业中必须是业绩较为可观的中小企业，企业的实际控制人及其配偶无不良嗜好、无恶性不良信用记录。

（2）该企业必须成立两年以上，主营业务突出，具有持续经营能力；具有良好的成长性及较好的盈利能力，所持挂牌企业股权市场接受度高，还款来源充分，且无不良记录。

如果是有限责任公司按原账面净资产值折股整体变更为股份有限公司的，存续期间可以从有限责任公司成立之日起计算。

（3）企业治理结构健全，运作规范；股份发行和转让行为合法合规。

（4）挂牌企业近两年营业收入平均增长率为正增长，最近一年营利，资产负债率原则上不高于70%。

（5）挂牌企业对外担保及借款金额合计不大于其净资产的两倍。

（6）申请人的法人代表或实际控制人必须提供个人连带责任担保。

有的地方还规定，企业注册地在国家试点的科技高新园区，或者须取得当地人民政府出具的非上市企业股份报价转让试点资格确认函。

据笔者观察，全国中小企业股份转让系统的投资者群体相对于主板、中小板和创业板有着更为严格的条件，如在个人投资者方面，投资者本人名下前一交易日结束时的证券类资产市值要求500万元人民币以上。证券类资产包括客户交易结算资金、股票、基金、债券、券商集合理财产品等，信用证券账户资产除外。

新三板还要求个人投资者必须具有两年以上证券投资经验，或具有会计、金融、投资、财经等相关业务背景或培训经历。投资经验的起算时点为投资者本人名下账户在全国股份转让系统、上海证券交易所或深圳证券交易所发生首笔股票交易之日。

全国中小企业股份转让系统交易方式有三种：协议转让方式、做市交易方式、竞价交易方式，而主板、中小板、创业板目前采用的是竞价交易方式，以及协议大宗交易和盘后定价大宗交易方式，流动性方面的要求相对于新三板要高很多。

5.5.4 新三板分层机制的作用及意义

新三板市场的做市商和分层制度在一定程度上借鉴了美国纳斯达克市场的经验。纳斯达克正是基于多次制度的要求，才诞生了微软、谷歌、甲骨文等令人瞩目的企业，正是由于这些企业的辉煌，才让纳斯达克备受世人及投资者的关注，从默默无闻到今天的规模。

纳斯达克从 1971 年开始运行，服务于科技型企业，共经历过三次分层，真正具有划时代意义的是后两次分层。

第一次分层发生于 1975 年。纳斯达克开始设立一个上市标准，来区分自己与市场，但这并不能理解为真正意义上的分层，纳斯达克仍然是"场外市场"。

第二次分层发生于 1982 年。纳斯达克挑选一些比较优质的公司，建立了第二层市场，称为"纳斯达克全国市场"，后来把"全国"改为"全球"。这一层主要采用的是做市商交易机制。最早的做市商制度就源于此，很多具备市场优势的公司做市商的多达几十家。纳斯达克从此分成了两层，这一制度延续了 20 多年。

第三次分层发生于 2006 年，但从 2004 年起就已经出现分层的趋势。20 世纪 90 年代，美国进入科技时代，微软、谷歌等大量科技创新企业的出现，使得纳斯达克市场于 2000 年"互联网泡沫"时曾一度超过纽约证券交易所成为世界最大的证券交易市场。纳斯达克上市的公司市值的增加，使其开始具备与纽约证券交易所角逐的实力。2004 年纳斯达克开始向美国证监会申请成为全国性证券交易所，2006 年获得批准。同年，纳斯达克开始了第三次分层，建立了"纳斯达克全球精选市场"，大盘股归入此类，苹果、微软、谷歌均在此列。全球精选市场开始采用公开竞价交易制度。

在我国，分层制度之新体现在对创新层的信息披露和监管与基础层实行差异化管理。分层制正式实施之后，市场将更多地关注创新层。进入创新层会给企业带来以下好处：企业知名度提升，将成为优选的投资对象；还可能在融资、交易等方面优先享受政策红利；企业的流动性会有大幅提升，估值也自然随之提高。

分层的正式表述是："股转系统从服务和监管两方面对两个层次实施差异化制度安排。"也就是说，创新层企业的权利和义务对等，既享受着诸多制度红利，又要在信息披露、人员配置、限售管理和募集资金使用等方面接受更为严格的监管要求。创新层在信息披露方面有着更严格的规范，所以，从某种角度来说，创新层也是一把双刃剑。

分层前后，股权转让系统对新三板参与主体的监管将启动"趋严"和"细化"的业务模式。事实上，这一趋势已经显现，如股转公司业务部于

2016年5月20日以邮件形式向多家券商下发了要对挂牌企业资金占用情况进行专项统计的通知，并且要求将统计结果于2016年5月23日15点前反馈至监管员处。

创新层依据上述标准选出了近千家公司，但是投资者在选择标的时，应该注意它属于何种标准。进入创新层只是一个加分项，并不意味着公司的身价就能立刻翻几倍。未来可能进入创新层的公司也具有潜在投资价值，甚至升值空间相对更大。

在投资策略上，分层短期并不能够为新三板企业带来多大幅度的交易主题机会，通过博弈去博取交易性主题收益已经很难成为此类投资者对于新三板的投资策略。从中长期看，分层是制度性分化的起点，所以注重结构性机会变得尤为重要。

在监管趋严的前提之下，针对新三板的投资策略和投资行为也将由私募股权（PE）型向投行型转变。对于新三板的投资要求，综合考虑时间周期后，以退出为目的倒推前端的投资行为将成为下一阶段新三板投资的重要策略。

可以肯定的是，分层制度的实施为后续一系列积极政策打下了基础。笔者以为，分层并不能直接给相关市场主体带来什么，但没有分层，一切都是空谈。分层的意义在于为后续的公募基金入场、做市商扩容（允许非券商机构参与做市）、降低投资者准入门槛、引入竞价交易甚至转板等一系列利好奠定基础。分层会带来流动性改善吗？答案不言而喻，不过，分层只是一种更为优化的管理设计，与流动性没有必然因果关系。但分层的吸引力在于后续政策，监管层后续或针对创新层推出更为便利的交易制度，而投资者也会因为优质标的遴选成本降低而提高投资热情，这也许会提高新三板的流动性。另外，政策推进符合预期，也有助于提升市场参与者的信心与参与度，缓解流动性的紧缩压力。

分层之后，创新层红利体现在创新层公司信息披露要求趋向严格以及创新政策优先实施两个方面。新三板流动性的改观关键在于政策的创新，能显著改善流动性的创新政策尚需时日，短期内还不具备推出的条件和可能性。分层制度的推出更多地起到规范新三板运行的作用，为后续政策的推出做好必要准备。

5.5.5 关于发展新三板市场股权质押的建议

设计和发展全国股权转让系统应立足于服务创新型、创业型、成长型中小微企业，构建具有自身特色的市场制度体系，切实增强服务实体经济的能力。

所以，要务之一是确定市场定位。

实现此目标，首先要着眼中小企业及其投资人的特点和需要，打造产品和制度供给，突出公开市场的优势，以包容性制度特色为依赖，坚守提高投资融资对接的力度与效率；其次是大力发展多层次的机构投资者群体，强化主办券商组织交易的功能，稳步提升市场流动性水平；再次保持独立的市场地位，企业挂牌不是转板上市的过渡性设计，全国股转系统应逐步打造特色鲜明的服务功能，促进挂牌企业发展为优质企业，同时着眼建立多元化金融市场的有机联系，研究推出全国股转系统挂牌企业向创业板转板的试点，建立全国股转系统与区域性股权市场的通力合作共赢机制；最后是坚持创新发展与风险控制相对应，既要坚持不懈地促进改革创新，又要靠制度自信坚守不致发生系统性、区域性风险的底线，着力改革现有制度，强化风险控制能力，现阶段不降低投资者准入条件，不实行连续竞价交易。

要务之二是进一步加强审查效率，强化市场融资功能。

实现此目的首先要提高审查工作的效率和透明度。全国股转系统应坚持以信息披露为核心的理念，加快构建以投资者需求为导向的差异化信息披露制度。挂牌企业是信息披露首要责任人，应保证信息披露内容的真实性、完整性与及时性。主办券商、会计师事务所、律师事务所等中介机构应依照法定职责，对企业提供的信息资料进行核查验证并做出专业判断，对出具的文件承担尽职责任。投资者应依据公开信息自行判断企业的投资价值和投资风险，审慎进行投资决策，自担投资风险。全国股转系统应进一步优化企业挂牌、股票发行和并购审查工作制度。挂牌审查应当关注企业是否符合挂牌基本条件，以及信息披露文件应合乎法律与政策，全程披露审查进度，同时建立中介机构工作底稿留痕和事前、事中与事后追责制度，强化申报即披露、披露即担责的监管要求。对于股东人数超过200人的企业和股东人数未超过200人的企业的股票发行和并购，应统一审查申报文件和信息披露要求。改革与完善小额、快速、灵活、多元的投融资制度。完善相关机制，鼓励企业挂牌的同时向合格投资者发行股票，发行对象、数量依公司需求确定，并探索放开对新增股东人数的限制。挂牌企业持续融资，可自主决定发行时点和发行方式。企业发行定价遵循市场化原则，可通过询价或与投资人协商确定，但对于明显低于市场价格的，全国股转系统应建立相关管理制度。加快推出一次审批、分期实施的储架发行制度，以及挂牌企业股东大会一次审议、董事会分期实施的授权发行机制。发展适合中小微企业的债券品种。加快推出优先股和资产支持证券。开展挂牌股票质押式回购业务试点。

要务之三是改革主办券商制度和多元化的交易机制。

鼓励证券公司建立适应全国股转系统特点的证券业务体系，强化主办券商执业能力。证券公司开展全国股转系统业务，应设立专门的一级部门，加大人员和资金投入，建立健全合规管理、内部风险控制与管理机制。支持证券公司设立专业子公司统筹开展全国股转系统相关业务，不受同业竞争的限制。在推荐环节，主办券商应以提供挂牌、融资、并购、做市等全链条服务为目标遴选企业，按照切实保护投资者权益的要求，认真履行尽职调查及内核工作义务，审慎出具推荐文件。在持续督导环节，主办券商应持续加强挂牌公司合规培训，切实履行对信息披露文件的合规审查职责，帮助挂牌公司提升规范治理水平，完善发展战略，推进资源整合。在交易环节，主办券商应强化经纪业务和做市能力，充分发挥市场交易组织者和流动性提供者的功能。开展做市业务的主办券商应建立有别于自营业务的做市业务绩效考核体系，考核指标不得与做市业务人员从事做市股票的方向性投资损益挂钩。全国股转系统应完善做市商监管安排，优化风险隔离和信息隔离制度，促进做市业务与投研服务、经纪业务协同开展。建立健全主办券商激励约束机制。

全国股转系统应强化多元化交易机制，改革优化协议转让方式，大力发展做市转让方式，建立健全盘后大宗交易制度和非交易过户制度，改善市场流动性，提高价格发现效率。

要务之四是实施全国股转系统内部分层和差异化管理体系。

针对挂牌公司差异化特征和多元化的需求，实施市场内部分层，提高风险管理和差异化服务功能，降低投资人信息收集的成本。现阶段先分为基础层和创新层，逐步完善市场层次的构成。全国股转系统应坚持市场化原则，研究制定分层具体标准，设置符合企业差异化特征的指标要求，满足不同类型企业的发展规划。建立内部分层的维持标准体系和转换机制，实现不同层级挂牌企业的有序流动。按照权利义务对等原则，在市场服务与监管标准及要求方面，对不同层级挂牌企业实行差异化制度设计。

要务之五是大力发展和培育机构投资者群体。

坚持全国股转系统以机构投资者为主体的发展方向。研究制定公募证券投资基金投资挂牌证券的指引，支持封闭式公募基金以及混合型公募基金投资全国股转系统挂牌证券。支持证券公司、基金管理公司及其子公司、期货公司子公司、商业银行等机构，开发投资于挂牌证券的私募证券投资基金等产品。研究落实合格境外机构投资者及人民币合格境外机构投资者参与全国股转系统市场的制度安排。推动将全国股转系统挂牌证券纳入保险资金、社保基金和企业年金等长期资金投资范围。

要务之六是持续加强投资者权益保护工作。

全国股转系统应严格执行投资者适当性管理制度，完善业务规则。落实主办券商投资者适当性管理责任，规范开户管理和产品销售行为，完善风险提示基本规范和纠纷调解制度。严格执行证券账户实名制规定，严禁开立虚拟证券账户、借用出借证券账户、垫资开户等行为。全国股转系统应督促挂牌企业学习《公司法》《证券法》和《非上市公众公司监督管理办法》以及全国股转系统自律规则的规定，强化公司治理机制，提升信息披露质量，建立健全投资者关系管理制度，保障投资者参与权、知情权和异议股东合法权益等权利保障机制。

以上制度的完善需要佐之以运作有序的配套机制。配套机制的打造有两个重点方面。

第一是监管机制的调整。

此前，新三板的直接监督主体是中国证券业协会，新三板市场的各项规则均由该协会制定与发布，如对主办券商推荐新三板挂牌业务进行自律性管理，对备案文件进行形式审查和实质审查，履行备案程序等。新三板各项规则虽经证监会批准，但并不具有严格意义上的法律效力，参与各方的权利、义务和责任主要以契约的形式确定。而扩容后的新三板基本明确，监管权统一收归证监会，其相关规则制度都要在证监会层面，由证监会统一制定和发布实施。

坚持以市场化、法治化为导向推进监管转型，坚持以信息披露为本，以企业自治和市场约束为基础，以规则监管为依据，构建职责明确、分工清晰、信息共享、协同高效的监管体系,切实维护市场公开、公平、公正。依法建立常态化、市场化的退出机制。行政监管机构、自律组织等相关各方应建立健全信息共享、监管协作、案件查处等分工协作机制及风险处置应急机制,提高监管的系统性和协同性。中国证监会负责制定监管规则,指导与协调、监督与检查各派出机构和全国股转系统的运行。各证监局要根据问题和涉嫌违法违规线索开展现场检查,对发现的重大风险或违法违规行为采取监管措施或立案调查,实施行政处罚;涉及自律管理范畴的问题,移交全国股转系统处理。

全国股转系统应结合挂牌企业及其投资人特点,建立技术系统和规则体系,提高自律管理能力与效率。加大对挂牌企业规范运作的指导与培训,对信息披露、股票发行违规以及违法占用挂牌企业资金、违规对外担保等违规违法行为,及时采取应对措施;对涉嫌欺诈、虚假披露、内幕交易、操纵市场等违法行为,依法严厉打击,确保有异动必须打压,一旦违法与违规必定查处。

第二是备案制度的调整。

新三板以备案制度为核心,即不对申请挂牌企业在规模和盈利等方面设置门槛,园区企业只要取得北京市政府试点资格确认函,有主办券商按照规定对其进行尽职调查并出具推荐报告,中证协备案程序完成后,即可在报价系统挂牌。与场内交易市场的发行审批制不同,未来新三板发行有可能采取"注册制",其操作将沿袭备案制做法,由地方政府对拟挂牌企业进行资格审查,由主办券商进行尽职调查和推荐,中国证券业协会实施自律性管理,经由证监会有关部门备案后即可发行。具体的备案机构将由中证协变更为证监会某个部门,其相应的工作程序也应进一步调整和明确。

新三板股权质押操作流程

新三板的股票质押融资相当于主板市场的股票质押式回购,可以为新三板企业控股股东、实际控制人提供更多的融资方式。控股股东将企业股票质押获得的资金,只要在企业股份通过挂牌实现标准化与可流动之后,就已经满足了向银行申请质押的条件。新三板股权质押贷款的创新主要在担保方式上。对于非上市企业来说,银行很难对企业的股权进行估值,而当企业在新三板上市后,其股权就具有了交易价值,因此将股权作为担保

方式。

在实际操作中，新三板股权质押应当遵循以下步骤。

第一，了解出质人及拟质押股权的有关情况。在这个环节，首先是仔细审查有限责任公司章程中是否有对股东禁止股权质押和时间上的特殊规定；其次是审核公司章程中出质人的身份名称、出资方式、金额等相关信息以及出质人应出具对拟质押的股权未重复质押的证明；再次是要求出质人应提供由会计事务所对其股权出资而出具的验资报告；最后是核查出质人的出资证明书。

第二，出质人的股权须有该公司股东过半数以上同意出质的决议。

第三，出质人签订股权质押合同，并将出资证明书交给质押权人。

第四，该股权已经质押，不能再转让和重复质押股权，注明在公司章程和记载于股东名册中，并到工商行政管理部门办理股权出质登记。

新三板企业需提供以下文件和材料。

首先是申请人签署的《股权出质设立登记申请书》。

其次是记载有出质人姓名（名称）及其出资额的有限责任公司股东名册复印件或者出质人持有的股份公司股票复印件（均需加盖公司印章）。

再次是质权合同。

最后是出质人、质权人的主体资格证明或者自然人身份证明复印件（出质人、质权人属于自然人的由本人签名，属于法人的加盖法人印章）以及国家工商行政管理总局要求提交的其他材料。

这里需要注意的是：指定代表或者共同委托代理人办理的，还应当提交申请人指定代表或者共同委托代理人的证明；申请股权出质注销登记，应当提交申请人签字或者盖章的《股权出质注销登记申请书》；指定代表或者共同委托代理人办理的，还应当提交申请人指定代表或者共同委托代理人的证明。

这里需要弄清楚以下几个问题：

一是申请挂牌企业在挂牌前办理了股权质押贷款，股权处于质押状态，是否对企业挂牌构成影响？

二是已质押的股份应如何办理股份登记？

三是质押股份的限售及解除限售有无特殊规定？

笔者简单对以上几个问题做如下解答：《全国中小企业股份转让系统

股票挂牌条件适用基本标准指引（试行）》中规定，申请挂牌的企业股权应结构明晰，权属分明，真实确定，合法合规，股东特别是控股股东、实际控制人及其关联股东或实际支配的股东持有企业的股份不存在权属争议或潜在纠纷。挂牌前，申请挂牌企业的股东可为企业贷款提供股权质押担保，贷款用途为企业日常经营，履行公司决议程序，订立书面质押合同，依法办理出质登记。只要不存在股权纠纷和其他争议，原则上不影响其挂牌。对于存在股权质押情形的，申请挂牌的企业应在《公开转让说明书》中充分披露。

就第二个问题，我们可以参考《中国结算北京分公司证券发行人业务指南》中的相关规定，质押冻结或司法冻结的股份办理股份初始登记时，除需提供常规申报材料外，还须提供质押冻结或司法冻结的相关材料。其中，司法冻结的应提供协助执行通知书、裁定书、已冻结证明等材料及复印件；质押冻结的应提供质押登记申请书、双方签字的已生效的《质押合同》、质押双方有效身份证明文件、已冻结证明等材料及复印件。中国结算北京分公司在完成证券登记后根据发行人的申请办理相关质押冻结、司法冻结手续，即申请挂牌的企业应先完成股份初始登记（包括股份首批解除限售），取得《股份登记确认书》后，再申请办理质押冻结、司法冻结手续。

就第三个问题，笔者以为，质押冻结股份的限售及解除限售应按照《公司法》及《全国中小企业股份转让系统业务规则（试行）》中的规定办理。满足解除限售条件的质押冻结股份可办理股份解除限售。《中国结算北京分公司证券发行人业务指南》中规定，当解除限售涉及被冻结股份的，被冻结股份不可分拆，只能作为一个整体办理解除限售。

新三板股权质押案例分析

设立股权质押制度的最初目的是只针对大中型企业与上市公司而设置，新三板公司成功通过股权质押融资取得发展资本并进而得到国家政策的容许，是新近的事。对于此种业务，由于当下政策的不成熟或者说法律依据不足，新三板市场的流动性、融资效率等原因使得该制度的开展、运行及发展等并不尽如人意，所以大多数的新三板企业特别急于通过其他渠道去实现融资。以下结合个案进行说明与解析。

第一，银行更看重企业的成长及成熟。以广东省中山市中山鑫辉精密技术股份有限公司（以下简称"鑫辉精密"）为例，这个企业是中山市最大的集设计与制造为一体的五金精密加工厂之一，鑫辉精密于2015年成功为广发证券所推荐，在全国股份转让系统平台上挂牌上市，鉴于企业自身生产和规模发展的需要，该企业订立发展规划在2015年进行技术改造以及规模扩建，这当然需要大量的发展资金，但是，企业能提供的抵押物少之又少，诸如货存及剩余产品等银行并不接受为抵押物，所以，通过传统的资料审核加银行授信的方式很难取得贷款。于是，中山市中国银行大胆为鑫辉精密创新担保方式，通过股权质押为其提供贷款，解决企业资金问题，以助其扩大生产规模。本次业务质押股权600万股，发放贷款1200万元。这是中山市银行业第一笔新三板股权质押贷款业务。

中国银行新三板股权质押属于"中银科技通宝"系列产品中的挂板贷子产品，主要针对的是新三板挂牌企业，创新担保方式，以股权质押作为担保方式提供授信支持与服务。新三板的股票质押融资类似于主板市场的股票质押式回购，与主板相比，新三板企业股权质押融资股票流动性较弱。不过中山中行看重的是新三板企业的成长性。中山中行认为："新三板挂牌企业股权质押贷款业务可有效盘活企业股权，助力破解中小型科技企业信用积累少、固定资产抵押质物少的融资难困境。"

中山市金融局的数据显示，截至2015年9月中旬，中山市已有18家企业在新三板挂牌上市，已经签约辅导并开始排队等待登陆"新三板"挂牌上市的中山企业达70多家。

第二，在实际的操作过程中，我们会发现，融资额度取决于企业的经营和成长价值。新三板股权质押作为担保方式的创新，具有较强的灵活性，可作为独立担保方式，也可与其他如房产抵押、保证等担保方式灵活组合，成功办理中山首笔新三板股权质押的中山中行表示，并没有明确规定质押率，主要看重的还是企业实际经营发展和成长价值，成长性好的企业股权质押条件相对宽松，授信额度也比较高。

对于质押率，相关专家认为，这需要根据企业经营状况而定。如果银行认可该企业，不需股权质押，信用贷款，那么质押率即为零；如果企业经营状况不佳，信用记录不好，银行不愿给这些企业放贷。相应地，银行给新三板企业股权质押的风险大小，也视企业自身经营状况而定。中山中行分析，与主板相比，新三板股权质押融资主要存在两个风险：其一就是流动性风险，变现能力较差；其二则是估值问题，新三板市场还没有形成稳定的估值中枢。新三板股权质押贷款以股权作为担保方式，相对于传统抵押贷款，对银行选择客户能力和风险管理能力提出更高的要求。在这种情况下，风险判断更多要依靠企业经营情况、现金流、未来发展潜力等因素，会更看重企业第一还款来源。

为规避风险，还要看企业的贷款用于哪里。新三板企业股权质押贷款主要用于企业的经营周转。不少人担心贷款会重新回流股市。银行要通过各种途径去了解企业的经营状况。

据悉，获得首笔新三板股权质押的中山鑫辉精密技术股份有限公司，在2011年就与中山中行建立了授信关系。2014年年初，得知该公司因经营发展需要而有意向挂牌新三板，中山中行与广发证券、火炬开发区政府对接，为企业提供专业优质的金融服务，助力该公司于2015年1月在全国中小企业股份转让系统挂牌。新三板股权质押业务审批通过后，中山中行与出质人签订质押合同，并由银行、出质人到中国证券登记结算有限公司办理股权质押登记，由中国证券登记结算有限公司出具质押登记证明。登记成功即生效，落实放款条件后相应放款。

第三，对于新三板市场，业内的说法是，实际的难题在于是否有相关政策支持。由于新三板挂牌公司的股票普遍缺乏流动性，股价不具有代表性，其股票流动性相对其他板块较低，所以一般金融机构较难接受新三板企业的股权作为质押担保，中山中行在对科技企业进行专业研究和市场细分后，制定了相应的扶持政策。

浦发银行中山分行金融市场部相关人员分析后认为，新三板企业能否成功办理该项业务，关键看融资主体即企业自身的经营状况。如果某新三板企业经营良好，银行甚至可以给其办理信用贷款，如果经营状况糟糕，且所在行业发展前景不明，哪怕是用股权进行质押，银行也不一定愿意放贷，这也是最初全国成功案例不多的原因。

针对这个实例，疑问之一是，新三板企业可直接在资本市场融资，为什么仍然要进行贷款？这是因为，企业在新三板挂牌，不一定就代表融资的能力强大。由于新三板门槛不算高，作为投资者，只愿意投资有发展潜力的企业，因此如果企业经营不利，且所处行业前景暗淡，就算是挂牌新三板，投资者也不想购买这种股票。

大量新三板企业入场,但是受新三板市场流动性困境、市场短期内未臻成熟等因素困扰,市场尚未适应大量企业入场的变化,难以帮助企业在一级市场进行融资,同时,二级市场资金量、投资者成熟度有限,也无法满足大量企业上板进行融资的需求。所以,针对这些瓶颈,全国中小企业股份转让系统推出了这一新融资模式。另外,除非企业有较好的项目,才能通过定增的模式去融资,但毕竟数量少,所以,新三板股权质押贷款不啻为一重要渠道。

据悉,在相同的条件下,相对于没有挂牌或上市的普通企业,银行更加倾向于给新三板企业做融资贷款。原因是,企业能够在新三板挂牌,前期经过了会计师事务所的审计,说明企业自身的财务状况相对较好且表现明朗化,同时财务数据等信息都是对外公开的,这都会为其贷款征信加码。相对地,不少普通企业的制度并不完善且信息不透明,导致银行难以对企业做出准确的判断。

疑问之二:新三板企业怎么样才能持续增信以获得股权质押?

笔者以为,从企业自身的条件来看,要求具有良好的基本条件,如不存在重大的资产风险隐患,不存在借贷不良的信用记录;企业要与政府、金融机构保持有序的沟通,借助政府可能对股权质押业务的扶持而获得相应机会。

总之,企业应把自身真实的条件如实地向银行反映,让银行清晰地了解企业的状态,如果掩盖真实,虚报情况,银行对企业的发展、未来方向看不清、摸不透,就会放缓贷款的速度。

疑问之三:依据当下我国的法律与政策,企业满足何种条件才能够办理新三板股权质押贷款?

银行界人士认为,只要新三板挂牌的企业,股份实现标准化和可流动之后,其股票符合中国证券登记结算有限公司相关法律政策规定的,就可以向银行申请股权质押。进入创业板市场的企业数量持续增多,上板的要求不断提高,从这个角度看,上板企业的融资效率肯定要高于未上板企业。如此,企业是否有必要花费很大的精力去强求上板?这应视具体情况而定,中小企业出现融资难,或多或少说明企业经营出现问题,有些企业不具备上板的条件,强行进入,会耗费企业大量的人力、物力,有得不偿失之嫌。[①]

在股权质押贷款融资方面，全国中小企业股份转让系统已经与近30家银行达成合作，利用已在A股市场中较为成熟的股权质押融资模式，作为"新三板"下一个前进方向，这为中小企业提供了前所未有的多元化的融资渠道。

相关数据显示，至2015年，在全国中小企业股份转让系统挂牌的企业共完成股票发行2600余次，融资1230多亿元，同比分别增长7倍和8倍多；挂牌企业股权质押贷款700余次，质押股权总量为86万多股，同比分别增长近2倍、近3倍。通过对新三板这个融资渠道进行分析可知，挂牌企业最主要的融资方式就是定向增发和股权质押融资，与前者相比，股权质押融资具有盘活限售流通股、弥补抵押品不足、不会稀释股份等优势。随着越来越多的新三板挂牌企业采用股权质押融资方式进行融资，针对这一融资方式进行详细分析，进而研究企业在资本市场上如何运用此融资方式进行融资是具有研究价值的。

5.6　完善中小企业股权质押制度的建议

通过对中小企业股权质押制度、市场、立法、政策及质押实践的解析，笔者不揣浅陋，就中小企业利用股权进行融资略谈一下未来的愿景。可以预见，国家的政策趋向放宽中小企业在创业板上市的条件及程序，其初衷是想让资本市场的平台更好地助力于我国中小企业的发展；同时，在摸索的过程中，我国金融界人士勇于借鉴国外市场的运行规则，强化整合、规范与其相联系的现有的各地产权交易市场，拓宽中小企业上市融资渠道。笔者从专业知识、实践经验、业务技术、行业市场等多个角度给予以下建议。

5.6.1　信用担保

中小企业融资担保体系的属性可以是政策性的，也可以是盈利性的，也就是说，可以由政府出资构建，也可以鼓励社会资本投资创办，还可以

[①] 指南君：《新三板融资系列一：企业如何进行股权质押？》，《搜狐网》，https://www.sogou.com/link?url=DSOYnZeCC_oFmTickJ_wj—1d3c3X7OfF7KmRMR6HOv11roLU6Q4ybg..，2017年3月18日访问。

二者共同出资组建。该机构应明确服务对象和担保范围，建立评估和决策程序，制定风险防范措施。对该机构的设立与运行，政府应给予积极支持，减免相关税费，使其能更好地为中小企业服务。该体系应当专注于中小企业的融资业务，笔者以为，该类业务可以日本的相关经验为蓝本，即日本的中小企业信用担保体系。日本从20世纪50年代起就致力于该种担保体系的打造，如早在1953年，就颁布了《中小企业信用保证协会法》，该法律文件明确了中小企业信用保险公库和担保协会的性质、职能和作用，以及担保的规则，保证协会依法为中小企业服务；后来，又于1958年颁布了《中小企业信用保险公库法》，设立中小企业综合事业团，各都道府县均成立了信用保证协会，进一步支撑信用保证协会，为其分担风险。

可以说，良好的中小企业信用环境对完善我国的中小企业信用担保体系可能起到最为基础的促进作用。在我国，可以做如下的初步规划：建立由专业担保公司为中小企业提供担保，由银行向中小企业提供贷款，在中小企业不能偿还贷款时，由担保机构代为偿付的信用体系。如果科学运作，最终达到让该体系成为市场经济条件下为克服中小企业融资困难、化解银行风险的需要而产生的一种运行科学的服务手段。完善的信用担保制度能够有效地解决因信息不对称而造成的中小企业融资难的问题，国际上中小企业发展较快和充满活力的国家，无不皆建立了相对完善的信用担保制度。

在我国，可以由地方和中央预算拨款设立的具有法人实体资格的独立担保机构为中小企业进行担保，实行市场化公开运作，接受政府机构的监管，不以盈利为其主要目的。

就我国当下的市场环境和实情而言，除信用担保模式之外，笔者还建议采用以下两种模式：第一种是互助模式，其是中小企业为缓解自身贷款难而自发组建的担保机构。它以自我出资、自我服务、独立法人、自担风险、不以盈利为其主要目的为基本特征。第二种是商业模式，它以企业、社会个人为主出资组建。具有独立法人、商业化运作、以盈利为目的的基本特征。

5.6.2 创业板市场

创业板市场是指专门助力新兴创新企业特别是高科技企业筹资并进行资本运作的市场。创业板市场能够为中小企业提供新的直接融资渠道，同时也为风险投资提供了退出渠道，会在解决融资的同时，促进风险投资的发展。从国际范围来看，美国纳斯达克市场属于最成功的创业板市场之一。我国创业板市场正式开始于2009年10月30日，而根据《证券法》和《公司法》，中国证券监督管理委员会于2009年上半年开始施行《首次公开发行股票并在创业板上市管理暂行办法》，其目的是规范首次公开发行股票并在创业板上市的行为，促进自主创新企业及其他成长型创业企业的发展，保护投资者的合法权益，维护社会公共利益。该法律文件实施的前一年，正是全球金融风暴肆虐的时候，所以，这是一个非常利好的消息。其中，社会关注最多的是这条规定，"最近两年连续盈利，最近两年净利润累计不少于1000万元，且持续增长；或者最近一年盈利，且净利润不少于500万元，最近一年营业收入不少于5000万元，最近两年营业收入增长率均不低于30%。净利润以扣除非经常性损益前后孰低者为计算依据""最近一期末净资产不少于2000万元，且不存在未弥补亏损""发行后股本总额不少于3000万元"的准入门槛。从全国规模来看，达到这个入门标准的企业有无数家，只是止步于主板上市的要求与标准过高，很多中小企业很难在主板上市。另外，有很多中小企业因为资金的问题，难以将企业快速做强做大，而手中有很多剩余资金的风险投资商和个人由于主板市场股市低迷，也不敢在主板市场大规模投入，只好让大量闲置资金放在银行里"睡觉"。因此，此时推出创业板市场，是中国在应对全球金融危机过程中在资本市场的一个重要里程碑，这个办法的出台正当其时。

那么，在完善创业板市场之前，我们首先要清醒地认识到我国的创业板市场远未成熟。

其不成熟的体现之一是入市和退市机制的不完善，以及由此导致的资金利用效率不高等问题。我国企业在创业板上市要得到监管层的层层审批，这是人为选择的结果，而不是由市场进行资源配置的结果。[①] 与此同时，中小企业的退市制度却迟迟未建立，最主要的原因是立法的空白。据统计，创业板募集资金的使用率不到22%，无数的闲置资金被存放在银行或用于其他投资，真正有资金需求的企业却因为资金不足而前景暗淡。相较之下，美国纳斯达克市场的经验值得我们学习，纳斯达克之所以取得成

---

① 周民源：《美国纳斯达克市场的成功运作及启示》，《金融论坛》2010年第3期。

功与其富有弹性的入市标准有关，这个入市标准包括可以选择的三套标准，为各种类型的企业上市提供可能。[①] 而且，在纳斯达克，创业板市场退市是十分普遍的，平均每年有8%的退市率。

针对完善我国的创业板市场，笔者有以下三点思考。

第一，对中小企业的准入应该实行开放型准入制度，虽然某些中小企业举步维艰，但是只要环境允许，只要其有发展前景，就应该让其进入这个融资平台。国家可以根据行业发展报告等指定该产业发展方向，让更多的中小企业可以顺利进入创业板市场，哪怕有些企业资信条件尚不理想，或者其资产是无形的，但是只要其具有科学的发展理念，并且具备一定营运基础，就可以成为它们进入融资平台的理由。至于投资者是否愿意将钱投给它们，那就由市场上的专业化投资团队来做出努力赢得客户。

第二，对创业板市场上的投资者要实行严口径，要严格审查投资者的资质。这方面可以借鉴美国的先进经验，美国的经验在于在创业板市场上大量培育专业化的投资团队，如让私募基金、慈善基金、风险投资家和企业家等加入投资团队中，由他们去挑选优质的中小企业，把宝贵的资金投资到那些有技术含量但缺乏良好融资条件的中小企业。同时还要借鉴日本创业板失败的教训，预防散兵游勇类的散户冲进创业板进行激进式炒作，所以，创业板需要有慧眼识金的投资团队进驻，这样下去，经过一段时间，会有效地把"游击"式散户驱逐出去。

第三，我们应该意识到，作为一个新兴的市场，只能容许业绩良好、具有发展潜力、银行和金融信用佳的中小企业进入该创业板，所以，必须设置门槛。实际上，仅凭"企业最近一期末净资产不少于2000万元"这一个门槛，就能够把一多半的中小企业拒之门外。所以，能在创业板上市的中小企业真正是"万里挑一"。可见，更多的企业还是被排斥在了创业板的大门之外。更何况，从符合上市条件到实际安排上市，也有少则五年、长则十年的时间，而这么长的时间对于一个中小企业而言，其间存在很多的变数，所以，对于大多数中小企业来说，如果把生存发展的希望寄托在创业板市场，那么，到头来很有可能会因此耽误或错过许多发展的机会，

---

① 张岭松、夏雪冰：《美、德创业板市场及其对我国的启示》，《现代管理科学》2009年第9期。

难免会竹篮打水一场空。

笔者以为，通过股权质押来进行融资以达到扩充资金的目的更多地取决于中小企业自身的努力或观念的转变。创业板的推出为中小企业融资打开了一个小小的窗口来吸引战略投资者，以更开阔的胸怀接纳外来投资，则为中小企业融资打开了更为宽敞的大门。那么，中小企业一方面利用多渠道进行融资，另一方面与别人分享经营信息，也要积极地把企业的控制权分享给对企业有用、有利的人，所以，改变经营观念是企业发展首先要解决的问题。在这方面，蒙牛是我们的楷模，在2002年和2003年，蒙牛大胆引进战略投资者摩根、英联和鼎辉三家国际机构，这三家企业不仅给蒙牛带来了成熟的企业发展所需的法律结构与财务结构，使蒙牛在财务、管理、决策过程等方面实现规范化，并且在企业发展的初期，就帮助企业设计好了一个未来能被市场看好的、清晰的商业模式。

5.6.3 多样化的直接融资

一般而言，我们把企业的直接与间接融资合称为外源性融资，前者是指不借助银行等金融机构，直接与资本所有者协商而融来资本。我们所描述的创业板市场、风险投资市场、私募股权基金等是中小企业在直接融资中最重要的几种方式。但我国在这些领域的发展相对较为落后。我国企业间接融资的比例大约为80%，这就把很大比重的风险强加给了银行。

笔者就其发展提出以下建议。

5.6.3.1 避免过度依赖创业板市场

深交所数据显示，定位于为中小企业服务的深交所上市公司有1300多家，市值近8万亿元，累计融资7000多亿元，资本市场已经成为支持中小企业发展的重要融资渠道。不仅如此，中小板和创业板的财富效应，为创业投资构建了风险代偿机制，引导社会资金向具有自主创新能力的中小企业聚集。[①] 可见，由于政策的鼓励，创业板市场是中小企业直接融资体系中非常重要的环节。不过，我国创业板市场的规模非常狭小。相较于我国的以千万计的中小企业规模，创业板在当下并非是我国大部分中小企业直接融资的主要形式。我国工信部在其发布的《"十二五"中小企业成长规

---

① 俞雨青：《有效防范和化解金融风险 推动稳增长政策落地》，《中国证券报》2015年7月20日。

划》中提到,要进一步拓宽中小企业融资渠道,继续壮大中小企业板市场,积极发展创业板市场。笔者以为,创业板放低准入门槛是大势所趋。

在此,重庆市曾经失败的案例应引起人们的警示：重庆市曾设立过一个股权托管中心,其目的是为中小民营企业提供股权融资的平台,管理人员来自非官方机构,这就表明该中心的管理层缺乏相关的法律法规以及运作方面的知识。该中心成立不久,就为一些急功近利的中介机构所利用,更甚的是,这些中介并不具备相关资质,它们利用企业和投资方的信息不对称和投资人对资本市场的不了解,大肆进行虚假宣传,大幅提高企业的股权转让价格从而牟取暴利,导致企业和投资人没有获得应有的利益,最终造成股权托管中心关闭。

笔者建议,各地根据自己的市场经济行情,可以设立中小企业股权交易平台,该平台由中小企业局进行统一的审核管理,建立一个完善的审批准入机制,企业信息公开化,操作管理专业化,例如,必须严格把控进入该股权交易平台的企业的资质,并且必须是非上市公司和非公众公司的"两非"企业(非公众公司的界定是企业股东人数不得超过200人),优先吸收高科技、高成长能带来高附加值的优质潜能企业,如环保、节能类的企业。在管理上可以参照国外场外交易市场的一些规定和办法,结合我国中小企业板的管理法律法规,使企业能够获得一个以自身股份作为融资主体的平台；同时,也使投资人能够获得一个信息对等、安全高效的投资平台；今后甚至可以发展为为创业板培育准上市公司的平台。可以将A股划分到上交所,在深交所是创业板,同时在全国,比如天津、西安、武汉、重庆、成都等大城市设立一个统一监管、统一标准的区域性市场。虽然目前要将这样的想法变为现实还有诸多困难,但是如果能够走出第一步,为全国摸索出一条道路的话,对于中小企业、今后国家的金融建设和资本市场的完善,都可谓功莫大焉。

另外,笔者还建议以省(自治区、直辖市)为区域单位设立中小企业产业投资基金、高新技术风险投资创业基金,以增强中小企业的资本金实力。

5.6.3.2 发展风险投资市场

在美国,风险投资是指由职业金融家投入到新兴的、发展迅速的、有巨大竞争潜力的企业中的一种权益资本。[①] 风险投资的期间多为三到五年，股权投资为主要方式，目的是通过投资和提供增值服务把企业做大，再通过公开募股等方式退出，在产权流动中完成资本回报。美国的风险投资实践值得我国借鉴。美国政府早在20世纪50年代推出"小型企业投资公司计划"，允许私营投资公司向政府贷款相当于自身3倍的款项，并同时享受利率和税率方面的优惠。1978年，美国将风险投资企业的税率从49%下调到28%，20世纪80年代初又将税率调整到20%。在法律体系方面，美国通过立法加强风险投资的管理和监督，如《小企业发展法》和《银行法》等。在上述一系列财政、税收和立法的优惠政策条件下，越来越多的资金进入风投领域。同时，科学化管理为证券市场提供了风险资本增值后的安全出口，可以有效地化解风险资本的退出问题。

我国的风险投资产业从1985年开始，历经30多年，至今仍处于初级阶段。笔者以为，我国的风险投资实践存在以下误区：第一，在投资主体方面，我国风险投资的资本主要来自于财政拨款，这种缺席民间投资的风险投资特别不利于资金数量和规模的增长；第二，在法律法规和配套措施方面，我国目前虽然对风险投资的高新技术产业有一定的税率优惠，但是，许多年来，没有一部成型、成熟的风险投资产业法予以法律层面的指导，所以，风险投资业务特别需要市场进入、税收优惠、投融资管理等方面的成文的扶持性政策法规。

在我国，风险资本退出机制也存在不少误区，由此导致了资金利用效率不高等问题。笔者以为，风险投资的本质具有流动性，有效的退出机制涉及最终利润的实现，具有基础性功能。美国的纳斯达克，其最为成熟的条件之一是其常见的创业板企业退市，平均每年有8%的退市率。可以说，适当的、科学的退市率也是优化资源配置的一种体现，可以直接地反映出资金使用率的高低。在我国，经常存在这样一种现象，无数的闲置资本被存放于银行或用于其他投资，这样，资本的价值没有得到更好的开发和利用，如此，导致了真正有资金需求的企业却因资金缺乏而得不到深远的发展。一般来说，风险资本的科学化退出机制应当具有公开上市、出售、场外市场退出功能，以及产权转让和破产清算功能，但在中国，退出机制以

[①] 李丽霞、徐海俊、孟菲：《我国中小企业融资体系的研究》，科学出版社2005年版。

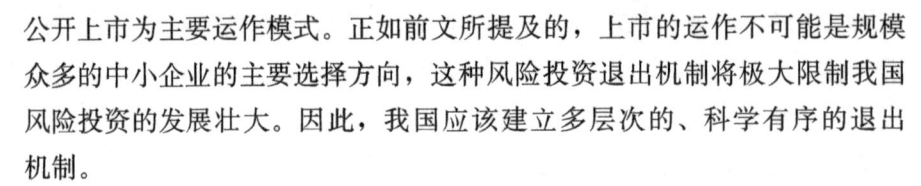

公开上市为主要运作模式。正如前文所提及的，上市的运作不可能是规模众多的中小企业的主要选择方向，这种风险投资退出机制将极大限制我国风险投资的发展壮大。因此，我国应该建立多层次的、科学有序的退出机制。

5.6.3.3 鼓励"天使投资"

"天使"一语源于英国，代表提供戏剧表演资金的资本。严格来讲，它是风险投资的一种，根据天使投资人的投资数量以及对被投资企业可能提供的综合资源进行投资。而"天使投资人（Angels）"通常是指投资于非常年轻的公司以帮助这些公司迅速启动的投资人。在美国，天使投资是早期创业创新的主要支柱。其别名为"3F"，即 Family、Friends、Fools（家人、好友、傻瓜），意思就是，要支持创业，首先要靠一群家人、好友和傻瓜。[①] 现在天使投资专门指个人出资协助具有专门技术或独特概念的原创项目或小型初创企业进行一次性的前期投资。我国居民储蓄总额高达30万亿人民币，这表明我国存在大量潜在的天使投资人，天使投资的发展空间相当广阔。但未来天使投资的发展可能会面临不容乐观的局面。[②] 笔者以为，这些不乐观局面有三种：一是天使投资企业文化价值过低，因此，大量的天使投资人不愿意投资"高风险、高收益"的中小企业，而且也很少有人熟悉天使投资的运作模式；二是创业者的诚信程度不高，存在擅自调整资金用途、隐瞒公司利润以及减少分红等问题，将影响投资人的积极性；三是投资市场政策法规仍处于不理想不健全状态。

5.6.4 信用评价机构及评价指标

中小企业的信用评价是以企业法人和高级管理层的信用状况为基础，对该企业的财务报表的信用进行严格分析，对企业的发展趋势、企业管理以及市场前景进行实地调查而出具的一种科学的、详细的报告。

相关资料显示，我国有大约50%的违约金额是因中小企业经营管理不善而没有能力归还本息所造成的，其中恶意违约者也占有一定的比例。凭此可以认为，中小企业之所以信用度不高，主要是因为其规模太小，企业主受教育水平较低，缺少金融业专业职称的技术人员，多种因素的综合作

---

① 周民源：《美国纳斯达克市场的成功运作及启示》，《金融论坛》2010年第3期。
② 杨锦之、姬福松：《私募股权及其在科技型中小企业融资中的应用》，《现代管理科学》2010年第7期。

用直接影响企业的信用度。另外，违约的成本较低，一家企业的违约成功会成为其他企业效仿的"楷模"，长此以往，导致了融资行业的生态危机，从而加剧了我国企业整体信用机制的恶性循环。还有，我国的行政监督部门对企业的信用问题不够重视，对中小企业的经营行为和行业环境的有效管理没有形成完整的监督体制。

笔者以为，我国企业信用制度的不健全会使很多中小企业的经济行为缺乏约束，所以，亟须制定相应的产权制度、信用制度和法律制度。

就目前而言，在我国，企业信用评价机构可以由中小企业局直接领导，汇集工、商、经、贸、税等多个政府职能部门，对中小企业的经营信用、市场信用及企业法定代表人个人信息进行全面评估，着重处理问题中小企业在融资过程中出现的各种涉及道德层面的问题，这样可以对该企业的融资风险进行提前预防，同时也可减少商业银行信贷审查的难度和监督的成本，减少交易的相关费用。逐步建立中小企业优良的信用环境和市场秩序。

一般而言，信用评价指标体系的构建不仅要考虑本企业财务指标的分析，还需要将企业的外部环境和自身素质等非财务指标考虑在内。

企业的财务状况是决定企业信用状况的关键因素，从企业的偿债能力、盈利能力、营运能力和发展能力四个方面来分析企业的财务状况，从而可进一步剖析中小企业的信用能力。

第一位要考虑的是企业偿债能力指标的设定。可以说，企业的信用程度是建立在企业偿债能力的基础之上，而融资又是建立在信用程度的基础之上，偿债能力是企业信用评价的关键所在。

第二位要考虑的是盈利能力指标的设定，企业盈利是偿债能力的基础，这种能力的三个要素是销售毛利率、净利润率和净资产收益率。

第三位要考虑的是企业的运营能力指标和发展能力指标的设定。运营能力可以较为清晰地反映出企业的资金周转状况、资产利用效率和流动性的优劣。而运营能力的评价可以参照存货周转率、应收账款周转率和总资产周转率三个方面。与此同时，由于我国中小企业成立时间较短，经营状况还不太稳定，未来的发展状况还无法预测，因此，要想对中小企业的信用进行有效评价，还需要考虑企业的发展能力。

5.6.5 融资服务的中介机构

前文提到直接融资的概念，相对于直接融资，通过中介机构而实现的融资属于间接融资的一种，该方式的优点在于能够利用规模经济降低成本，分散风险，实现多元化负债。一般而言，一个企业要做大做强，两种融资方式不能偏废。

在我国，政府应当加强立法和政策指导，鼓励并进一步容许和放开发展专门为中小企业融资服务的中介机构。在日本，企业急需融资，但是由于各种原因，企业的自有资本在所需资本中所占比例都较小，一般仅占企业资本的30%左右，其余的70%都需要从外部筹集。第二次世界大战之后，日本资本市场比较落后，企业从银行直接贷款或者从证券市场上筹集资金要受到诸多的限制，且筹资成本比较高。这种情况下企业只能通过融资中介服务机构来获取资金。在美国，中小企业找银行贷款并不难，原因在于这些中介机构可以提供多样化的企业融资方式及一系列服务，会告诉企业怎样才能更容易获得银行贷款。但是在我国，大多数中小企业都是拿着商业计划书直接找银行，这种直接的方式有时根本达不到目的，因为多数企业主不了解银行贷款政策、放款准则等，这不仅导致大量的无效劳动，甚至有时会因此错过企业发展的大好时机。虽然这些中介机构从理论上说仅对中小企业的发展起到辅助作用，但是这些辅助作用可能会解决一些攸关企业生死的重要问题。这些服务性质的中介机构包括中小企业服务中心、辅导中心、管理咨询公司、资产管理公司、会计师事务所、律师事务所、资产评估公司、税务代理公司等，它们都是以贷款评估、信息咨询、管理咨询、技术合作等为主要工作内容的中小企业社会化服务体系。在我国的多数省区和地级城市，中小企业协会和同业公会是中小企业自身的社会团体组织，各类中小企业协会和同业公会要把融资作为向中小企业提供社团服务的重点内容。

中小企业融资中介机构可以获得政府奖励

为贯彻落实奖励政策，继续鼓励中介机构加大对我市企业挂牌（上市）工作和再融资工作的扶持力度，近日，根据《晋城市人民政府关于发展和利用资本市场的实施意见》（晋市政发〔2015〕21号）文件精神，市金融办对我市"新三板"挂牌（上市）企业相府药业的主办券商太平洋证券奖励资金1万元，对海诺科技主办券商招商证券奖励资金1万元，对兰花纳米和兰花药业主办券商申万宏源证券奖励资金2万元。同时，对太平洋证券就帮助相府药业和招商证券就帮助海诺科技在"新三板"市场成功融资事宜各奖励资金5000元。

我市企业上市（挂牌）培育工作自2015年启动以来，喜报频传，相府药业、海诺科技等4家企业相继成功在"新三板"挂牌（上市），实现了我市近18年无新增上市企业的突破。同时，多家上市企业充分利用资本市场平台优势，加强资本运作，先后在"新三板"市场融资成功，融资功能逐渐显现。

下一步，市金融办将继续推进企业上市（挂牌）培育工作，推动更多优质企业登陆资本市场，加强已上市企业资本运作，拓宽企业融资的途径，为企业的发展前进注入动力。

资料来源：晋城在线网 http：//www.jconline.cn/Contents/Channel_7403/2017/0629/1393686/content_1393686.htm，2018－06－10访问。

5.6.6　融资和管理方面的培训

关于融资和管理方面的培训工作，应当由政府的具体职能部门予以主导、主持和开展，地方的中小企业局责无旁贷，每年定期进行，由专家、学者等该领域的研究人员对理论进行授课，由银行、其他金融机构、投资公司、资产管理公司、融资成功的企业家等业内人士进行实务指导，针对不同层次的中小企业各自的经营优势与劣势等有目的、有针对性地进行业务培训和指导，真正为中小企业在融资和企业发展中遇到的诸多问题和困难给予解答与解决；还要不定期地组织国内外有影响力的风投公司、基金公司、融资中介机构、信托公司、券商与优质的、具有发展前途的中小企业进行交流，以促进多方更为直观的交流和合作，逐步搭建一个可以互相借鉴、学习、交流的中小企业融资平台，尽可能迅速地直接打通与拓宽中小企业的融资之路。

第6章　我国股权质押制度存在的问题与重构

作为一种方兴未艾的担保方式，股权质押对于各类企业，特别是中小型企业，甚至是个人融资，都有着非凡的意义。但是，我们不得不承认，与金融经济发达的国家相比，我国股权质押制度的起步较晚，所以，从理论到实践，都显示出股权质押制度在我国远未达到成熟的条件与环境。随着各方的不断努力，股权质押制度正逐步趋于完备。

第一，现代民商法早已接受了无形物的观念，且无形财产的权利在社会财富中所占的比例越来越重；第二，权利证券化和市场信用日益发达；第三，股权质押已与动产质押一起，成为现代质押担保体系中的两翼，对现代金融业有着不可估量的作用。

6.1　我国股权质押制度存在的问题

由于诸多原因，股权质押制度在我国的运行并不尽如人意，存在对债权人的风险防护不力、法律法规政策不透明、股权质押限制条件过于严苛、对出质人的权利保护不充分、质押合同生效时间不合理、司法适用不当等诸多问题。[1] 这些瑕疵不仅不利于规范我国的金融市场，也对各级法院的裁判和执行形成极大的障碍，更无法保护相关当事人的合法权益，具体概括如下。

6.1.1　质押股权登记的问题

在我国《担保法》及《担保法解释》中关于以公司股权进行质押，针对上市公司和非上市公司做了差别规定，即以上市公司的股份出质的，质押合同自股份出质向证券登记机构办理出质登记之日起生效；以有限责任公司及非上市股份有限公司的股份出质的，质押合同自股份出质记载于股

---

[1] 文永辉、曾璟：《论我国股权质押制度存在问题及完善》，《重庆科技学院学报（社会科学版）》2011年第10期。

东名册之日起生效。

根据该条法律规定，上市公司的股权质押经向中介机构，即与出质人和质权人无利害关系的第三人——证券登记机构办理出质登记后，该股权质押合同始得生效，而且根据我国《公司法》《证券法》及其他有关规定，该股权质押的事实一般还应当由出质人在公告中予以披露，社会公众向证券登记机构查询而能获得相关信息，如此，才能让股权质押的事实为公众所知晓，进而使其具有该当的公示力和公信力。这样，就完全可以起到防止出质人在质押期限内又将该股权非法转让或者将其重复质押给其他人的情况发生，从而为质权人能够顺利实现质权提供了非常有力的保障。

然而，以有限责任公司及非上市股份有限公司的股份出质的，《担保法》及《担保法解释》却没有对股权质押的出质登记做出应然的规定，只规定了质押合同自股份出质记载于股东名册之日起生效。由于该股权质押没有向有关国家机关或部门办理出质登记，即没有做出相关公示；《公司法》《证券法》等法律也没有规定该股权被质押的事实应该以合法的形式向社会披露，此处可能因为股东名册又保存在被出质股份所在的公司中，所以，质押的事实就不会为除了当事人以外的其他社会公众所知悉，因而也就不具备起码的公示力和公信力。这样就使得质权人之质权能否顺利实现完全依赖于出质人的诚实信用，如果出质人不遵守市场原则，从一开始就没有把该股权出质的事实登记到公司的股东名册上，或者虽然登记在股东名册上，但事后通过自身的便利条件将该登记予以删除抑或重新制作一份新的股东名册，将该股权非法转让或者重复质押给其他人，就会严重危及质权人质权的实现。如此，会把质权人置于非常被动的局面。所以，笔者以为，在质押之初的登记中，就存在着严重的法律纰漏。

6.1.2 股权质押的限制性规定的问题

《工商行政管理机关股权出质登记办法》规定：申请出质登记的股权应当是依法可以转让和出质的股权。对于已经被人民法院冻结的股权，在解除冻结之前，不得申请办理股权出质登记。许多地方，以此条规范为据，也制定了地方性的限制规范，如《江苏省工商行政管理机关公司股权出质登记暂行办法》规定：下列情形之一的，不得办理股权出质登记：①将股权出质给本公司的；②以被人民法院依法冻结的股权出质的；③以已经办理出质登记的股权企图再次出质的；④以有限责任公司未经公司登记机关登记的股权出质的。

6.1.2.1 有限责任公司的股权质押的限制性规定

《担保法》第 78 条规定：以有限责任公司的股权出质的，适用公司法股份转让的有关规定。对于有限责任公司的股权转让，《公司法》第 71 条规定：股东向股东以外的人转让股权，应经其他股东过半数同意。股东应就其股权转让事项书面通知其他股东征求同意，其他股东自接到书面通知之日起 30 日未答复的，视为同意转让，其他股东半数以上不同意转让的，不同意的股东应当购买该转让的股权，不购买的，视为同意转让。

因此，如果出质人拟用有限责任公司的股权提供质押担保，质权人应要求出质人及公司提供公司股东同意以相关股权设定质押担保的股东会决议，避免因股权质押违反公司法关于股权转让的规定而失去效力。另外，经其他股东同意对外出质的股权，质权实现时，同等条件下其他股东享有优先购买权。

不过，需要提醒的是，国有独资公司是有限责任公司的一种特殊形式，《公司法》规定，国有独资公司的资产转让，依照法律、行政法规的规定，需要由国家授权投资的机构或国家授权的部门办理审批和财产转移手续。

根据《企业国有资产监督管理暂行条例》的相关规定，核定企业国有资本、监管国有资本变动是各级国有资产管理部门的主要职责。因此，国有独资公司的股权在对股东以外的人出质时，须报经国有资产管理部门批准。

还有，外商投资企业的三类企业——中外合资企业、中外合作企业和外商独资企业，一般都采取有限责任公司形式（极少采取股份有限公司的形式），以外商投资的公司的股权出质的，应当经原公司设立的审批机关批准后方可办理质押登记。

经外商投资企业其他投资者同意，缴付出资的投资者可以依据《担保法》的有关规定，通过签订质押合同并经审批机关批准将其已缴付出资部分形成的股权出质给质权人。投资者不得质押未缴付出资部分的股权，投资者不得将其股权质押给本企业。因此，以外商投资企业的股权出质的，拟出质股权，除应审查按不同的公司性质是否违反前述限制性规定外，还应遵守《外商投资企业投资者股权变更的若干规定》，具体如下。

第一，外商投资企业的投资者以其拥有的股权设立质押，必须经其他各方投资者同意。不同意的股东即使不购买，也不能视为同意出质。第二，投资者用于出质的股权必须是已经实际缴付出资的。第三，投资者不得将其股权质押给本企业。

另外，以国有资产投资的中方投资者拟进行股权质押，实现质权时必须经有关国有资产评估机构进行价值评估，并经国有资产管理部门依程序进行确认，经确认的评估结果应作为该股权的定价依据。

6.1.2.2 股份有限公司的股权质押的限制性规定

《担保法解释》第103条规定：以股份有限公司的股份出质的，适用《公司法》有关股份转让的规定。而《公司法》中对于股份有限公司的股份转让，有以下限制性规定。

第一，股东大会召开前的20日内或公司决定分配股利的基准日前的5日内，禁止进行记名股票的股东名册的变更登记。因此，上述期间不能进行相关登记行为，否则，质权不生效。

第二，发起人持有的本公司的股份，自公司成立之日起1年内禁止转让，公司董事、监事、经理任职期间每年转让的股份不得超过其所持有的本公司股份总数的25%，并且离职后半年内不得转让所持有的本公司股份。

第三，根据《关于上市公司国有股质押有关问题的通知》的相关规定，上市公司国有股东授权代表单位持有的国有股只限于为本单位及其全资或控股子公司提供质押，国有股东授权代表单位用于质押的国有股权数量不得超过其所持该上市公司国有股总额的一半。

从上述法律规范可以看出，立法者之所以做出上述法律规定，目的是防止利用股权质押来套取资金或者转移投资风险等，但是，这些限制条件虽然在防范上述风险方面能起到一定作用，但过于严苛，存在物极必反之嫌疑。根据《物权法》的相关规定及理论，公司股权转让的相关限制同样适用于股权质押，对股份公司而言，《公司法》第141条对发起人、董事、监事、高级管理人员转让其所持有的本公司股份做出相应限制性规定，以此条为依据，发起人、董事、监事、高级管理人员等在股权出质的时间和比例上都受到极大限制，当他们急需资金时，可能并不能以自己所持有的股权获得质押贷款。对有限公司而言，向股东以外的人转让出资，应当经过其他股东过半数同意。如果对于股权质押仍然需要半数以上的股东同意，显然对股权质押的设定和实现设定了双重限制，将会导致有限责任公司股权质押的设定非常困难。[①]对出质人而言，当只想通过出质股权获得融资时，如果未获得其他股东过半数同意，那么只能放弃出质或将股权转让给不同意其出质的股东，这样无疑会损害出质人的利益。

6.1.3 公示的问题

股权质押公示的意义在于以此方式能够确立质权人对抗第三人的优先受偿权。

在我国《担保法》中，对股权质押公示方式实施的是"一刀切"的规定。我国股票交易采用记名方式，在证券交易所进行，股票的转让并不需要实际的交付，投资者利用证券商与交易所的计算机联网系统，可以直接将买卖股票的指令输入到交易所的系统进行交易；投资者委托买卖、成交回报、股份资金的交割，均通过证券商与交易所的计算机联网系统实现。因此，《担保法》第78条规定，"以依法可以转让的股票出质的，出质人与质权人应当订立书面合同，并向证券登记机构办理出质登记。质押合同自登记之日起生效。"有学者据此认为，股票质押不以纸质的股票凭证的转移占有为要件，而是以登记为要件。其实，之所以存在此种观点，是因为有法律依据，《担保法》第64条与第78条分别规定："质押合同自质物移交于质权人占有时生效""质押合同自登记之日起生效"与"质押合同自股份出质记载于股东名册之日起生效。"不过，笔者以为，从法理学的角度，这是缺少理论根据的。

《物权法》延续了此种做法，如《物权法》第226条规定："以基金份额、股权出质的，当事人应当订立书面合同。以基金份额、证券登记结算机构登记的股权出质的，质权自证券登记结算机构办理出质登记时设立；以其他股权出质的，质权自工商行政管理部门办理出质登记时设立。"

还有，全国性的证券登记结算机构只有中国证券登记结算有限责任公司一家，总部设在北京，下设上海、深圳两个分公司，其主管部门是中国证监会。一般来说，上市公司的股权（表现为股票）均在该公司进行登记，该公司根据股票在证交所的交易情况，每日更新上市公司股权状况；

---

① 高坂健次：《当代日本社会分层》，张玄译，中国人民大学出版社2004年版，第436页。

非上市股份公司也可以选择委托该公司进行股权登记。

在实践中,由于外部监督不力,很多公司并无正式的股东名册,而往往是在需要时随时制作。也就是说,股东名册的有无完全由公司自己把控,这就大大削弱了公示的效力,直接影响股权被质押的事实是否会及时为当事人以外的其他社会公众了解和知悉。特别是有限责任公司这种"熟人公司",利用股东名册倒签质押日期逃避债务的情形就会时有发生,这就置债权人利益于无形的危险之中。另外,在质权实现的当口,通过删改作为股权出质实现条件的股东名册记载来影响出质合同的效力,这种损害质权人利益的行为还没有有效的法律规范予以限制和禁止。

此种公示方式的另一个问题是质押合同的生效时间问题。为了解决此问题,质押合同的生效时间最终以《担保法解释》第103条为准,即以上市公司的股份出质的,质押合同自股份出质向证券登记机构办理出质登记之日起生效;以非上市公司的股份出质的,质押合同自股份出质记载于股东名册之日起生效。至此,股权质押合同的生效时间确定为登记的时间,不过,就非上市公司股份出质的登记地而言,是公司而不是工商局。除前述中国证券登记结算有限责任公司之外,2006年4月24日,国家工商行政管理总局也还只把工商行政管理部门作为外商投资的公司的股东办理股权质押的备案机关。但《担保法》和《担保法解释》中的此规定一直在理论上存在着令人诟病之处,因为在实质上,其把质押合同生效与质权设立相混淆,而从基础性的物权行为理论的角度来看,质押合同是物权变动的起因,质权设定则是物权变动的结果,原因应当与结果相分离。

6.1.4 风险防范机制的问题

在我国,多年以来,通过加强立法、完善政策、汲取国外经验等多方面手段,股权质押制度的风险防范机制日趋完善,但是,因为股权质押本身所具有的易变性、表征性、转让及交接的间接性等特征,[①] 股权质押制度仍然存在诸多瑕疵,诸如,有效要件主义缺少效率性、公平性有所失衡、公示方式缺少安全性等没能完全解决的问题。就风险防范机制而言,缺少周延性是学界与司法实践层面早已达成共识的问题,[②] 还有,《证券公

---

① 林建伟:《股权质押制度的反思与重构——以制度价值为中心的考察》,《现代法学》2005年第9期。

② 林建伟:《股权质押制度研究》,法律出版社2005年版,第45页。

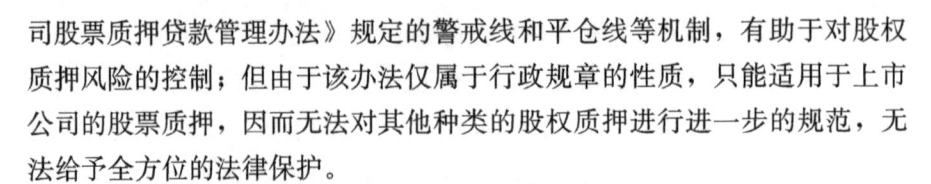

司股票质押贷款管理办法》规定的警戒线和平仓线等机制，有助于对股权质押风险的控制；但由于该办法仅属于行政规章的性质，只能适用于上市公司的股票质押，因而无法对其他种类的股权质押进行进一步的规范，无法给予全方位的法律保护。

6.1.5 质押后可能出现的实务问题

股权质押的诸多症结多发生于质押之后，具体情况如下。

6.1.5.1 质押后股权价值的计算问题

股权在质押后，如果遇到股权价值的下降，该如何进行价值的计量？这是实务中不容回避的问题，往往通过以下几种方法来进行股权的价值判断。

第一，依据工商注册登记时的出资额来进行确定，此方法常被称作原值确认法。笔者以为，该方法仅适用于成立不久的公司，或者资产规模未发生太大变化的公司，或者利润率较低的目标公司。

第二，依据目标公司的净利润值来进行确定，该方式作为一种衡量手段，也多被用于股权转让或者股权投资。包括以协议签署前一年、三年、五年甚至更长时间的净利润平均值乘以一定年限作为股权价值的计算。

第三，按照目标公司的净资产数额确定，此方式也被称为资产净值确认法，因为该方式特别易于操作，所以，即使在股权转让中也常用得到，即按照目标公司上一年度的资产负债表计算。

第四，依据目标公司的盈利能力或者收益率来给予确定，常用在中外合作、中外合资企业中，该方式在股权价值与目标公司将来的盈利能力间相联结。但是，一个企业的盈利能力大多时候不易确定，通常由专业的评估机构结合各种影响盈利的因素予以评估。

第五，依据审计、评估机构做出的价格确定。该方法最为简单易行，也是特别常见的一种方法，但是，在实践过程中，往往要准备大量的公司会计账目、财务报表、资产的清理核算等。不过，该方法是诸方法中较准确的一种，往往能够真实地反映出一个企业的资产和财产状况，如果遇到对股权价值无法协商一致，各自的估价差异较大的情况，该方法就可以派上用场了。

通常情况下，企业会选择几种方法来综合评判质押后的股权价值。

6.1.5.2 影响股权价值的因素

股权质押在设定之后，如果出质股东以明显不合理的低价转让目标公司的主要资产，或者目标公司聘请不具有任何管理经验的高管人员，造成质押股权价值的真实减少，肯定会导致债权受偿受损。或者，因为出质股东拖欠其他债权人的借款，该质押股权被法院查封，或者目标公司陷入重大诉讼，可能被法院判令承担债务清偿责任，由此将导致质押股权价值的真实减少。

这说明，从影响因素的角度，股权价值与目标公司的管理和产业类型有关，对于股权价值的影响因素，概括地说，以是否可由目标公司控制进行划分，可区别为内部因素和外部因素。

第一，内部因素，诸如股东会、董事会的决议，目标公司的利润和剩余财产分配；目标公司战略管理、市场营销、经营管理、目标公司处分重大资产、目标公司履行业务合同情况以及面临重大诉讼等与目标公司自身成长与管理有关的内部环节皆属内部因素。另外，对于内部因素，如果从主体而言，目标公司由股东、管理人员、劳动者等组成，股权价值也与这些组成主体相关。可以确切地说，上述主体所实施的不当行为可能会导致目标公司利润减少的，需要监管和防范。因此，只有对影响因素进行有效防范，才能防止股权价值减少可能性的发生。

第二，外部因素，诸如原材料、劳动力等成本涨跌、行业利润形势、国家产业政策等与目标公司经营无直接关系的外部环节。

6.1.5.3 出质股东擅自处分质押股权的问题

对于这个问题，我国与此相关的《担保法》《担保法解释》以及《物权法》的规定并不完全一致。

依据法理上的新法优于旧法的原则，在《物权法》正式施行之后，质押股权的现实处置应当适用该法第226条的规定，而不再适用《担保法》与《担保法解释》，即股权出质后，不得转让，但经出质人与质权人协商同意的除外。

出质人转让基金份额、股权所得的价款，应当向质权人提前清偿债务或者向双方共同认可的第三方提存。对于出质股东擅自转让质押股权的效力，应从债权及物权行为的两方面效力来给予分析。从债权的角度，此行为应当属于效力待定民事法律行为，即效力取决于债权人同意与否。

从物权的角度，如果受让人属善意第三人，其受让的结果如果符合善意取得的法定要件，则受让人因此而取得质押股权；如果不是这样，质权

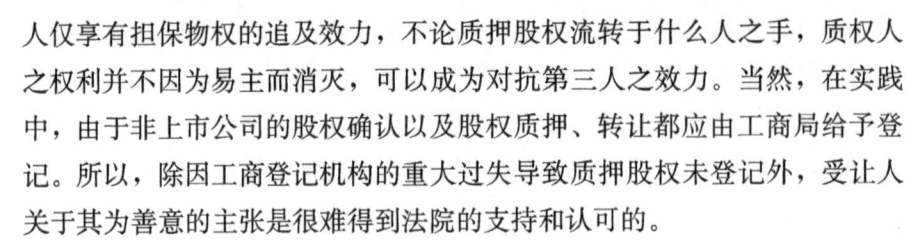

人仅享有担保物权的追及效力,不论质押股权流转于什么人之手,质权人之权利并不因为易主而消灭,可以成为对抗第三人之效力。当然,在实践中,由于非上市公司的股权确认以及股权质押、转让都应由工商局给予登记。所以,除因工商登记机构的重大过失导致质押股权未登记外,受让人关于其为善意的主张是很难得到法院的支持和认可的。

6.1.5.4 股权价值的减少产生的影响问题

此影响最为深远的莫过于对质权人的影响。股权属性决定其价值容易上下波动,此源于公司经营状况和市场变化的影响,所以,在股票出质之后,其价值的波动是不可避免的,股权价值大幅减少会损害质权人的权益。此损失体现如下:

第一,债权难以如期实现。第二,如果质权人对此不知情,就不可能及时要求出质股东履行补救义务。作为质权人,在取得股权质权后,其注意义务最为重要的就是质押股权的价值减少。

6.1.5.5 股权质权的权能问题

前文已经提到这个问题,主要结合中外立法给予讨论。在此,仅就我国的实践操作予以讨论。

该问题是涉及质权人可以拥有和行使哪些权利的问题。例如,质权人是否能行使质押股权的表决权、选择管理权等共益权。如果质权人可以行使表决权,则其可以影响目标公司的经营决策,从而影响股权价值,也将影响质权人自身的利益。对于质押后股权的权能范围,在理论界和实务界存在两种不同的观点。

第一种观点认为:股权质押时,质权的效力并不能及于股东的全部权利,而只及于其中的财产性权利,即自益权,而公司重大决策、经营权、选择管理者以及其他需要表决予以决定权利等共益权则仍由出质股东行使。

第二种观点认为:股权乃股东的自益权和共益权这两种权利的有机结合。因此,绝不可强行分割而只承认一部分是质权的标的而剔除另一部分。对股权的处分,就是对股权的全部权能的一体处分。

笔者同意第一种观点。股权质押的权能范围通常仅限于自益权,理由如下:

第一,自益权属财产性权利,质权人获得出质股权后关注的也是财产权利,而质权人相对于出质人的公司运营、股东地位等而言是陌生的,也是不予关心的,因此,质权人最为注意的是能否从此质押结果中获得如期利益。

第二,从质权实现的时间和条件来看,质权人的权利实现附一定期限或者附一定条件;只有在主债务履行期限届满或者质权提前实现的法定或约定条件满足之时,才享有要求出质人履行担保责任的权利。而在此之前,质权人只享有届时实现质权的可能性,如果债务人在履行期限届满之前已经清偿完毕债务,则质权人因债权实现而质权消灭,也就不可能在债务履行届满前以股东身份参与公司的管理。

第三,从涉及的相关法律关系来看,股权质押是出质人与质权人之间的单一的法律关系;而目标公司的共益权是一个集合性的多个法律关系,属于公司与股东、股东与股东之间的法律关系。

第四,在公司的所有股东行使共益权时,质权人的地位相当于第三人,与目标公司及其他股东并无直接的法律关系。而质权的优先受偿权,也仅针对出质股东的股权,属于其个人财产,并非直接指向公司的资产。

6.2 股权质押制度完善的前提条件

在现有的政策环境下,要完善股权质押制度,应该从宏观的角度,协调国家多个部门及社会多方力量,针对以下基础性工作给予关注。

6.2.1 完善相关配套制度、多方协调、秉公办事

股权质押需要多部门的通力合作,涉及资产评估机构、公证处、工商行政管理局等。

如果资产评估机构是独立的企业法人,自负盈亏,容易受经济利益的驱动,但是,股权评估的真实价值是做好股权质押工作的前提,因此,资产评估部门必须严格遵循诚信的商业准则,科学、公正地评估出质押股权的真实价值。我国在建设资产评估机构时应当以权威性目标为导向,这一点,美、日两国的经验值得借鉴。在美国,股权质押的评估是由专门的资产担保评估公司来进行的。

在我国佛山市南海区组建的"知识产权质押融资专家数据库",可为出质人和银行合意确定评估小组提供便捷服务,这一经验值得推广和学习。诚然,须明确评估人员的法律责任,以保障当事人的合法权益。另

外，必须制定全国范围内统一的、科学的股权评估规范。

公证处与工商行政管理部门属于政府机关，便捷、稳妥地做好股权债押的公证和登记工作是开展此项业务的有力保障。公证部门严格按照工作程序，给予公开、公正的公证，防止弄虚作假等违法行为；工商行政管理机关要以评估报告和公证书为准，提供高效、迅捷、周到的服务，真正做好股权质押的登记、管理及监督，保障银行的债权实现。此外，工商管理部门应加强信息系统建设，增加股权查询及警示信息提示功能，及时更新企业信息变化情况并加强与商业银行的合作，实现信息同步共享，有助于银行准确、及时地了解企业的情况。

银行业监管部门应研究制定并出台股权质押融资的风险指引政策，规范商业银行的股权质押融资操作流程，引导其科学有序发展。在质押权实现方面，商业银行在行使金融股权的质押权时，对参与拍卖或者变卖的组织和个人，给予严格的股东资格审查，以确保金融机构股东结构的合理性，唯如此，方能保障质权的顺利实现。

针对股权质押缺乏审批与登记统一监督管理的这一现实，建议国家相关职能部门出台政策规定，制定科学、严格的审批制度，申请股权质押须经原公司的审批或主管部门依法审核批准，建议公司注册所在地工商管理系统依法行使股权质押的登记和监督管理职能。对《公司法》中有关股份转让质押的条款进行修订，将《担保法》权利质押中的股份质押和股票质押单独列出，明确规定股份制企业办理股权质押的审批登记流程和其他限制性基础条件。

产权交易中心应进一步完善、强化股权交易制度及操作流程，提供权威、规范的交易平台，以增强相关市场的活跃性及有效性。产权市场的活跃与规范是股权质押信贷业务发展至关重要的基础条件。

6.2.2 股权价值认定的评估工作

除上市公司股份有市场价值及每股净资产作为价值参考外，其余公司的股权价值认定均存在价值难以核定的问题，虽有评估公司进行价值估算，但仍有较大概率出现人为操作和估算误差的问题，所以，各支行在开展此类业务时，除采用评估价值外，自身也应根据企业实际情况对股权进行一定的核估。

6.2.2.1 控制非上市公司股权质押率与授信期限

因为股权价值很难评估，特别是当负面影响出现时，很难对其未来的

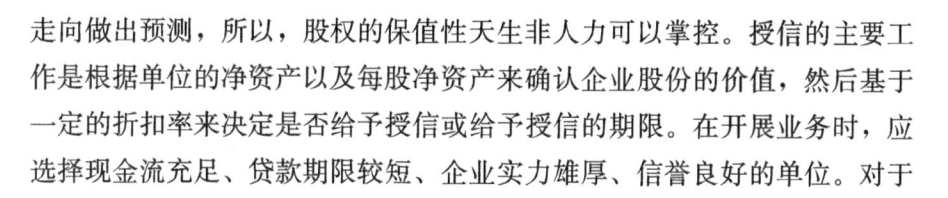

走向做出预测,所以,股权的保值性天生非人力可以掌控。授信的主要工作是根据单位的净资产以及每股净资产来确认企业股份的价值,然后基于一定的折扣率来决定是否给予授信或给予授信的期限。在开展业务时,应选择现金流充足、贷款期限较短、企业实力雄厚、信誉良好的单位。对于股权质押率严格按照总行的相关标准执行,贷款期限则最好控制在半年至一年,以免企业经营局面不理想而影响其股权价值。

6.2.2.2 考虑股权指向单位的行业属性

从银行的授信对象角度来看,要关注出质股权指向单位本身是否规模足够、所处行业和地方经济发展对该单位的依赖程度是否较高等。从行业的诸多方面来衡量该单位的当下与前景,与国家政策鼓励方向一致的行业如交通、能源,相对风险较小,而高耗能、高污染、资源性行业的风险则相对较高,对于以该行业公司股权做质押的应慎之又慎。

6.2.2.3 加强贷前调查与贷后检查

毕竟股权质押存在制度本身的特殊性,所以,加强贷前调查和贷后检查两项工作势在必行。除此之外,对出质股权指向的公司也应进行严格的贷前调查及贷后检查,常规的调查与检查至少要包括以下两点:第一,是否有抽逃资金、转移资产等掏空企业的违法违规行为;第二,企业的经营情况是否正常,有无已经或即将经营困难或经营不能的状态。

6.2.2.4 开展股权质押授信的担保措施

股权实际上是权利与利益的结合,股权价值的大小及股权的实现与企业的命运休戚相关,所以,已经出质的股权的价值极易受到企业内外多种因素的影响。为了有力控制银行风险和固定质押的价值,建议在接受股权质押时,还要对企业资产给予锁定,即限制企业的一些可能导致股权价值减少的经营行为,以免股权价值被掏空。还有,如果可能和便利,要想办法为股权质押做好辅助担保,以降低银行的风险。如果此措施进展顺利、有效与合理,可能较易改善银行资金运用效率和信贷资产质量;反之,银行信贷风险加大,就会导致企业和银行双败的局面。

6.2.2.5 发展股权转让二级市场

近年来,一个不可否认的事实是,以民营企业和高科技型或精密型为主的中小企业越来越多地相信并开始采用股权融资来做大做强企业。可是,如此迅猛的发展趋势与企业股权转让二级市场的政策和法律极不协调，该二级市场需要进一步构建和完善，这样，企业股权的流动性和变现渠道才能走向可能并进而壮大。允许各地设立和完善产权市场和拍卖行，确立企业的股权转让的法定流动程序，在公司审批和登记管理部门的统一监管下推动企业股权的有序转让与流动。若出质人不能按约偿还银行贷款，质权银行可将质押股权通过上述交易机构进行正常的转让并变现，为银行顺利拓展股权质押贷款业务创造良好的政策与市场环境。

6.2.2.6 完善股权质押制度的技术要求

与股权质押制度相关的各个单位应顺应信息化、电子化、无纸化等发展趋势，注重与完善本单位的控制系统、电子化自办业务等。笔者建议进一步优化和规范业务系统，从业务流程的设计、运作、控制等方面落实风险防控工作。应用先进的科技手段、安全的网络技术，确保日常业务的安全营运。运用先进的科技手段和技术力量，构筑科学的、安全的技术防线。

6.3 完善股权质押制度

股权的本质属性兼具财产性和可转让性，这是可用于设质的基础条件。但是，并非所有的股权都可作为质押的标的。各国立法对股权质押、股权转让等实践，基于自身的经济发展需要，都有一定的限制性措施，我国也是如此。

6.3.1 如何完善股权质押的登记制度

《物权法》规定的股权质押的登记生效主义，完全是为了安全着想。[①]既然《担保法》存在着前述的缺欠，那么，该如何对其进行完善呢？这是一个需要从理论与实践两个方面予以回答的问题。从理论上讲，立法机关完全可以借鉴《担保法》第79条关于以可以转让的商标专用权、专利权、著作权中的财产权出质的规定，对关于以有限责任公司及非上市股份有限公司的股份出质的规定做出如下修改，即以有限责任公司或者非上市股份有限公司的股份出质的，出质人与质权人应当订立书面合同，并向被质押股份所在公司的工商登记管理机关办理出质登记，质押合同自登记之日起生效。这样一来，该股权已经被质押的事实就会被记载于由工商登记管理

---

① 师纬凤：《对中国有限责任公司股权质押设立规则的研究》，《经济研究导刊》2014年第4期。

机关所保存的企业工商档案之中，社会公众可以向工商登记管理机关查询，获悉该股权质押的情况。并且，此举可以使得该股权的变动处于工商登记管理机关的有效监督之下，使出质人在质押期限内私自转让该股权或者以该股权重复出质的恶意行为不能实施。

从实践的角度，如果出质人在质押期限内欲转让被其质押的股权，则必须到工商登记管理机关办理变更登记后，该转让行为才生效，而在办理变更登记时，工商登记管理部门就会发现该股权已经被质押的事实，就会向出质人索要质权人同意转让该股权的书面文件，如果出质人未经质权人同意私自转让该股权，自然无法提供该书面文件，也就无法转让。如果出质人在质押期限内欲将该股权重复质押给其他人，则需要到工商登记管理机关办理出质登记，而在办理出质登记时，工商登记管理机关同样会发现该股权已经被质押的事实，这样如果出质人无法提供该质权已经消灭的确凿证据，工商登记管理机关自然不会为该股权重复办理出质登记，从而起到保障质权人的质权能够顺利得以实现的良好效果。

现实证明，现行《担保法》中就此主题的规定存在许多重大的纰漏，而当下对此主题主要依赖于司法机关的法律解释，可是有的法律纰漏并不能通过司法解释得以解决，何况，司法解释的权力是有限的，即便是勉强为之，也是权宜之计。

6.3.2 如何完善股权质押的限制转让

股权质押过程中的诸多风险多是因为股权的特性、法律体系制度等内外条件的不完备而造成的，所以，在实践中，选择防范手段也应从这些方面入手。在质押之初，就应当建立有效的风险防范机制，不仅能够规避股权质押融资过程中的风险，还能大力促进股权质押有序进行。

前述中提到，在我国，以下几种股权存在禁止转让的问题。

根据《公司法》规定，在股份有限公司中，公司设立的发起人持有的本公司的股权，自公司成立之日起二年内不得转让；公司董事、监事、经理所持有的股权，在其任职期间内禁止转让。

未经国家主管部门批准或者在国家有关管理办法未公布以前，任何单位不准向外商转让上市公司的国有股和法人股。

以上这两种限制是对股权转让的限制，在理论上，笔者称之为间接的限制，之所以如此，主要是因为此类限制转让必须考虑其可能存在的潜在后果，即当债务人不偿还债务时，可以折价、拍卖或协议转让出质的股权。我国《担保法》也明确限定"依法可以转让的股份、股票"可以质押，以有限责任公司和股份有限公司的股份出质的，适用公司法股份转让的有关规定。所以，股权质押与股权转让两者联系密切，"依法可以转让"是股权质押的必要前提。但是，在质押的同时，必须从安全的视域对法人治理进程、国有资产保值、国家经济等方面给予充分、必要的关注。

这表明，我国《公司法》以及外商投资、证券监管及国有资产管理等部门对股权转让进行了限制，客观上起到了限制股权质押的后果。

除了间接限制，笔者还从具体的法律规范中，找到了具有一定共性的如下限制，相对于间接限制，笔者称之为直接限制。简言之，此类限制是对质押的股权或者质押条件进行法律上的限制，如规定：

第一种情况，公司不得接受本公司的股票作为质押的标的。

第二种情况，管理层受让企业国有产权时，不得向包括标的企业在内的国有及国有控股企业融资，不得用这些企业的国有产权或资产为管理层融资提供质押。

第三种情况，国有股东授权代表单位持有的国有股只限于为本单位及其全资或控股子公司提供质押，用于质押的国有股数量不得超过其所持该上市公司国有股总额的一半，且必须事先进行必要的可行性论证，明确资金用途（不得用于买卖股票），制订还款计划，并经董事会审议决定。

第四种情况，证券公司向商业银行股票质押贷款时，质押的股票不得是上一年度亏损的上市公司股票，前六个月内股票价格的波动幅度（最高价/最低价）超过200％的股票，证券交易所特别处理或停牌、除牌的股票。

第五种情况，外商投资企业的投资者不得质押未缴付出资部分的股权，经企业其他投资者同意质押股权的，还须经审批机关批准和备案，否则质押行为无效。

在第一种情况中，即公司不得接受本公司的股票作为质押的标的，这是我国法律绝对禁止的，如《公司法》规定，"公司不得接受该公司的股票作为抵押权的标的"。《外商投资企业投资者股权变更的若干规定》规定，"投资者不得将其股权质押给该企业"。不过，在某些国家，法律规定在满足一定条件时是允许的，如日本《商法》第210条、德国《有限责任公司法》第33条的规定即是适例。

第二种情况，也体现了禁止质押的绝对性。

第三、第四与第五种情况却体现了限制质押的相对性，如在第五种中，《外商投资企业投资者股权变更的若干规定》规定，在外商投资企业中，股权质押受限于以下并行的两个条件：第一是外商投资企业的投资者以其拥有的股权设立质押，必须经其他各方投资者同意。若有一个股东不同意，便不能出质。不同意的股东即使不购买，也不能视为同意出质。第二是投资者用于出质的股份必须是已经实际缴付出资的。不过，如果外方投资者以其全部股权设立质押，外方投资者以股权出质的结果不能导致外方投资者的比例低于企业注册资本的25%时，是不经前边两个条件而进行质押的。

这种限制的相对性，也体现在有限责任公司的股权出质，参考《担保法》第78条，应"适用公司法股份转让的有关规定"，及《公司法》第72条对有限责任公司股东转让出资做了明确规定。以上两条规定，可以体现以下三点：一是股东向作为债权人的同一公司中的其他股东以股权设质，不受限制；二是股东向同一公司股东以外的债权人以股权设质，必须经其他股东过半数同意，而且该同意必须以书面形式即股东会议决议的形式做出；三是在第二种情形中，如果过半数的股东不同意，又不购买该出质的股权，则视为同意出质。该种情形，也必须形成股东会决议，并且应在股东会议中明确限定其他股东行使购买权的期限，期限届满，明示不购买或保持缄默的，则视为同意出质。

对股权质押的限制，除安全性的积极因素之外，还存在着极大的消极因素，如在质权的实现方面也伴随着不小的限制，体现如下。

第一，所担保的债务履行期届满前或届满时禁止，转让股权仍不具备转让条件，则质权人无法实现质权。

第二，《担保法》第70条规定的权利无法行使。该条规定："质物有损坏或者价值明显减少的可能，足以损害质权人权利的，质权人可以要求出质人提供相应担保。出质人不提供的，质权人可以拍卖或者变卖质物，并与出质人协议将拍卖或者变卖所得的价款用于提前清偿所担保的债权或者向与出质人约定的第三人提存。"很明显，在不得转让期间内质权人是无法行使该项权利的。

第三，如果不得转让的期间长于主债权的诉讼时效，则质权能否主张也难以确定（至少在无明确的法律规定时是如此）。再就是根据我国《商业银行法》的规定，商业银行不得从事投资，其质权自取得之日起一年内应予以处分。故作为商业银行一般不应考虑这类股权质押，其他经济主体也应慎重考虑。

为了对上述消极因素进行应对，最高人民法院于2001年9月颁布《关于冻结、拍卖上市公司国有股和社会法人股若干问题的规定》，这个规定为解决限制股权的质押提供了解决上述限制问题的法律可行性依据。该规定明确了为了保护债权人以及其他当事人的合法权益，维护证券市场的正常交易秩序，根据《证券法》《公司法》《民事诉讼法》《拍卖法》等法律的有关规定，对人民法院在财产保全和执行过程中，冻结、拍卖上市公司国有股和法人股等有关问题。该规定第4条规定："人民法院在审理案件过程中，股权持有人或者所有权人作为债权人，如有偿还能力的，人民法院一般不应对其股权采取冻结保全措施。人民法院已对股权采取冻结保全措施的，股权持有人、所有权人或者第三人提供了有效担保，人民法院经审查符合法律规定的，可以解除对股权的冻结。"该规定第8条规定："人民法院采取强制执行措施时，如果股权持有人或者所有权人在限期内提供了方便执行的其他财产，应当首先执行其他财产。其他财产不足以清偿债务的，方可执行股权。本规定所称可供方便执行的其他财产，是指存款、现金、成品和半成品、原材料、交通工具等。人民法院执行股权，必须进行拍卖。股权的持有人或者所有权人以股权向债权人质押的，人民法院执行时也应当通过拍卖方式进行，不得直接将股权执行给债权人。"

虽然以上规定的是法院采取冻结、拍卖上市公司国有股和社会法人股强制措施时的限制转让股票的转让方法，但是对限制转让股票质押的质权实施问题仍有参考意义。它至少给予我们五点启示。

一是股权质押与股权转让存在着差异；二是在现有的法律规定里，限制转让股票的转让是有法律依据的；三是限制转让股票的转让应该采取公平拍卖方式，以维护当事人的合法权利；四是如有其他方便清偿的财产，先以其他财产清偿；五是限制股权质押在执行时也应该采取拍卖方式。

笔者以为，在现有的法律框架内，禁止转让股权的质押问题是完全可行的，有关部门和机构完全可以参考最高人民法院的司法解释对禁止转让股权的质押问题做出专门的规定并统一规范。此外，必然会出现银行交叉经营的局面，作为以股权质押为融资方式的最大业务经营者，即商业银行的股权质权一年内应该予以处分的限制问题并不为法律所禁止和限制。因此，禁止转让股权的质押具有切实可行性。

笔者以为，应当更进一步放宽对股权质押的限制，允许股权的完全自由设质，但在股权实现的时候，应进行更为严格的限制。对有限公司而言，我国股权质押应当比照公司法对有限公司股权转让的规定来限制质权的实现，保证有限公司其他股东的优先购买权；对股份公司而言，可以规定发起人出质的股权的实现，应当从公司成立之日起的一段时间内依法可以进行；公司董事、监事、高级管理人员的出质股权的实现，按照股权转让的限制性规定执行。

还有一个问题是：设定质押之后，可以视为转移给质权人占有。那么，占有质押股权的质权人是否可以将质押股权再次质押？我国的相关法律中都没有对此做出明确规定，不过，依据《物权法》第 229 条的规定，即权利质权可类比适用动产质权的相关规定。在理论上，根据是否需要经过出质人的同意，转质可分为承诺转质和责任转质。以我国《担保法解释》第 94 条的规定为据，我国法律中有关于承诺转质的规定，而无责任转质的规定。德国、法国的民法均没有转质的规定，但理论上存在质权人的转质权，瑞士、日本及我国台湾地区有此规定，有的采用承诺转质，有的采用责任转质。[①] 笔者不主张经质押的股权可以转质，不管出质人是否同意，因为转质不但会导致法律关系的复杂化，而且在技术上很难操作。不过，有学者充分肯定转质行为，认为转质可以充分地把股权质押的制度价值利用到位。[②]

6.3.3 如何完善股权质押的公示模式

世界各国的股权质押制度主要的设计可解读为股权的静态归属，即股权的源生权利归属于谁所有的这样一种规则。在市场经济中，股权转让、质押制度所涉及的交易正大规模且频繁地发生着，市场的安全问题相伴而来，面对经济与科技高速发展的局面，传统角度下经济与金融安全制度不

---

① 史尚宽：《物权法论》，中国政法大学出版社 2000 年版，第 364 页。
② 李政辉：《转质制度研究》，《安徽大学学报》2004 年第 1 期。

足以适应发展的需要，那么，股权质押的公示及公示方式的科学性成为必要。在股权质押中，以股权出质设定担保，涉及股权的变动。我国《物权法》规定，"质权自出质人向质权人移转质物的占有时设定""质权自登记之日设定""质押合同自合同成立之日生效，但法律另有规定或者当事人另有约定的，依其规定或者约定"。可以看出，无论何种质押，都是把质押合同生效与质权的生效区分开来的，质押合同自合同成立之日生效，质权自出质人向质权人移转质物的占有或登记之日设定。可以看出，《物权法》纠正了《担保法》中将质押合同生效要件等同于质权生效要件的不合理规定，这是值得肯定的。

传统的观点认为，股权质押属实践合同，股权质权的成立除须签订质押合同外，还须以交付标的物为必要条件，世界多数国家的立法也是如此，如日本《商法》第207条规定，"以股权为质权标的的，须交付股票"。而我国《担保法》第64条与第78条之规定，实际上是将质押合同的生效和质权的设定相混淆。质押合同的订立乃在当事人间创设权利义务关系，属债权债务行为，是物权变动的原因行为；而质权的设定是合法有效的质押合同所产生的后果，属于物权变动的范畴。《物权法》将《担保法》这一错误予以校正，即将质押合同生效与质权的生效区分开来，质押合同自合同成立之日生效，质权自出质人向质权人移转质物的占有或登记之日设定。事实上，物权变动有赖于标的物的交付或者登记的完成，而交付登记是作为当事人应履行的债务，不履行当然构成违约。就非上市股份公司和有限责任公司而言，由于纸质股票的存在或出资证明书的存在，股权质押的生效完全可以以书面合同、设质背书以及股权凭证的交付为要件。[①]

对于记载于股东名册的公示，建议法院、仲裁机构对股权的认定也以工商部门的登记为准。因此，利用工商登记公示股权质押的情况不仅有必要而且可行，可以将股权质押的情况在工商部门登记备案，同时附上质押合同，质押合同自登记之日起就具有对抗第三人的效力。

笔者认为可以就此深入讨论，当股权质押开始就可能意味着质押的终点，即涉及权利人的变更，起始点的登记或交付，如果当事人违法为之，即未经登记或交付，则不能产生对抗第三人的效力。做如此考虑的原因

---

① 林建伟：《股权质押制度的反思与重构——以制度价值为中心的考察》，《现代法学》2005年第9期。

是：如果出质人到期不能清偿债务，质权人可以通过许可、转让等方式实现债权，对于质权的受让人、被许可人等善意第三人而言，他们代表的是交易的秩序，对他们的保护，就是对交易安全的保护，即采取登记对抗主义的股权变动公示模式。

在互联网技术日益发达的今天，笔者建议用电子登记的方式，登记内容向质权人及社会公众开放，供他们自由查询。美国和加拿大都有统一且有效的登记制度。我国应进一步确定，由哪个机构登记以及如何登记、担保权益公示的内容有哪些、如何确定优先权以及担保权益所覆盖的具体资产有哪些等问题。笔者建议可以采取以下具体措施：第一是法律依据，可以用成文法的形式建立股权担保权益登记系统，该系统应当信息化，即能够进行网络搜索。第二是内容范围，包括所有转让、授权或者应用授权的权益，无论这些权益的取得是基于让与还是许可。第三是应用规则，系统严格按照登记优先（即登记在先者享有优先权）规则确定其优先权，即登记的让与优先于未登记的让与。登记是股权质押制度成熟的必要措施，完善的登记制度，有利于股权质押的广泛应用。

6.3.4 如何完善风险防范机制

股权质押的风险防范机制是一个综合性工程，需要政府、风投公司、保险公司、登记机关、商业银行、担保机构、评估机构等多方的参与，把上述多方主体纳入股权质押风险保障体系之中，形成以担保机构提供再担保，商业银行、权威机构评估、保险公司承保理赔的整齐划一的一揽子体系化风控模式。政府的义务是加大财政扶持力度以保证基金的方式来加强对出质人的保障。工商登记机关须严格审查以下事实：是否违反股权转让的限制性规定，考察借款企业及被质押股权的公司状况，分析公司的管理是否科学专业、财务情况是否良好、征信程度、市场竞争力、是否具有发展前途以及产权是否清楚，对融资目的和投资项目进行详细论证，对借款人未来偿债能力进行科学预测。风投公司、风险基金等的责任是投资参与股权交易市场，促进股权价值的变现与实现，以保障质权安全。有学者建议建立"两墙"机制，即业务防火墙与中国墙。前者指的是以风险为规制对象，强调将异业风险限制在各自业务领域内，防止风险的扩散和蔓延。后者则以信息为规制对象，要求限制或禁止跨部门、跨领域的信息传递，借以防止滥用信息和内幕交易行为的发生[①]。

除此之外,还应当做好以下五个方面的工作。

6.3.4.1 股权出质动态数据库

相关部门还应当逐步构建全国性的股权出质动态数据库,可以让质权人对出质股权的变动及时行使监督权,这样在设质的股权价值可能下跌时,可以有权要求出质人增加担保,若被无理拒绝,则该拒绝行为会构成违约,应承担违约责任。同时,质权人有权拍卖、变卖质物,并与出质人协议将拍卖、变卖所得的价款优先清偿或者向第三方进行提存,这些工作会保障质权人实现债权。

6.3.4.2 监督机制

就监督而言,单纯地保证出质股权的保值和增值是不够的,还要防范股权出质的道德风险、监督被质押单位的经营行为、对中小企业经营管理进行持续性监督,以提高银行放贷积极性和主动性,可以更及时地缓解中小企业融资难的问题。

6.3.4.3 股权转让体系

就股权转让体系而言,主要是完善的非上市公司股权转让机制,通过查阅和分析相关资料,笔者了解到的现实是,虽然各地已经设置的产权交易场所可以进行有关股权转让的交易,但仍难以满足此种业务的需求。笔者以为,国家有关部门应当尽快制定和颁布扶持企业股权转让二级市场的相关法律与政策,构建和完善市场体系,增加企业股权的流动性和变现通道;允许各地设立和完善股权市场和发展拍卖行业,明确企业的股权转让流动程序,在公司审批和登记管理部门的统一监督下推动企业股权的有序转让。若借款人不能依约按期偿还贷款,银行可将质押股权通过上述交易机构进行正常的转让变现,为银行开拓股权质押融资的业务创造最佳的外部环境。

6.3.4.4 重复质押

当事人通过平等协商,达成合意,正当合理行使交易自由,最大限度地发挥股权价值,创造财富,法律应予鼓励和支持。我国现行《物权法》等相关法律有着传统的禁止重复质押的要求,笔者以为,此举不利于保护

---

① 龚胜:《股权质押融资业务的法律风险与防范》,《青海金融》2010年第1期。

和扩大当事人的交易自由,应给予修正。

肯认重复质押的合理性与主要理由:其一,股权质押不以移转占有标的物为必要,出质人不存在将股权交由质权人实际占有。出质人与质权人只要达成合意并办理了登记,质权便设定。因此,出质人完全可以将其股权在评估的价值范围内出质给两个以上的人。例如,甲有股权评估价为 1000 万元,按质押率 30% 计算,质押金额为 300 万元。则甲将其作为质押标的向乙银行贷款 200 万元后,在质押期间由于资金问题,再次向丙银行质押担保贷款 100 万元。合乎常理,无不可。其二,股权可以重复利用,股权原主体可将知识产权全部、部分转让或者授权他人使用。若承认部分财产权可质押,则股权的重复质押也就是该当的。股权质权上的多个质权之实现,应按其成立的先后顺序受偿。

6.3.4.5 平衡出质人与质权人的权利义务

合情合理地规定出质人和质权人的权利义务以维护法律公平。

我国的法律规定对出质人处分权的限制,体现了对质权人利益的一种倾斜,这对出质人是不公平的。因为,从法理上说,股权出质后,出质人并未丧失对股权的处分权,相应地,其转让权应得到法律的许可。《担保法》第 78 条的规定明显限制了出质人的权利,其目的不是促进财产的流转而是清偿债务,应按照民法上公平公正对等的理念来修改这种失衡的规定。对待股权质押法律关系中的双方当事人应当一碗水端平,规定出质人和质权人的权利义务应趋于合理。

6.3.5 其他应予完善之处

第一,就解除股权质押的限制而言,除上述要点外,笔者以为,还应就个人持股的限制出质予以解绑。因为,《证券公司股票质押贷款管理办法》中仅规定证券公司才可以用其持有的股票向银行设质,而普通投资者所持有的不记名流通股票的设质问题却没有提到,就此,有学者认为,非流通股票由于便于公示登记,因此其设质不存在任何障碍,但是,无记名流通股票由于不能解决公示问题,因此无法设质。但笔者认为,依《担保法》之规定,普通的投资者所持有的不记名流通股票能够进行设质;只要有政策解决了公示问题,个人持有的股票也可以进行质押。所以,对股票设质的登记公示办法进行改革势在必行,这样才能解决个人持有的股票设质难的问题,才能进一步拓展融资的渠道。公司发起人所持有股权的出质也存在同样问题。因为《公司法》规定了对发起人持有的本公司股票在公司成立后一定时间内不得转让。就该问题，笔者以为，设质并不等于转让，并且在质押期内，并不发生股权转让问题，只有质权到期债务人未履行债务时，才产生股权质权实现的问题。因此，发起人的股权并非绝对不能转让，只是在某个期限内禁止转让，只要发起人的股权届满法定期限就可以转让，也可设定质押。因为在此种情形下，质权届期时发起人的股权已届满，《公司法》规定在限制期间，依法可以转让。

第二，就质权保全权而言，相关股票警戒线和平仓线的法律规范为上市股份有限公司的质权保全权提供了一个有利的现实保障，如此能够有效地对股价下跌进行一定程度的防范。但是这一规定所针对的对象只是上市公司，对于非上市公司来说，有关质权保全的规定却为法律所忽略，质权人在有明确的证据证明出质人的股权价值有下降的可能性之时，就可以采取措施来保全质权，但是这个界限极为模糊，不利于风险的防范，也不利于保护出质人的利益以维护社会公平。

第三，就出质人的权利保护而言，现行法律规范存在对出质人不利的两个方面：一是出质人处分自己股权的限制；二是如果质权人滥用权利，有极大的概率会害及出质人的利益。在股票价值升高的前提下，如果将股票卖掉，对出质人更为有利，而质权人若不同意将股票先行出卖，必然会损害出质人的利益，不利于交易的公平进行。如果遇到股票价值突降，就股权的价值而言，一定不足以完全清偿债务，法律规定，此时，质权人可以要求出质人提供其他形式的担保，一旦出质人不愿意或根本不能提供其他形式的担保，质权人就能够行使相关的保全质权的权利。在质押股票市值与贷款本金之比降至平仓线时，贷款人应及时出售质押股票，所得款项用来还本付息，所剩余款退还给出质人，不足的部分还是由出质人以其他方式给予清偿。我们不能否认质权保全权的规定对质权人的保护作用，但是如果质权人滥用相关权利，就会相应地损害出质人的利益。股价的下跌对出质人本身来说是一个损失，而且因为质权保全权的行使将使出质人面临更大的风险，如果股价再次上升，对于出质人而言，无疑是雪上加霜，所以，如果遇到出质股权价值下跌，法律应规定许可出质人提供其他形式的担保来替代原来的被质押的股权。从世界范围看，很多国家都有与我国极为接近的规定，德国《民法典》对于质权保全权的规定，比我国稍微合理一些。如德国《民法典》规定,"质物有腐败之虞或者其价值有明显减少之虞的,出质人可以提供其他担保而要求返还质物;不得由保证人提供担保。质权人应将质物有腐败之虞的情况立即通知出质人,但不能通知的除外。"这样,出质人在提供其他担保或者提供其他保证人的情况下,其仍然拥有股权,如果股权价值又一次上涨,出质人就获得新的机会,而对于有其他担保的质权人来说又没有其他损失。所以,可以对质权人的质权保全权做出应有的修正,也就是说,如果出质人能够提供其他形式的担保的,质权人不行使保全权。如果出质人实在无法提供其他形式的担保,质权人须有证据证明债务人经营状况恶化甚至无法按期偿还债务的,才可以依法行使质权保全的权利。

第四,就市场风险而言,许多股东以抽逃资金等目的而将股权出质,恶意损害质权人的利益,他们的行为违反了诚信原则,甚至破坏了一定空间与时间范围内的市场规律,即便能找到法律的漏洞来避开监管与惩罚,但随之而来的金融秩序的混乱与市场不和谐,也迟早会殃及自身。

为了加快我国金融业、银行业、信托业等与国际接轨,我国一直坚持稳中求进的混业经营模式,但是,凡事有利必有弊,如果过度放任该模式,随时可能面临和遭受更大的市场风险。与许多发达国家的金融体系相比,我们的金融体系尚且脆弱,存在难以发现的漏洞,风险性更大。

第 7 章　效率与安全视角下的我国股权质押制度

效率、公平、安全与自由等价值术语的表述皆是为实现对合法的财产权益的法的保护。在股权质押的法律制度中，所谓安全，是指在已经建立的秩序的基础上，保障质权的安定与安全实现；效率则是指经济效益获得的时间周期；公平与自由是指该操作或在实践过程中不允许妨碍到正义。如何在同一国家的法律政策制度等多维的关系中，做到既要保障交易安全，又不因偏重质权之安全而不合理地限制多元化法律主体间的交易自由，还要兼顾公平、效率等其他法律价值。那么，在操作中如何对这些要素进行平衡与协调呢？保障质权人的安全是担保法律制度首先要考虑的重要因素，合同尊崇自由，这是所谓的契约精神的体现。两者在股权质押制度的发展进程中，根据具体的情形，做出细致的安排。结合我国股权质押制度的法律价值没有达到和实现的现实，在建立健全风险防范机制的同时，更应当尊重当事人进行交易的意志和意愿，尽可能保护和扩大交易的自由，只要不违反法律强制性规定和公序良俗，应为准许，这样可以尽可能地将限制减到最少。

公平与效率皆为合理地分配权利与得益。公平要求合理分配权利义务，效率旨在实现资源配置的优化结构。股权质押制度中，公平是为实现制度正义的价值，应合理设计与规划出质人与质权人的权利义务；效率则是既要建构秩序，又要最大限度地发挥法律制度的功效。怎样既合法合理规定当事人的权利义务，又增进法律制度的效率呢？从我国现行的股权质押制度的立法、司法及政策要求来看，出于保障质权的安全，质权人的法律地位明显优于出质人的地位，相对地，对出质人的权利则有较多的约束。笔者以为，从合同平等与自由的角度，出质人被置于弱势法律地位的现实是需要改善的。如果质权人的行为伤及出质的股权，应通过立法明确规定出质人有权抗辩质权人、排除妨碍或者撤除已经做出的质押登记等，以能够在公平公正的基础上，实现股权质押制度的效率最大化。

"效率"一语原属于经济学领域，就股权质押制度的效率价值而言，本意是尽可能地消耗最小数值的法律资源却又能实现最大的法律价值。因为，我们日常生活中日益渗透进更多的法律因素，所以，效率观念随之引入法律领域并成为我们一切行为的见证和评价标准之一。法律的效率，是指立法、执法、司法以及因之而花费的能够量化的一切成本和其实际产出的效益之间的比例关系，在市场化的金融经济中，法律承载着实现资源的最大值的被利用、整合、优化与配置的宏大经济与法律目标。因而，法律的效益是从促进经济效益的提高与促进社会效益的增加两个角度而言的。法律既要在保障交易安全的基础上，使社会财富和资源被最恰到好处地利用，也要在程序上保证人们以最简单的法律程式、最少的时间及金钱的耗费实现既定的法律目的。所历经的过程和最终目的的实现，须通过经得起法律标准予以检验的权利和义务的分配方式，以同样的或者是同比之下最少的资源消耗取得最大的法律效果。简言之，使交易成本降至最低。以股权质押的方式来进行融资，是通过债务人用属于自己的股权向合同的另一方主体出质（即债权人）来进行债权担保的，债务人因此从债权人那里获得贷款。显然，股权质押是一种从根本上改变了用实物进行抵押的担保贷款方式，这是一种有效提高资源利用的创新型融资模式。为增进股权质押制度的法律效率，应尽可能拓宽可供质押的股权标的的范围以发挥股权的利用价值；应合理协调债权人、债务人和第三人之间的利益；应便捷质押程序、降低质押成本；要建构股权交易市场，畅通股权价值实现方式，节省当事人还款成本等。最终实现对股权价值所涉及资源的优化与配置，推动社会生活以及市场经济的发展。

就安全价值而言，国民之安宁乃法律的要义之一，西方法学名谚表明：保障生命财产之安全，是法的神圣之使命。著名民法学家郑玉波先生把法律上的安全区别为两种，即静的安全和动的安全。所谓静的安全，指的是物之所有权的安全；动的安全，指的是在交易中债权获得实现的安全。维系债之安全是鼓励法之主体采取担保方式的最为主要的原因。如果债权不能得到实现之安全，社会及市场的交易秩序一定会受到极大的影响。研究股权制度的学者林建伟先生认为，安全是股权质押制度的首要价值取向。股权质押的目的在于保障债权的实现，维护交易的安全。规制股权质押的道德风险和市场风险，是安全性制度安排的客观基础。[①] 制定于我国《物权法》《担保法》《公司法》等法律中的股权质押制度是维护债权安全的最佳途径之一。通过这种方式，债权人享有股权质权，这是一种法定的担保物权。以担保物权的优先性为依据，债权人可以就出质的股权价值优先受偿，此举无形中强化了债权实现的保障；比民事责任、债权人代位权和撤销权等制度更为具体，更具有现实性，因为代位权与撤销权是借助诉权来实现物权的，而股权质押是借助现实的权利来实现物权的；因而，质押担保方式的优先受偿特性优势更为显著，可以更有效地摆脱市场交易中的一些虚拟的风险，并能有效冲淡客观风险带来的危害，有利于维护交易安全，确保特定债权的实现。股权质押制度的实质，是把出质人所享有的债权中的价值变现权能移转给质权人，在特殊情况下自己仍然可以保留出质权利的其他权能，出质人继续享有对出质权利的使用和收益。简言之，比之于让质权人（如银行等金融机构）占有出质物，须仔细地保管该出质物，这更有利于保护质权人债权的实现。

那么，综合来看，效率、安全、秩序、自由等皆法之价值，从法之价值的视角来检省法律制度并进行反思，旨在弥合和健全法律制度的缺憾，以发挥法律制度的效用，促进法律效率。股权质押制度是因应经济发展的法律制度，为了更好地推广和应用股权质押融资、实现股权的应有价值，现行制度存在的缺失应予充实和完善。秩序的构建，应建立健全保障交易安全的风险防范机制，完备相关的配套制度以促进法律效率；正义的实现，应公平、合理地规定当事人的权利义务，废除不合理的法律限制以鼓励交易自由。同时，安全与自由、公平与效率的关系应予平衡协调。

以上是出于宏观的视野，如果从微观的角度出发，则应联系到具体的法律、政策与制度。可以说，现行的《刑法》《证券法》《公司法》等法律中的相关规定大大限制了股权质押制度的进一步发展，可是，缺少一定程度的公开性和广泛性就决定了该制度不能更好地发展，也就不能更好地服务于市场，特别要指出的是，如果刑法之手伸入该领域过长，必然限制该制度的成长。所以，我们极为盼望有理、有据、有力的监管细则出台。笔者以为，更加详细的监管措施及规则必然会出台，现有法律制度框架内对

[①] 林建伟：《股权质押的安全性研究》，《福建论坛（人文社会科学版）》2005年10期。

股权质押进行规制，是适应其天然的开放性及广泛性的发展而适度突破现有法律，这对于我国的股权质押的繁荣与否至关重要。但不管是限制抑或放开，出台明确的监管措施，才能引导、规范股权质押业务的开展，避免相应法律风险的产生和扩大。

就股权质押制度的路径选择，宽与严的把握无疑是该制度前行与停滞的关键所在，对此，笔者提出如下思路。

第一，针对监管原则，我们应持何种态度？

首先，鼓励创新与防范风险的有机结合。对于股权质押这类市场与商业及金融等多维结合的创新产物，应给予一定的创新和发展空间，体现适当的风险容忍度，过于严苛的监管只会抑制其发展，导致该项事业过早零落。当下，我国的金融创新正在逐步摸索着探寻前进的道路，在这一过程中必然会出现一些暂时的波折，但不应因此而心灰意冷，举步不前，监管层面应体现出适度的风险容忍度来刺激创新。

另外，对于股权质押风险的防范仍然需要加强。监控层对于股权质押所引发的金融风险要时刻保持清醒，及时采取措施予以防范。因此，在监管方式的选择上，宜以原则导向监管方式确立的监管目标为必须遵守的底线，以规则导向监管方式确立的具体监管细则予以规范，这样的监管既有利于保障金融安全，也有利于促进金融创新。

其次，针对性与统一性相结合监管。不同种类的股权质押业务以及因此而产生的质押业态之间的风险存在巨大的差异，因此各种业态监管的侧重点也有所不同。监管部门应根据股权质押领域具体的业务、风险，确立相应的监管主体，采取不同的监管方式，制定专门的监管规则，进行有针对性的监管。

但随着股权质押制度的不断发展，部分融资业务已经出现了混业的特征，在监管主体的确认上十分复杂。因此，需要加强监管部门之间的协调，发挥中国人民银行牵头的金融监管协调部门等作用，对交叉性融资业务进行统一协调，保障该行业的稳健运行。

最后，选择安全与效率视角下的以质押关系中各主体利益至上的监管理念。

实际上从不同的角度而言，出质人、质权人及债权人之间存在着诸多的不平等。由于股权质押业务程序及内容的复杂性和专业性、交易形式的格式化和电子化，出质人和质权人都受到自身认知、经验等条件的限制，相较于金融机构等单位往往处于弱势地位。特别是质权人，在质押中，其地位具有脆弱性，现行立法也没有确立目标公司对股权质权人的法律义务。鉴于目标公司虽非股权质押合同当事人，但对质押股权价值具有控制力，建议《公司法》和《物权法》确立目标公司对质权人负有尊重和维护质押股权价值的义务，确认质权人对目标公司的合法请求权。[1] 这是从安全的视角出发来谈的。

再如，就债权人而言，若在公司经营状况欠佳，未有本公司其他股东或股东之外的人购买股权时，债权人无法通过拍卖或变卖财产获得优先受偿。即使债权人通过折价予以购买股权而成为公司股东，也会由于公司资产状况恶劣，导致股权没有实际价值，从而不能达到债权获偿的效果。从市场交易模式来看，仅以公司股权作为质押客体进而成为担保，在实际效果上有点类似于股东的保证担保，由于风险较大因而并不常见，所以，笔者建议债权人可以要求出质人的实际控制股东提供连带责任保证或提供其他债权担保以控制质权人的风险。[2]

因此，在监管过程中，须要求金融银行等机构在办理相关业务时对该业务提供足够清晰、充分的风险提示，准确、通俗地说明此类业务的相关信息，切实维护质押关系中的多方主体在业务办理中的合法权益。

第二，针对监管技术，应达到何种标准？

首先，加快股权质押法律法规建设。股权质押业务的发展离不开法律法规强有力的保障，因此，应尽快完善我国与此相关的法律体系，从法律层面对股权质押制度及其各个业态的性质进行明确，赋予质押关系中各方主体以合法的地位。同时，对于《刑法》《证券法》《公司法》《商业银行法》等现有法律法规应结合我国股权质押制度的实际发展情况及业务特点，适时做出相应的修改，解除对该制度及相关业务的限制，为股权质押制度的繁荣提供法律上的支持和保障。

其次，完善股权质押制度的监管体系。需要在明确各金融机构经营范围的前提下，进一步确定各自的监管主体，避免出现监管重叠和监管真空

---

[1] 徐海燕：《有限责任公司股权质押效力规则的反思与重构》，《中国法学》2011年第3期。
[2] 张陆灿：《认缴资本制对股权质押贷款发展风险的影响及其防范》，《河南司法警官职业学院学报》2016年第4期。

的情况，各监管主体各司其职、相互配合，协调推进股权质押健康、有序的发展。还需要建立股票质押业务的商业银行的市场准入机制，通过明确规定准入条件如注册资本、运营规则等方面的标准，并须取得相关部门的经营许可来提高该市场与业务的准入门槛，以此将经营主体限定在一定范围之内，防止该业务的盲目扩展。一般而言，申办股权质押业务的商业银行应经营状况良好、监管指标符合要求、风险管理和内控制度健全有效，制定统一授信制度和有风险控制措施和业务操作流程，有专职部门和人员负责经营和管理股票质押贷款业务等。各类质押业态还需结合自身特点，制定完善的监管规则，列出股权质押制度中的禁止性规定，严格规范与之相关的经济、银行及金融等的经营范围，避免触及法律警戒线，保障股权质押制度的安全运行。

从效率的视角出发，大胆创新股权质押的规则势在必行。第一，要废止现行法律及政策文件中针对股票质押有某些不必要的限制性规定，如外资公司股权质押需要行政机关审批等保守政策。笔者以为，股权质押制度本身是一种市场行为，那么，让其回到《合同法》《物权法》与《公司法》等法律的平台上来，行政规制方面可以放一放手。第二，股权质押的生效，应回归到一般合同的成立且生效主义。第三，大胆剔除股权质押的登记生效要件，应做出如下规定：不进行登记的，不影响股权质押合同的效力。针对股权质押这一应由市场主导的制度，有学者早就建议商务部和有关部门尽快废除1997年5月发布的《外商投资企业投资者股权变更的若干规定》及其相关部门制定的规章中有关股权质押的行政核准与批复、公司批准和其他股东认可和同意的已经过时的规定。即使在此类部门规章失效之前，法院、仲裁机构以及其他行政和民间调解组织也应当根据《合同法》《物权法》及《公司法》等相关法律或者行政法规的规定来解决裁判与股权质押相关的争议案件。[①]

---

① 徐海燕：《有限责任公司股权质押效力规则的反思与重构》，《中国法学》2011年第3期。

参考文献

一、中文著作

[1] 周枏. 罗马法原论（上）[M]. 上海：上海商务印书馆，1994.

[2] 孙鹏，肖国厚. 担保法律制度研究 [M]. 北京：法律出版社，1998.

[3] 林建伟. 股权质押制度研究 [M]. 北京：法律出版社，2005.

[4] 卞耀武. 当代外国公司法 [M]. 北京：法律出版社，1995.

[5] 吴庆宝. 物权担保裁判原理与实务 [M]. 北京：人民法院出版社，2007.

[6] 江平. 新编公司法教程 [M]. 北京：法律出版社，1994.

[7] 史尚宽. 物权法论 [M]. 台北：荣泰印书馆，1957.

[8] 李丽霞，徐海俊，孟菲. 我国中小企业融资体系的研究 [M]. 北京：科学出版社，2005.

[9] 李国光. 最高人民法院《关于适用中华人民共和国担保法若干问题的解释》理解与适用 [M]. 吉林：吉林人民出版社，2000.

[10] 郑玉波. 民法物权 [M]. 台北：三民书局，1999.

[11] 史尚宽. 物权法论 [M]. 北京：中国政法大学出版社，2000.

二、期刊论文

[1] 官本仁. 股权质押立法缺陷及其完善 [J]. 引进与咨询，2003（10）：21-23.

[2] 张婉君，罗威. 上市公司大股东股权质押的文献综述 [J]. 现代营销（下旬刊），2015（10）：98.

[3] 门宇. 从国内中小企业视角谈股权质押融资 [J]. 商场现代化，2016（9）：232-233.

[4] 俞崇武，黄晓蕾. 股权质押融资，企业如何获得：对话上海农商银行科技型中小企业融资中心总经理朱心坤 [J]. 2009（12）：22-24.

[5] 李芬. 中德股权质押制度比较研究 [J]. 中德法学论坛，2015（11）：94-121.

[6] 储育民. 论股权的性质及对我国企业产权理论的影响 [J]. 安徽大学学报（哲学社会科学版），1989（3）：66-69.

[7] 王利明. 论股份制企业所有权的二重结构 [J]. 中国法学，1989（1）：48-57.

[8] 梁玮. 论股权性质 [J]. 新乡学院学报，2016（1）：23-25.

[9] 林建伟. 股权质押制度的反思与重构：以制度价值为中心的考察 [J]. 现代法学, 2005 (5)：111-117.

[10] 李军. 股票质押探析 [J]. 山东大学学报, 1998 (1)：90-96.

[11] 文永辉, 曾璟. 论我国股权质押制度存在问题及完善 [J]. 重庆科技学院学报（社会科学版）, 2011 (10)：125-127.

[12] 周民源. 美国纳斯达克市场的成功运作及启示 [J]. 金融论坛, 2010 (3)：25-26.

[13] 杨锦之, 姬福松. 私募股权及其在科技型中小企业融资中的应用 [J]. 现代管理科学, 2010 (7)：34-36.

[14] 林建伟. 股权质押的安全性研究 [J]. 福建论坛（人文社会科学版）, 2005 (10)：28-31.

[15] 严晓慧. 股权质押的设立若干问题探讨 [J]. 甘肃行政学院学报, 2004 (3)：64-67.

[16] 吴春岐. 从解释论的视角论我国股权质押制度的新发展 [J]. 山东师范大学学报（人文社会科学版）, 2009 (2)：125-130.

[17] 王斌, 宋春霞. 大股东股权质押、股权性质与盈余管理方式 [J]. 华东经济管理, 2015 (8)：124-134.

[18] 龚胜. 股权质押融资业务的法律风险与防范 [J]. 青海金融, 2010 (1)：60-62.

[19] 侯茜. 股票质押贷款的若干法律问题 [J]. 重庆大学学报（社会科学版）, 2002 (2)：91-92.

[20] 李政辉. 转质制度研究 [J]. 安徽大学学报, 2004 (1)：36-40.

[21] 师纬凤. 对中国有限责任公司股权质押设立规则的研究 [J]. 经济研究导刊, 2014 (4)：126-128.

三、外国著作

[1] 罗伯特·克拉克. 公司法则 [M]. 胡平, 等译. 北京：工商出版社, 1999.

[2] 托马斯·莱塞尔, 吕迪格·法伊尔. 德国资合公司法 [M]. 高旭军, 等译. 北京：法律出版社, 2005.

[3] 巴里·尼古拉斯. 罗马法概论 [M]. 黄风, 译. 北京：法律出版社, 2000.

[4] 高坂健次. 当代日本社会分层 [M]. 张玄, 译. 北京：中国人民大学出版社, 2004.

四、我国大陆及我国台湾地区主要立法文件及引用条款、政策文件

[1]《证券公司股票质押贷款管理办法》（2000、2002、2004）

[2]《中华人民共和国物权法》（2007）第 223 条

[3]《工商行政管理机关股权出质登记办法》（2008）

[4]《中华人民共和国担保法》（1995）第 34 条、第 68 条、第 78 条

[5]《最高人民法院关于适用〈中华人民共和国担保法〉若干问题的解释》第 78 条、第 103 条、第 104 条

[6]《中华人民共和国物权法》第 213 条、第 223 条、第 226 条

[7]《外商投资企业投资者股权变更的若干规定》第 2 条

[8]《中华人民共和国公司法》第 71 条、第 72 条、第 73 条、第 74 条、第 75 条、第 139 条、第 141 条

[9] 台湾地区"民法"第 901 条

[10]《关于鼓励和引导民营企业积极开展境外投资的实施意见》

[11]《股票质押登记实施细则》第 19 条

[12]《中国证券登记结算有限责任公司深圳分公司证券公司股票质押登记业务运作指引》第 14 条

[13]《工商行政管理机关股权出质登记管理办法》(2009)

五、国外主要立法文件及引用条款

[1] 德国《民法典》第 1273 条、第 1274 条、第 1296 条

[2] 德国《有限责任公司法》第 33 条

[3] 日本《商事公司法》第 46 条

[4] 日本《有限公司法》第 32 条

[5] 日本《商法》第 207 条、第 210 条

[6] 日本《民法典》第 362 条第 2 款

[7] 意大利《民法典》第 2807 条

[8] 瑞士《民法典》第 899 条第 2 款

[9] 法国《商事公司法》第 163 条第 3 款